＃ LONGEVIDADE EMOCIONAL

NORMAN B. ANDERSON, Ph.D.
com Elizabeth Anderson

LONGEVIDADE EMOCIONAL
Descubra o que realmente determina seu tempo de vida

Tradução
Alda Porto

EDITORA BEST SELLER

CIP-Brasil. Catalogação-na-fonte
Sindicato Nacional dos Editores de Livros, RJ.

Anderson, Norman B.
A561L   Longevidade emocional: descubra o que realmente determina seu tempo de vida/Norman B. Anderson, com P. Elizabeth Anderson; tradução de Alda Porto. – Rio de Janeiro: Best Seller, 2005.

Tradução de: Emotional longevity
inclui bibliografia
ISBN 85-7684-051-0

1. Longevidade. 2. Emoções. 3. Envelhecimento – Prevenção. I. Anderson, P. Elizabeth. II. Título.

05-1989

CDD – 612.68
CDU – 612.68

Título original norte-americano
EMOTIONAL LONGEVITY
Copyright © 2003 by Norman B. Anderson e P. Elizabeth Anderson
Publicado originalmente por Viking Penguin, Penguin Putnam, Inc.

Capa: Folio Design
Foto da capa: Grupo Keystone
Editoração eletrônica: DFL

Todos os direitos reservados. Proibida a reprodução, no todo ou em parte, sem autorização prévia por escrito da editora, sejam quais forem os meios empregados.

Nota: Esta publicação tem como objetivo oferecer informações precisas e competentes relacionadas ao tema em questão. As técnicas e sugestões aqui apresentadas não substituem o tratamento médico. Na necessidade de atendimento ou aconselhamento qualificado, o leitor deverá procurar ajuda profissional.

Direitos exclusivos de publicação em língua portuguesa
para o Brasil adquiridos pela
EDITORA BEST SELLER LTDA.
Rua Argentina, 171, parte, São Cristóvão
Rio de Janeiro, RJ – 20921-380
que se reserva a propriedade literária desta tradução.

Impresso no Brasil

ISBN 85-7684-051-0

Este livro é dedicado a minha mãe,
a falecida Reverenda Dra. Lois Anna Jones Anderson,
que foi a personificação da saúde
em todas as suas dimensões.

Sumário

*Prefácio e
Agradecimentos* 9
Introdução: Longevidade Emocional:
Para uma Nova Definição de Saúde 15

PARTE I
Pensamentos e Ações 1:
Expectativas, Explicações e Crenças 31
   Capítulo 1 Expectativas e Explicações 37
   Capítulo 2 Otimismo É Sempre Bom?
              Pessimismo É Sempre Ruim? 53
   Capítulo 3 O Poder de Crenças e Ilusões 61

Parte II
Pensamentos e Ações 2:
Ocultando e Revelando Traumas 79
   Capítulo 4 Silêncio, Segredos e Mentiras:
              O Alto Preço de Omitir e Evitar 87
   Capítulo 5 Revelação Emocional:
              Os Notáveis Benefícios da Receptividade 99

Parte III
Ambiente e Relacionamentos: Imunidade Social 121
   Capítulo 6 Laços de Cura 127
   Capítulo 7 Bênçãos Complexas:
              A Complexidade dos Relacionamentos
              Sociais 157

Parte IV
Realização Pessoal e Igualdade:
Aprender, Ganhar e Sobreviver 169
    Capítulo 8   Além de Obeliscos:
                    O Mistério do Gradiente 175
    Capítulo 9   Além da Realização Pessoal:
                    Desigualdade e Raça 201

Parte V
Fé e Significado: Dimensões Existenciais,
Religiosas e Espirituais da Saúde 211
    Capítulo 10   Do Trauma ao Significado 217
    Capítulo 11   Os Benefícios de uma Vida Significativa 229
    Capítulo 12   Fé, Significado e Longevidade 236

Parte VI
Ligações: Com as Emoções, com o Futuro 261
    Capítulo 13   Ligações Emocionais 267
    Capítulo 14   Emoções como "Tecido Conectivo" 286
    Capítulo 15   Ligação com o Futuro 294

    Notas 301
    Bibliografia 317

Prefácio e Agradecimentos

A motivação para escrever este livro surgiu de uma das mais extraordinárias experiências de minha vida. Em 1995, fui contratado como primeiro diretor-adjunto dos National Institutes of Health (NIH) e diretor-fundador de seu Departamento de Pesquisas Comportamentais e Ciências Sociais. Fui agraciado com a chance de trabalhar no NIH, que é, de fato, um dos tesouros dos Estados Unidos. Para os menos familiarizados com a instituição, esclareço que se trata do principal centro de pesquisa em saúde do governo federal: compõe-se de 27 institutos e núcleos, com um orçamento em 2002 de aproximadamente 23 bilhões de dólares. Seus recursos são distribuídos pelos institutos que financiam e efetuam pesquisas em áreas como câncer, saúde mental, pesquisa médica e desordens músculoesqueletais, entre outras. A maior porcentagem de orçamentos destina-se a pesquisadores universitários, em forma de bolsas de pesquisa relacionada à saúde. É provável que a maioria das inovações nesse campo sobre as quais você lê nos jornais tenha sido apoiada por bolsas do NIH.

O final da década de 1990 foi uma época emocionante para os profissionais do NIH. A instituição era dirigida pelo prêmio Nobel Dr. Harold Varmus, nomeado pelo presidente Clinton em 1993, que imediatamente elevou o nível intelectual de um lugar que já era o melhor do mundo em sua área. O Projeto do Genoma Humano estava em pleno andamento e aproximando-se da conclusão, e descobertas sobre a genética da doença e o potencial de novos tratamentos médicos surgem em ritmo acelerado. O Congresso estava impressionado com o NIH e seu trabalho, e a instituição era um dos poucos órgãos federais sobre os quais havia um consenso acerca da necessidade do aumento no orçamento, no lugar de sua diminuição. Numa admirável demonstração de unanimidade bipartidária, o Congresso e o governo Clinton traçaram um plano para dobrar o orçamento do NIH entre 1999 e 2003, cuja implementação prosseguiu no governo do presidente Bush.

Por sua natureza, a ciência médica é um trabalho multidisciplinar, o que significa que nenhuma "disciplina" predomina na área. Obviamente, a medicina tem grande participação, e claro que ciências biológicas básicas como a biologia molecular (genética), a bioquímica e a fisiologia são figuras centrais. Estes campos e outros, que se podem chamar coletivamente de biomedicina, são áreas prioritárias de pesquisa no NIH e na saúde. Nas últimas décadas, porém, cientistas das ciências sociais e comportamentais, incluindo disciplinas como psicologia, saúde pública, demografia e antropologia, contribuíram, de forma relevante, para a compreensão da natureza da saúde e da doença. Como diretor da OBSSR, minha tarefa, definida pelo Congresso, era trabalhar dentro do NIH com a finalidade de promover os esforços de pesquisa sobre estes últimos campos e integrar o trabalho em biomedicina com o resultante das ciências comportamentais e sociais. Grande parte do meu serviço era comunicar — na verdade, tentar convencer — a muitos cientistas biomédicos, administradores, agentes de programas e leigos de que aspectos comportamentais e sociais da saúde merecem investimentos federais. Não que não se reconhecesse a importância de comportamentos como fumar, praticar atividades físicas, ter uma dieta saudável ou consumir medicamentos de forma adequada, mas havia uma visão de que as ciências comportamentais e sociais nada mais tinham a oferecer à ciência da saúde. A era da biologia molecular avançava tão rápido que cheguei até mesmo a ouvir alguém observar que um dia não haveria necessidade de pesquisa sobre aspectos comportamentais da saúde. Para complicar mais ainda minha tarefa, havia o fato de que muitos cientistas biomédicos, comportamentais e sociais vêem seu trabalho como os cegos no famoso poema de John Godfrey vêem um elefante — a imagem elaborada mentalmente por eles refletia a parte do animal que era tocada. O que tocava a cauda descrevia o bicho de forma muito diferente dos que tocavam a tromba ou o joelho. Os cientistas que trabalham em diferentes disciplinas muitas vezes "vêem" os problemas de saúde sob a perspectiva dessa disciplina, ignorando, com freqüência, a importante pesquisa sobre os mesmos problemas oriunda de outros campos. O geneticista diria que, para compreender de fato a doença cardíaca, é preciso estudar os genes, enquanto o fisiologista afirmaria que, para entender de fato essa doença, deve-se estudar a tensão. Mas os dois processos afetam a doença cardíaca e, na verdade, a tensão pode causar a manifestação de certos genes. Assim, os dois processos estão intrinsicamente associados, embora seus estudos sejam desenvolvidos de forma independente.

Uma de minhas principais tarefas no NIH era promover ligações e colaborações entre cientistas biomédicos e comportamentais, defendendo a importância dos últimos para a ciência médica. Este livro, na verdade, trata da pesquisa feita nas duas áreas e conduz ao que eu chamo de nova ciência médica. Esta, literalmente, proporciona a justificação empírica para uma visão muito abrangente das muitas dimensões da saúde, descritas neste livro. A nova ciência médica reúne todos os componentes do "elefante" saúde, de modo que, pela primeira vez, podemos entender o que *realmente* determina o quanto vivemos e o que realmente está por trás das doenças crônicas que se alastram em nossa sociedade.

Embora este livro aborde essa emocionante nova ciência médica, ele se destina ao não cientista. Tenho a expectativa de que os cientistas também o leiam, mas meu objetivo principal é levar a uma platéia leiga algumas das intrigantes descobertas que resultaram da nova ciência da saúde, de uma forma não técnica e ao mesmo tempo fiel às complexidades da pesquisa. A pesquisa na nova ciência médica é vasta, o que significa que precisei ser seletivo na escolha dos assuntos. Peço desculpas a meus colegas cujas áreas de pesquisa não foram incluídas e àqueles cuja pesquisa específica não foi mencionada. O que mais me manteve acordado à noite enquanto escrevia este livro foi a certeza de que ainda havia grandes pesquisas e projetos recentes a serem incluídos, muitos dos quais acabavam de ser publicados quando este livro ia para o prelo. Minha colaboradora e esposa, P. Elizabeth, e eu criamos um *site* na Internet que continuará a fornecer informação sobre as mais recentes descobertas (www.emotionallongevity.com). Também recomendo o *site* do Center for the Advancement of Health (www.cfah.org), dedicado a promover as mesmas idéias apresentadas aqui e considerado um dos melhores desse campo.

Agradeço a muitas pessoas por tornar possível este livro. Ele não existiria sem a competência, a orientação, o conselho e a amizade de pessoas-essenciais. Nossa agente literária, Jenny Bent, que trabalhou incansavelmente com Elizabeth e comigo para formar uma proposta aceitável de livro, e nossa editora na Viking, Molly Stern, que se dispôs a aceitar dois autores novatos; sua paciência e perseverança, seu talento editorial e suas habilidades motivacionais tornaram possível este projeto final. Também sou agradecido à Dra. Barbara Lynch, que leu e criticou com rigor uma versão anterior do manuscrito.

Este livro foi escrito depois que deixei o NIH, quando era professor da Escola de Saúde Pública da Universidade de Harvard. Quero manifestar minha profunda gratidão à Dra. Lisa Berkman, presidente do Departamento de Saúde e Comportamento Social, onde eu lecionava, e aos reitores Barry Bloom e James Ware, que me proporcionaram o tempo e o apoio necessários à conclusão deste projeto. Especiais agradecimentos também à minha auxiliar Maribel Herrera e aos professores, alunos e equipe do Departamento de Saúde e Comportamento Social de Harvard, cujos coleguismo e encorajamento foram muitíssimo valiosos.

Meus agradecimentos aos vários mentores e colegas que tive ao longo dos anos — universidade, internamentos clínicos, bolsas de pós-doutoramento e cargos em faculdades — e que despertaram meu interesse pela pesquisa no nexo das ciências comportamental e biomédica. Sou especialmente grato ao meu "pai" científico, Dr. Redford Williams, e aos meus outros mentores e colegas da Faculdade de Medicina da Duke University, sobretudo os Drs. Francis Keefe, Richard Surwit, James Blumenthal e James Lane. Especiais agradecimentos também aos Drs. Michael Follick, David Adams e David Ahern, da Faculdade de Medicina da Brown University School, ao Dr. Neil Schneiderman, da Universidade de Miami, e aos Drs. Sherman James e James Jackson, da Universidade de Michigan, que foram uma constante fonte de estímulo e amizade desde o início de minha carreira.

Especiais agradecimentos ao Dr. Harold Varmus, ex-diretor do NIH e hoje professor do Memorial Sloan-Kettering Cancer Center, por me dar a oportunidade de trabalhar no NIH e atuar durante sua administração, e à ex-diretora do NIH, Dra. Ruth Kirchstein, por sua orientação e seu apoio durante todo meu tempo no NIH. Sou particularmente grato à minha antiga equipe na OBSSR e aos mais de quinhentos administradores e pesquisadores de ciência social e comportamental que trabalham no NIH, que me aceitaram desde o primeiro dia e me ajudaram a tornar a OBSSR um sucesso. Esses indivíduos constituem o alicerce que estrutura toda a pesquisa descrita neste livro.

Um livro sobre ciência não seria possível sem uma excelente ciência sobre a qual escrever, por isso sou muitíssimo grato às centenas de cientistas cujo trabalho neste campo está mudando nossa visão do que significa ser saudável. Eu sou um tanto parcial, mas acredito que o nível de rigor e criatividade que os profissionais desta nova ciência da saúde trazem à área da pesquisa não tem paralelo. Muitas vezes, esses pesquisadores tratam de conceitos difíceis de medir, como emoções, tensão e relacionamentos sociais, e precisam demonstrar a ligação entre tais conceitos e a biologia, doenças e morte, em aspectos que passam pelos mais altos testes de rigor científico. Como espero que fiquem sabendo pela leitura deste livro, eles fizeram um trabalho fantástico.

Quero agradecer particularmente aos cientistas cuja pesquisa é apresentada neste livro e que destinaram parte de seu tempo a responder às minhas perguntas por *e-mail* e telefone sobre seu trabalho, e que leram trechos do livro. Embora eu cubra boa parte do território científico e não seja um especialista em todos os campos abordados, tentei o melhor possível apresentar o trabalho com precisão e "entender direito". Peço desculpas aos que podem achar que eu fiquei aquém desta meta ao descrever sua pesquisa.

Embora este seja um livro que trata de ciência, são as histórias das vidas de pessoas reais que dão vida à ciência. Sou grato àqueles que contaram suas histórias a mim e a Elizabeth, em entrevistas, e àqueles cujas histórias foram recolhidas em outras fontes.

Minha maior gratidão vai para minha colaboradora e esposa Elizabeth — sem a sua competência, seu apoio emocional e seu amor este projeto teria sucumbido há muito tempo. Ela foi a única que me ajudou a suportar o peso deste projeto desde o primeiro dia, e que tinha uma cadeira na fila da frente para os meus bons e maus humores. Quando um de nós tinha vontade de desistir, o outro ali estava para dizer a palavra certa e oferecer um raio de esperança de que este livro um dia seria concluído (e houve muitas vezes em que simplesmente não tivemos essa certeza). Diz-se muitas vezes que jamais se deve trabalhar num grande projeto com o cônjuge. Mas trabalharmos juntos neste livro, embora nem sempre fosse fácil, permitiu-nos aprofundar e alargar nosso relacionamento e nosso amor um pelo outro, em aspectos que, de outro modo, não seriam possíveis. E por isso eu lhe sou grato.

Norman B. Anderson

Norman naturalmente carregou a parte pesada em *Longevidade emocional*, mas às vezes a minha parte pareceu esmagadora. Devo agradecer a pessoas que me ajudaram a suportá-la. Primeiro, minha mãe, Marguerite Leggett, que aos oitenta anos é outro retrato de longevidade. Depois, os amigos a quem abandonei durante quase dois anos, Barbara Anne Harvey, minha irmã, por ser uma verdadeira máquina de leitura. Barbara Cooke, que compreende tudo. Ann T. Fico, LCMT, por me oferecer abrigo e não deixar meu corpo desistir. Peter Philips, meu editor no *Providence Journal*, por ser uma alma bondosa, piedosa e confiável — um *mensch* e o melhor chefe que já houve. Jenny Bent, nossa agente — a primeira outra pessoa a acreditar em *Longevidade emocional* —, uma dádiva do céu que se tornou uma amiga querida. Molly Stern, nossa editora na Peguin Putnam, pelo ilimitado entusiasmo, pela crença inabalável em nosso sonho e por sua inestimável inspiração. Este não seria o livro que é sem ela. Dra. Barbara Lynch, amiga e colega, pelas inestimáveis intuições e comentários. Dra. Maya Angelou, pelas palavras sábias num momento crucial. Por último, mas não de menor importância, meu marido, Norman, cuja alma reconheceu a minha há 16 anos, dando-me uma vida maravilhosa.

P. Elizabeth Anderson

Introdução

Longevidade Emocional: Para uma Nova Definição de Saúde

O maior elogio que já recebi veio de minha mãe, em suas últimas palavras, no seu último dia de vida. Ela disse: "Você está ficando exatamente igual a mim."
   Como filho, muitas vezes tenho pensado na importância e no significado do que ela disse, como pensei em sua vida longa e bem-disposta. Que significava ser exatamente igual a ela? Talvez eu nunca venha a compreender o significado de sua declaração, mas sei que minha mãe tinha muitas características dignas de exemplo. Entre as mais impressionantes, estava a harmonia de seus estados de espírito, nos quais raramente se evidenciavam a raiva ou o medo; a tristeza tinha vida breve, mas a satisfação, a alegria e a felicidade quase sempre se achavam presentes, mesmo quando as circunstâncias externas não eram muito animadoras.
   Como psicólogo e pesquisador médico, sempre penso em como a ciência pode descobrir o que contribuiu para a simetria emocional e a longevidade de minha mãe, tornando essas descobertas disponíveis a todos. Descobrir, em certo sentido, o que significa ser realmente inteiro em corpo, mente e espírito. Embora isso esteja numa ordem elevada para a ciência, acho que estamos chegando realmente perto — mais perto do que jamais estivemos antes. Este livro trata de uma nova revolução na ciência médica que vai nos levar até lá e, ao fazê-lo, estará literalmente transformando o que significa ser saudável e demonstrando como podemos aumentar a qualidade e a extensão de nossas vidas.

Atualmente, quando se ouve falar em revolução na ciência médica, com toda probabilidade se trata da revolução *genética*, e por um bom motivo. A genética já transformou a ciência biológica e traz a promessa de mudar a prática da medicina. Mas a ciência médica também está passando por outra revolução — menos propagada, mas em alguns aspectos tão complexa e profunda quanto as recentes descobertas na genética. Essa outra revolução, como a da genética, é alimentada por rigorosa metodologia científica e acuradas análises estatísticas. Mas, ao contrário da revolução na genética, esta outra pode ser brilhantemente ilustrada com a vida das pessoas comuns. Pessoas que têm aquela vida pela qual a maioria de nós luta — felizes e realizadas, confiantes, mentalmente engajadas e com vitalidade. São pessoas capazes de manter a doença afastada até o fim de longas vidas e os males crônicos não as atormentam durante muitos anos. Se vem a doença, recobram-se mais rápido e, como minha mãe, podem manter um senso de bem-estar emocional e psicológico, e talvez até crescer com a experiência.

Minha mãe, Lois Anna Jones Anderson, morreu em 1992, aos 78 anos. Embora tenha sido atingida pelo câncer, o arco de sua vida e seus anos idosos se caracterizaram por forte saúde e vigor. Durante quase cinqüenta anos, ela e meu pai atuaram como co-pastores de uma grande igreja batista na Carolina do Norte, o que faz dela uma das primeiras líderes de uma grande comunidade sulista. Embora chefiar uma congregação nem sempre fosse o céu na terra, minha mãe tinha prazer com a vida rica e recompensadora da igreja, que lhe oferecia uma válvula de escape intelectual, pois precisava preparar os sermões semanais e as aulas de estudos bíblicos. Seus relacionamentos pessoais eram amplos e profundos, não apenas com os membros da igreja, mas também com muita gente da comunidade. Essas pessoas lhe proporcionavam uma vasta rede de apoio mútuo. Minha mãe tinha igualmente uma mente muito penetrante e adorava ler sobre assuntos variados, mas gostava em particular de livros voltados a temas espirituais. Quando se casou com meu pai, mal acabara o ginásio, mas valorizava tanto a educação que arranjou um espaço apertado para cursos universitários entre os deveres da igreja e a criação da família. Obteve um bacharelado, um mestrado e acabou por receber um doutorado honorário em teologia.

A vida de minha mãe não foi perfeita, e ela teve seu quinhão de experiências negativas. Aos oito anos, foi arrasada pela morte de sua mãe. Dois anos depois, morreu a irmã mais nova, de uma infecção, após enfiar, por acidente, um lápis em um dos olhos. Enquanto ainda enfrentava essas mortes, perdeu a segurança de seu lar em Norfolk, Virgínia, quando seu pai se mudou de repente com a família para a cidade de Nova York. Ela sofreu vários abortos tentando ter filhos. Mais tarde, enfrentou doenças crônicas debilitantes na família, desde o mal de Alzheimer em duas irmãs e um irmão ao coma do meu pai, seguido de um ataque cardíaco, que o deixou em estado vegetativo profundo durante um ano e meio. Quando meu pai morreu, ela passou a assumir sozinha as rédeas da igreja de dois mil membros, aos setenta anos. Seria um tempo exigente para ela. Como documentaram muitos historiadores, as mulheres líderes de igreja muitas vezes enfrentam forte oposição. Minha mãe fora parceira integral de meu pai, proporcionando orientação espiritual e conselho a todos os membros da igreja. Mas, sem a sua presença, alguns homens locais, líderes da congregação, não conseguiram adaptar-se a uma mulher no leme. Esses homens encabeçaram uma revolta muito desagradável e brutal, que dividiu seriamente a igreja. Para encerrar a confusão, minha mãe, após muito pensar e rezar, abriu mão da liderança e graciosamente renunciou. Em essência, salvar a igreja significou perder o elemento definidor de sua vida: ser uma líder de igreja na instituição que ela ajudara a construir, cuidar e fortalecer.

Foi nos tempos de trauma e contestação que fiquei mais impressionado com minha mãe. Ela sempre enfrentou os obstáculos com uma combinação de dignidade, fé, sabedoria, otimismo e confiança. Parecia estar acima de circunstâncias que deixariam a maioria de nós cambaleando. Na verdade, foi durante sua batalha final com o câncer que seus admiráveis atributos se manifestaram mais claramente.

De qualquer forma, minha mãe alcançara o que se passou a conhecer como "envelhecer bem-sucedido", estado definido como sofrer o mínimo de doença ou incapacidade até o fim da vida.[1] Gozou uma alta qualidade de vida — mesmo em presença de circunstâncias desagradáveis —, o que todos nós gostaríamos de conseguir. Mas, sua experiência é possível para a maioria de nós? É realmente possível evitar a doença e a incapacidade que julgamos acompanhar inevitavelmente a velhice? Podemos esperar alcançar ou manter a saúde física, mental e emocional quando envelhecermos? É possível ter uma perspectiva positiva da vida e sentir-se feliz na presença de circunstâncias negativas?

A ciência progrediu a tal ponto que, para mim, a resposta a estas perguntas é inequivocamente "Sim!". Novas pesquisas estão descobrindo não apenas as dimensões da velhice bem-sucedida, mas também os elementos de um fenômeno maior que eu chamo de *longevidade emocional*. Embora a expressão possa ter, a princípio, uma denotação de moções duradouras, meu sentido é muito diferente. "Longevidade emocional" é uma expressão mais simbólica do que literal, destinada a indicar um afastamento das formas tradicionais de pensar na longevidade. No passado, pensávamos na longevidade, de modo implícito ou explícito, como algo basicamente determinado pela biologia, mas a expressão "longevidade emocional" simboliza uma mudança de ênfase do foco exclusivo na biologia. Serve para destacar a essência da nova forma de pensar sobre longevidade e saúde, caracterizada pela *ligação* entre biologia e relacionamentos sociais; entre biologia e crenças e comportamento; e entre biologia e emoções. A ciência está agora documentando estas e outras ligações e mostrando-nos que alcançar saúde física e mental e longevidade envolve muito mais do que estar biologicamente são, e até mais do que continuar em forma e fazer uma dieta adequada. A longevidade emocional é a idéia de que essas ligações, entre fatores biológicos e não-biológicos,[2] que ocorrem no período de vida, são em última análise o que determina nossa saúde, a qualidade de nossas vidas e o quanto vivemos.

Este livro trata da ciência que descobriu essas ligações e de como elas afetam nossa saúde. Trata também de pessoas, como minha mãe, cujas vidas ilustram as novas descobertas científicas que estão mudando nossas opiniões sobre o que significa ser saudável.

ENTÃO, O QUE SIGNIFICA SER SAUDÁVEL?

A resposta tradicional a esta pergunta é bem direta: ser saudável implica a ausência de doença. Sem diagnose ou sintomas, a ciência médica tradicional nos dá uma folha limpa de saúde. Isso não quer dizer que se ignorem fatores de risco bastante conhecidos: cigarro, colesterol alto e obesidade despertam preocupação. Mas, na ausência de doença diagnosticável, ainda somos considerados "saudáveis". Mas a ausência de doença e mesmo a ausência de fatores de risco tradicionais são enganosas.

Estamos Deixando de Ver alguma Coisa?

Neste livro, discuto a pesquisa que acompanha, muitas vezes durante anos, grandes grupos de indivíduos que não têm doenças. Invariavelmente, certa porcentagem deles morre *prematuramente* de uma doença não-diagnosticada, com base em sua idade, saúde inicial ou fatores de risco estabelecidos. Se definimos a saúde simplesmente como a ausência de doença ou de fatores de risco biológicos ou comportamentais tradicionais, é óbvio que estamos deixando de ver alguma coisa importante. Mas o quê? Uma resposta pode, legitimamente, vir da genética, pois sabemos que certas doenças têm forte componente genético. Mas é provável que futuros testes genéticos deixem uma grande lacuna na capacidade de prever com precisão a longevidade, e essa situação servirá mais ainda para acentuar a necessidade de abranger aspectos não-biológicos de doença.

Por exemplo, os gêmeos idênticos, por compartilharem a mesma estrutura genética, correm o mesmo *risco genético* de doença. Mas mesmo os gêmeos variam muitíssimo na experiência de problemas de saúde como câncer, doença cardíaca, mal de Alzheimer, esquizofrenia, mal de Parkinson e artrite reumatóide.[3] Eis um caso em questão: um estudo da predominância de câncer em gêmeos, envolvendo mais de 44 mil pares, foi recentemente publicado no *New England Journal of Medicine*.[4] O estudo destinava-se a avaliar a importância relativa de fatores hereditários e ambientais importantes como causa do câncer. Embora os fatores genéticos estivessem visivelmente associados a diferentes tipos de câncer nesse estudo, tinham menos impactos que os fatores ambientais. Os pesquisadores observaram que "fatores genéticos hereditários pouca contribuição davam à susceptibilidade da maioria dos tipos" de câncer e que "o que contribuía de forma mais drástica para o câncer (...) era o ambiente".

Outro aspecto além dos genes apenas ou, mais provável, um aspecto que atua em conjunto com o genes se revela crucial para determinar se um gêmeo fica doente e seu irmão geneticamente idêntico continua sadio. Estudos em animais revelaram que fatores sociais, comportamentais e ambientais podem, de fato, determinar se os genes se manifestam — quer dizer, se são ligados ou desligados. Por exemplo, demonstrou-se que a tensão causa sintomas de diabetes, como hiperglicemia, em animais geneticamente susceptíveis a diabetes. É menos provável que animais não submetidos a tensão desenvolvam hiperglicemia ou diabetes, embora sejam geneticamente propensos a essas perturbações.[5]

Uma questão é certa: indivíduos sob risco genético de doença serão mais motivados a fazer o que estiver a seu alcance para permanecer saudáveis. Na ausência de terapias de genes ou de drogas específicas para genes, teremos de buscar outras vias, incluindo as não-biológicas, para manter as pessoas saudáveis. Os pesquisadores médicos buscam os componentes que estão faltando, os outros fatores não-genéticos, que determinam nossa saúde. É uma busca que vai além até mesmo de conhecidos fatores do "estilo de vida", como dieta, exercício e tabagismo.

O fato de que estamos deixando de levar em conta dimensões importantes do que constitui saúde é também ilustrado em estudos sobre algo chamado *saúde autoclassificada*. Pede-se aos participantes desse estudo, da mesma idade, que classifiquem sua saúde numa escala de 1 a 5, onde a graduação 5 é "má". Estudos mostram ser provável que as pessoas sem doença, sintomas e fatores de risco, mas que, ainda assim, classificam sua saúde como "boa ou má", morrem mais jovens do que indivíduos que classificam sua saúde como "boa ou excelente".[6] Que significa isso? Por que uma autoclassificação de má saúde prevê morte prematura na ausência de doença, sintomas ou fatores de risco? Estariam esses participantes canalizando outras dimensões de sua própria saúde? O que sentiam de tão errado? Podemos supor que não estavam "sentindo" uma má constituição genética. É mais plausível que estivessem se remetendo a outras dimensões da saúde, que com o tempo podem alterar sua biologia, levando à morte prematura. Este livro descreve muitos estudos admiráveis que não apenas identificaram essas dimensões, mas também as relacionaram em termos conclusivos com o funcionamento biológico a curto prazo (por exemplo, o funcionamento imunológico e cardiovascular) e com a doença e a longevidade a longo prazo.

A experiência de pessoas com doenças específicas como doença cardíaca, câncer ou Aids também ilustra a necessidade de ampliar nossas definições dos fatores determinantes de saúde e longevidade. As pessoas com esses males têm ampla gama de resultados. Algumas se recuperam completamente, sem nenhum sinal de doença visível. Outras, embora continuem a portar a doença, podem viver de modo produtivo ou satisfatório. Mas, para um terceiro grupo, a doença continua em seu avanço negativo, muitas vezes levando à severa incapacitação e até mesmo à morte. E há ainda pessoas que se tornam debilitadas emocionalmente por suas doenças. Pode-se mesmo dizer que algumas pessoas com uma doença são mais "saudáveis" que outras com o mesmo diagnóstico. A doença cardíaca é um exemplo perfeito. Entre as pessoas que sofrem ataque cardíaco de gravidade semelhante, algumas se recuperam com um mínimo de incapacitação física. Outras ficam significativamente debilitadas, sem poder retomar muitas atividades anteriores. Outras, ainda, passam a ter ataques cardíacos posteriores ou morrem do problema mais cedo do que suas contrapartes. Essas diferenças entre pacientes cardíacos muitas vezes surgem quando não há distância de idade, gênero, raça ou etnia, fatores de risco, patologia cardiovascular ou nível de participação em programas de reabilitação. O que os estudos sugerem, portanto, é que, entre os clinicamente doentes, há importantes determinantes de longevidade que vão além das características médicas de uma doença. A prognose do paciente pode depender de mais fatores do que aqueles contidos no atual rol de características biológicas ou comportamentais.

Uma Nova Definição de Saúde

O que determina então as amplas diferenças de longevidade entre os fisicamente saudáveis e os que sofrem de doenças? Que peças estão faltando? Nas últimas décadas, a ciência vem se aproximando aos poucos da identificação dessas peças. Na verdade, a pesquisa médica chegou a um divisor de águas que aponta para a necessidade de transformar nossas idéias anteriores, e isso está, em essência, conduzindo a uma nova definição de saúde.

Especificamente, a nova definição afirma que a saúde é multifacetada e inclui seis dimensões fundamentais, as peças que faltam. Como se pode ver na Figura 1, essas dimensões incluem:

- Bem-estar biológico — na figura, *biologia*
- Bem-estar psicológico e comportamental — *pensamentos & ações*
- Bem-estar social e ambiental — *ambiente & relações*
- Bem-estar financeiro — *realização pessoal & igualdade*
- Bem-estar existencial/religioso/espiritual — *fé & significado*
- Bem-estar emocional — *emoções*

Figura 1. AS DIMENSÕES DE NOSSA SAÚDE

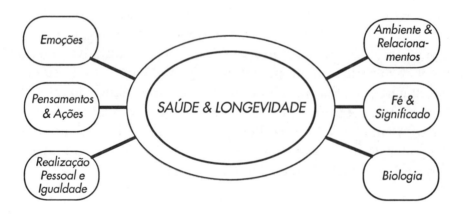

Nosso *status* biológico é muito importante, mas a saúde é mais do que apenas isso. Ela tem uma dimensão psicológica e comportamental que leva em conta conhecidos fatores de estilo de vida ("ações") como atividade física, dieta e tabagismo, mas também inclui fatores menos conhecidos como nossas expectativas, explicações e crenças ("pensamentos"); e também abrange nossas reações a experiências traumáticas. Há uma dimensão interpessoal e social que inclui características dos ambientes físicos em que vivemos (por exemplo, nível de poluição, tipo de habitação, segurança do bairro) e nossas relações com os outros. A dimensão econômica inclui não apenas nossa realização educacional e nível de renda, mas também a idéia de igualdade econômica — grau de diferença econômica entre o bem-estar máximo e mínimo na sociedade. A dimensão existencial/religiosa/espiritual se relaciona, entre outras coisas, com nossas crenças e ações, que nos ajudam a promover um senso de significado em nossas vidas. Para muita gente, o significado é promovido por meio de atividades religiosas ou espirituais, mas também pode ser criado por uma variedade de outros interesses. A dimensão final, o bem-estar emocional, envolve o grau em que vivenciamos estados emocionais negativos e positivos. Como veremos mais adiante, acredito que essa dimensão emocional é parte essencial do "tecido conectivo" que liga os outros elementos ao bem-estar físico e à longevidade.

Ganhamos realmente alguma coisa acrescentando essas dimensões extras sob a rubrica de saúde? Afirmo que sim, uma vez que nossas vidas — como nos sentimos sobre nossa existência — dependem em grande parte de nosso bem-estar emocional, social, econômico e espiritual. Quando estamos tristes ou com medo, quando estamos socialmente isolados ou solitários, ou quando estamos atravessando problemas financeiros, nossas vidas são substancialmente menos satisfatórias. Hoje em dia, muitas das maiores empresas farmacêuticas contam com medidas de qualidade de vida para avaliar a eficácia de seus remédios em termos de bem-estar emocional e psicológico, além da melhora dos aspectos puramente biológicos dos pacientes.[7] Há um crescente reconhecimento de que uma vida menos satisfatória emocional, psicológica e socialmente é uma vida menos saudável. E a Organização Mundial de Saúde (OMS) concorda. Uma vida saudável inclui bem-estar social, psicológico e físico como componentes importantes.[8]

Vocês podem perguntar: "Que há de realmente novo nessa visão ampliada e multidimensional da saúde?[9] Não se trata apenas da velha idéia de saúde holística em nova embalagem?" Essa redefinição tem de fato alguma semelhança com a idéia de saúde holística. As duas idéias compartilham a filosofia central de que saúde e doença são determinadas por muitos fatores, não apenas os biológicos. Mas, ao contrário da idéia de saúde holística, a nova definição de saúde compreende dimensões que derivam de padrões de pesquisa científica, que as consubstanciam, que identificaram o que eu julgo serem seis dimensões como os determinantes-chave de saúde e longevidade. É essa base numa rigorosa metodologia científica que estabelece a nova definição de saúde, distinta da idéia filosoficamente semelhante de saúde holística. Na primeira, idéias sobre saúde e longevidade são aceitas ou rejeitadas com base no resultado de estudos cuidadosamente projetados. Na última, a verificação específica é menos crítica do que o apelo intuitivo e a experiência pessoal. Não que o apelo intuitivo e a experiência pessoal não tenham importância. Na verdade, muitas vezes são a primeira fase do processo científico. Pessoalmente, gosto de um certo tipo de ioga, que estou convencido de ter me ajudado a curar um ferimento, mas não disponho de prova científica. Contudo, continuo a praticá-la e acredito que isso me ajuda. Já as dimensões da nova definição de saúde e os elementos específicos de cada uma passaram por testes intuitivos e científicos. No entanto, como examinaremos em capítulos posteriores, as crenças intuitivas do dia-a-dia sobre dimensões não-biológicas de saúde nem sempre são completas ou exatas.

Hoje, a pesquisa mostra em termos conclusivos que a visão da saúde mais abrangente, multidimensional e ampliada descrita neste livro apresenta muita precisão científica e nos ajuda a melhorar a compreensão, o tratamento e a prevenção da doença. Para esta nova definição, a saúde não é vista apenas como ausência de doença, nem a doença é tida por deficiências em qualquer dimensão de saúde. Uma das críticas à definição de saúde da OMS é que se refere a um "completo estado de bem-estar físico, mental e social". Muitos cientistas cismaram com a palavra "completo", por sugerir que, se não se está sentindo 100 por cento de bem-estar mental ou social (independentemente de como sejam definidos), pode-se ser considerado doente.[10] Por esses padrões, a maioria da população mundial não anda bem. Minha opinião sobre a nova definição de saúde é que as dimensões devem ser vistas não como diagnósticos, mas como prognósticos. Quer dizer, as deficiências em qualquer das dimensões não devem ser rotuladas como doença, mas como (1) algo que pode aumentar ou diminuir a quantidade geral e o desfrute da vida e (2) algo que pode aumentar ou diminuir o *risco* de doença concreta. A primeira é óbvia. Uma redução do bem-estar emocional, psicológico ou existencial não é, visivelmente, desejável, e portanto pode afetar as experiências diárias da vida. A segunda é menos óbvia e constitui o foco deste livro. As dimensões da nova definição de vida contêm elementos específicos que são poderosos determinantes de longevidade. Alguns desses elementos aumentam o risco de doença e outros protegem a saúde. Como já indiquei, ter deficiências em qualquer dos elementos não representa doença, mas sim avisos — sinais de que podemos otimizar mais nossa saúde ou evitar a doença, ou nos recuperarmos dela.

Um dos temas dessa nova forma de pensar sobre a saúde é o da interligação. Poucas das doenças que sofremos surgem apenas de processos biológicos, mas sim da inter-relação entre nossa composição biológica, nosso ambiente social e físico, nossos pensamentos e comportamento e nossas emoções.[11] Essa interação determina, em grande parte, quem adoece, quem continua saudável e quem se recupera, se adapta ou sobrevive a doenças.

- *Cada uma das dimensões e os elementos a elas relacionados estão inequivocamente ligados a doenças físicas e longevidade. Devido a isso, todas devem agora ser consideradas aspectos cruciais de qualquer definição de saúde.*
- *As dimensões estão ligadas umas às outras, de modo que as mudanças em uma podem precipitar mudanças nas outras. Em particular, as mudanças no status biológico (por exemplo, funcionamento do sistema de imunodeficiência) podem ser produzidas por mudanças em cada uma das outras dimensões. O bem-estar emocional, psicológico, social e espiritual exerce influência sobre os mecanismos biológicos que levam à doença.*
- *A saúde, muitas vezes, é determinada pelo acúmulo de fatores de risco e de proteção que vêm de várias dimensões.*

Estes três fatores sobre as seis dimensões de saúde são importantes porque nos ajudam a escapar de pensamentos do tipo "ou uma coisa ou outra" sobre as doenças físicas. Quer dizer, ou minha doença se deve a uma causa biológica "real", o que significa que posso excluir causas não-biológicas, ou "está tudo na minha cabeça", porque não se pode encontrar uma causa biológica aceitável. Neste livro, fica bastante claro que nossos pensamentos, relacionamentos e emoções têm conseqüências biológicas reais e precisam fazer parte do nosso perfil médico tanto quanto os testes de laboratório. Na verdade, riscos biológicos e não-biológicos de doença podem atuar em combinação. Uma grande ilustração desse efeito combinado é a pesquisa sobre úlceras, relatada pelo Dr. Robert Sapolsky em sua obra clássica *Why Zebras Don't Get Ulcers* (Por que as zebras não têm úlceras). Durante décadas, grande parte da pesquisa demonstrou uma ligação entre tensão e úlceras. Devido a esse tipo de pesquisa, tornou-se senso comum entre os médicos e o público que as úlceras podem ser causadas pela tensão. Então, na década de 1980, descobriu-se que uma bactéria chamada *Helicobacter pylori*, ou *H. pylori*, estava associada com 85 por cento a 100 por cento das úlceras. A alta predominância de *H. pylori* em pacientes de úlcera, combinada com o fato de que o tratamento da bactéria com antibióticos podia curar o problema, levou a uma generalizada rejeição da hipótese de tensão para as úlceras. Entrava uma bactéria, saía a tensão. Muitos cientistas biomédicos hoje dizem coisas do tipo: "Antes, nós pensávamos que as úlceras eram causadas pela tensão, mas agora sabemos que são causadas por bactérias." No mesmo tom de quem diz: "Nós pensávamos que a Terra era plana, agora sabemos que é redonda."

Mas uma olhada mais atenta nos dados oferece um quadro diferente. Primeiro, segundo Sapolsky, até 15 por cento das pessoas que têm úlcera *não são infectadas com* H. pylori *de forma alguma*. Mais notável ainda, embora a maioria das pessoas que têm úlceras também tenha *H. pylori, só cerca de 10 por cento dos infectados com* H. pylori *contraem de fato úlceras*. Assim, é provável que o portador de um determinado tipo de úlcera esteja contaminado com *H. pylori*. Mas só porque se está contaminado com a bactéria não significa necessariamente que se vá contrair uma úlcera. O mesmo se pode dizer da tensão. Só porque se sofreu muita tensão não significa que se vá contrair uma úlcera — a maioria das pessoas sob intensa tensão não contrai úlceras. Mas o mais fascinante na pesquisa da úlcera é que hoje parece que as úlceras são de fato causadas por *uma combinação de tensão e H. pylori.* Segundo Sapolsky, na pressão de grandes fatores estressantes, o acréscimo de uma pequena quantidade de bactérias leva inevitavelmente a úlceras. Por outro lado, na presença de uma grande quantidade de bactérias, basta apenas uma pequena quantidade de tensão para causar uma úlcera. As úlceras, é claro, podem ser causadas por muitas outras coisas, não apenas por tensões e bactérias. Mas o que queremos dizer aqui é que fatores dentro das dimensões biológicas e não-biológicas podem combinar-se para afetar os resultados da saúde.

O SURGIMENTO DE UMA NOVA CIÊNCIA MÉDICA

Três tendências científicas centrais, surgidas sobretudo nas duas últimas décadas, alimentaram essa visão ampliada da saúde, resultando numa nova abordagem da ciência da saúde. A primeira tendência é o surgimento e a maior sofisticação metodológica da pesquisa sobre aspectos não-biológicos da doença. Embora há muito se verifique interesse entre os cientistas sociais e comportamentais por fatores como tensão, emoções e relações sociais e suas ligações com a saúde, até recentemente essa pesquisa não atendera aos mais altos padrões científicos. Por causa disso, sua aceitação no meio médico, como grandes centros médicos e institutos nacionais de saúde, era mínima. Contudo, a partir do início da década de 1980 houve uma proliferação de estudos sobre os elementos não-biológicos da saúde, com o uso dos mais rigorosos métodos de pesquisa. Entre eles, estão (1) melhor medição de conceitos como relações sociais, tensão e depressão; (2) estudos longitudinais (isto é, de longo prazo) para acompanhar a saúde de grandes populações ao longo do tempo; (3) testes aleatórios controlados para avaliar intervenções e (4) análises estatísticas mais sofisticadas de dados dos estudos.

A segunda tendência foi de natureza mais teórica e filosófica. É a tendência a uma compreensão e uma articulação mais claras das muitas ligações entre nossa constituição biológica, nossas características psicológicas e emocionais e nossos ambientes sociais. A nova visão da saúde sobe mais um degrau no conceito de que fatores não-biológicos são importantes para a saúde. Na nova visão da saúde, essas várias dimensões não são verdadeiramente distintas. Estão, na verdade, inextricavelmente ligadas, cada uma tendo a capacidade de influenciar e ser influenciada pelas outras. Nada é *puramente* social, biológico, psicológico e assim por diante. Nenhum elemento da saúde é auto-suficiente — o *status* de cada um é multiplamente determinado, até o *status* de nossos sistemas imunológico, cardiovascular e neuroendócrino e a manifestação de nossos genes.

A terceira tendência é produto das duas primeiras: o surgimento do que se chama *pesquisa interdisciplinar*, o *sine qua non* da nova ciência médica.[12] A pesquisa interdisciplinar ocorre quando cientistas de diferentes disciplinas, com experiência em diferentes aspectos da saúde, combinam suas especialidades para esclarecer novas ligações entre as várias dimensões. Talvez o mais emocionante tipo de pesquisa interdisciplinar tenha se verificado entre cientistas formados em ciências sociais e os formados nas biológicas. Cientistas oriundos da psicologia, sociologia, antropologia e saúde pública trabalham com profissionais formados em imunologia, cardiologia e genética. Para aqueles que não são cientistas médicos, isto pode não parecer um grande feito, mas o abismo histórico entre esses campos era oceânico. Cientistas sociais e comportamentais e os biomédicos ignoraram, durante muito tempo, as pesquisas uns dos outros, mesmo que se interessassem pelo mesmo problema de saúde. Quando prestavam atenção uns nos outros, isso em geral consistia em um campo criticar o outro como "ciência mole" e "irrelevante" para a saúde, ou "redundante" e "tacanha". Muito pouca comunicação ocorria nesse contexto.

Mas tudo isso está mudando. O abismo ganha uma ponte. A pesquisa nas ciências médicas aproxima-se de uma massa crítica de cientistas sociais, comportamentais e biológicos que trabalham juntos, fazendo descobertas sem precedentes e mudando o terreno da ciência médica. Essa pesquisa interdisciplinar é o coração e a alma da nova ciência médica. O que eles estão descobrindo intriga e muitas vezes surpreende. Este livro relata algumas das mais importantes e fascinantes descobertas desses estudos.

Cada capítulo do livro descreve uma pequena amostra de algumas das pesquisas mais emocionantes, inovadoras e de ponta que oferecem claras ilustrações das seis dimensões da nova definição de saúde e de suas ligações umas com as outras. Digo "pequena amostra" da pesquisa porque a explosão de ciência nesse campo torna impossível descrever tudo. Assim, peguei tópicos dentro de cada dimensão de saúde que julguei exemplar. Veremos que nossa saúde física e nossa longevidade podem ser afetadas por:

- Suas expectativas em relação ao futuro.
- Como você explica fatos ocorridos em seu passado.
- Suas amizades e seus laços sociais.
- Sua educação e renda.
- O grau de controle que você tem sobre seu trabalho.
- Experiências traumáticas jamais reveladas.
- Sua capacidade de encontrar sentido em experiências negativas de vida.
- Sua experiência de três emoções-chave.

Estes e outros tópicos apresentados neste livro fazem mais do que lançar luz e oferecer uma base científica para a nova dimensão da saúde. Os estudos que serão relatados muitas vezes confirmam ou refutam a sabedoria proverbial sobre o que é ou não saudável. É sempre bom olhar o lado positivo? Toda nuvem tem um bojo prateado? Dar vazão às emoções é a melhor maneira de lidar com tensões represadas? Os benefícios do casamento para a saúde são tão bons para Chico quanto para Francisco? É melhor ser sempre realista, ver tudo com clareza e exatidão? As respostas a estas e outras perguntas talvez o surpreendam.

Finalmente, mas de igual importância, é o fato de que este livro trata de mais do que ciência. Trata também de gente. Gente cujas vidas dão uma face humana às espantosas descobertas que serão descritas. Algumas dessas pessoas vocês podem reconhecer, como o empresário Wally "Famoso" Amos. O editor da revista *Parade*, Walter Anderson, a autora e poetisa Maya Angelou, a profissional de televisão Linda Ellerbee, o treinador de basquete da Duke University, Michael Krzyzewski, e o ex-prefeito de Atlanta e embaixador nas Nações Unidas, Andrew Young. Outros podem ser desconhecidos, mas têm histórias igualmente absorventes. Suas vidas exemplificam como se podem usar as novas dimensões da saúde para alcançar uma alta qualidade de vida e sobretudo bem-estar emocional e físico geral.

PARTE I

PENSAMENTOS E AÇÕES 1: EXPECTATIVAS, EXPLICAÇÕES E CRENÇAS

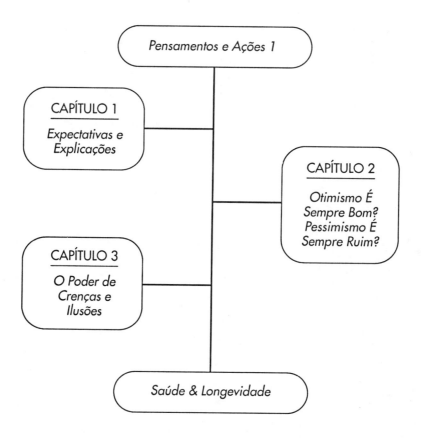

Os fatos de nossas vidas não são tão importantes quanto nossas atitudes para com eles.

— Viktor Frankl

Dizer que nossos pensamentos e ações podem afetar nossa longevidade é dizer uma coisa antiga, mas também relativamente nova. O velho é que aquilo que fazemos — nossas ações e comportamentos — beneficia ou prejudica a saúde. Ter uma dieta adequada, fazer exercícios regulares, evitar o cigarro, ingerir quantidades moderadas de álcool — tudo isso tem sido colocado no altar da lista do que se deve fazer. Assim, não me deterei nesses pontos. Prefiro discutir o determinante muito menos reconhecido de nossa saúde — nossos pensamentos.

Mais especificamente, esta parte do livro trata de como nossos pensamentos sobre o passado e o futuro, e mesmo as crenças sobre nós mesmos, influenciam nossas ações, afetam nosso bem-estar emocional e até determinam o quanto vivemos. Ninguém sabe disso melhor que Art Berg.

Estirado numa auto-estrada 60 quilômetros ao norte de Las Vegas, na vastidão entre a Califórnia e Utah, à espera de uma ambulância na fria escuridão do amanhecer no deserto — esse é um momento em que a maioria das pessoas não teria um pensamento otimista. Mas Art Berg não é a maioria das pessoas.

— A princípio, pensei que atingira um novo nível de má sorte. Mas a idéia que me veio à mente logo depois foi: "Isso também pode me dar uma oportunidade sem precedentes."

Berg, que mal completara 20 anos em 1983, ia da Califórnia para Utah em dezembro para uma visita de feriado. Era uma viagem que ele já fizera incontáveis vezes, para ver sua noiva, uma jovem com quem se encontrava desde os seus 16 anos de idade. Dirigiu durante quase nove horas, antes de entregar o volante ao seu amigo John, supostamente descansado. John adormeceu na direção. O carro bateu numa barreira de concreto e rolou quatro ou cinco vezes pela estrada abaixo. Berg estava com o cinto, mas com o assento reclinado. O carro tinha um sistema de retenção passivo — só uma correia para o ombro, sem outra para o colo. Ele aparentemente deslizou para fora do banco e saiu pela janela. Caiu de cabeça e quebrou o pescoço. Passou quatro meses no hospital e ficou tetraplégico. Mas entrou no hospital com uma perspectiva do mundo que o inoculou contra o resíduo emocional natural dessas tragédias. Tinha uma crença em si mesmo e uma maneira de interpretar os fatos de sua vida que o ajudaram a ter várias empresas, escrever dois livros edificantes, tornar-se um procurado conferencista, bater recordes mundiais como atleta e até ganhar um anel de campeão do Super Bowl.[1]

Poucos de nós podem ver a situação em que Berg se encontrava como a possibilidade de uma "oportunidade sem precedentes", como ele fez. O próprio Berg admite que pode ser um pouco extremo em suas tentativas de interpretar ostensivamente fatos negativos em uma perspectiva mais favorável. Mas, por mais extraordinário e surpreendente que tenha sido acompanhar a atitude dele após o acidente, seu estado de espírito, ainda assim, é um vívido exemplo do poder de nossos pensamentos para transformar nossas reações mesmo a fatos que mais alteram nossas vidas. No caso de Berg, suas invariáveis expectativas positivas sobre o futuro — seu enorme otimismo — ajudaram-no a triunfar sobre a tragédia.

Talvez não haja melhor exemplo da importância da dimensão psicológica da nova definição de saúde do que a pesquisa sobre expectativas, explicações e crenças. Nossas expectativas, explicações e crenças sobre o mundo e sobre nós mesmos funcionam em muitos aspectos como anticorpos da mente. Assim como os anticorpos destroem células e organismos que ameaçam o bem-estar do corpo, também nossas expectativas, explicações e crenças nos oferecem alguma defesa contra experiências negativas de vida que podem nos prejudicar emocional e fisicamente.

Com nossas expectativas, podemos construir uma visão de um futuro incerto cheio de positiva antecipação e esperança. Podemos olhar para trás e explicar o passado de formas que sejam menos prejudiciais a nosso bem-estar. Na verdade, podemos ver o passado com lentes cor-de-rosa — sem negar coisas que aconteceram, mas vendo-as de forma menos emocionalmente prejudiciais, com menos cicatrizes emocionais. Podemos criar crenças sobre nós mesmos e nossas capacidades que motivam nossos atos para melhorar nossa saúde e ajudar-nos a alcançar nossas metas.

O modo como formulamos expectativas sobre o futuro e construímos expectativas do passado estabelece nossa visão do mundo. Vocês tendem a ver o lado positivo das coisas? O copo está meio cheio ou meio vazio? Toda nuvem tem um bojo prateado? Muitas vezes, usamos as respostas a estas perguntas-clichês para caracterizar os outros ou nós mesmos como otimistas ou pessimistas, mas essas avaliações simples passam por cima do que está no núcleo de ser otimista ou pessimista. A essência do otimismo e do pessimismo é muito mais profunda e significativa do que podem sugerir os clichês.

Os cientistas que estudam o otimismo, na verdade, exploram dois processos essenciais: (1) como *esperamos* que os fatos se revelem no futuro e, paradoxalmente, (2) como *explicamos* os que já ocorreram. O que esperamos do futuro incerto e como o explicamos e interpretamos para nós mesmos e para os outros determinam se somos otimistas ou pessimistas. Os otimistas esperam e projetam uma imagem positiva do futuro incerto e explicam e interpretam o passado sob um ângulo positivo. Acreditam que podem superar qualquer adversidade aparente e alcançar o sucesso. Os pessimistas não acreditam em suas capacidades e caracterizam suas expectativas e explicações em termos negativos. Na raiz de tais expectativas e explicações está o núcleo do sistema de crenças sobre nós mesmos e sobre o mundo.

Nossas explicações, expectativas e crenças sobre o passado e sobre o futuro não são construções mentais agradáveis. Como as rédeas servem para frear o movimento de um cavalo, nossos pensamentos podem atrapalhar — ou ajudar — nossa motivação e nossa tendência a agir. Ficar tetraplégico certamente tinha o potencial para restringir a vida de Art Berg. Mas ele resistiu, em grande parte porque acreditava que, quaisquer que fossem as circunstâncias, tudo podia e seria melhor. Tais pensamentos, segundo ele, impediram-no de afundar na desesperança e no desespero. Na verdade, nossas expectativas para o futuro e nossas explicações do passado podem deixar-nos calmos e esperançosos, com sentimentos de bem-estar e confiança sobre o futuro. Também podem deixar-nos angustiados, ansiosos ou deprimidos. Talvez mais notável, porém, seja o fato de que nossas esperanças, expectativas e crenças também conspiram para ter profundos efeitos sobre nossa saúde física e longevidade.

Capítulo 1

Expectativas e Explicações

VOCÊ ESPERA O MELHOR OU O PIOR?

A incerteza é perturbadora. Sentimo-nos muito mais confortáveis quando pensamos que sabemos o que vai acontecer, quando vai acontecer e quais serão as conseqüências em curto e longo prazos. Mas o resultado da maioria dos fatos em nossas vidas é essencialmente desconhecido.

Você vai se dar bem em seu novo emprego? Os problemas em sua relação serão bem resolvidos? O casamento sairá como planejado? Você chegará ao aeroporto a tempo? Você alcançará seus objetivos? O resultado de muitos dos desafios que enfrentamos é imprevisível e muitas vezes está além do nosso controle. Pesquisas mostram que a imprevisibilidade e a incontrolabilidade causam extrema tensão e que, ao lidar com a tensão de resultados incertos, muitas vezes criamos futuros imaginários em nossas mentes. Em essência, enchemos o vazio da incerteza com expectativas pessoais e hipóteses idiossincráticas sobre como tudo vai sair. As expectativas que geramos fazem o futuro parecer um pouco menos duvidoso e nos ajudam a nos sentir no controle.

As expectativas que depositamos em nosso futuro incerto não são inconseqüentes. Na verdade, têm uma poderosa influência sobre o que vamos de fato experimentar e as conseqüências de longo prazo sobre a saúde. Por exemplo, quando drogas inativas ou falsas produzem um efeito biológico — o chamado efeito placebo —, essa experiência é alimentada pelas expectativas. Esperamos que a pílula funcione: e funciona.

O campo da psicologia tem um longo histórico de pesquisas sobre como as expectativas quanto ao futuro impulsionam grande parte de nosso comportamento. A natureza de nossas expectativas — se prevemos que os resultados serão desejáveis ou desagradáveis — determina se somos otimistas ou pessimistas. Os otimistas e pessimistas podem ser diferenciados por suas respostas a perguntas como as seguintes:

Em tempos incertos, você espera o pior?
Acha que se alguma coisa tiver de dar errado, dará?
Raramente espera que tudo saia como você quer?

As perguntas acima são de uma das avaliações mais largamente usadas de expectativas, o Teste de Orientação de Vida, um dos vários instrumentos que os cientistas usam para determinar se a pessoa é otimista ou pessimista.

Os psicólogos Michael Scheier e Charles Carver, parceiros por mais de 20 anos, criaram o Teste de Orientação de Vida para determinar se um indivíduo tende a esperar que resultados sejam bons ou ruins. Os dois acreditam que todos temos certos meios característicos de prever o futuro. Alguns são otimistas, basicamente inclinados a esperar bons resultados numa variedade de situações. Outros, pessimistas, inclinados a esperar maus resultados numa variedade de situações. Na verdade, algumas pessoas são julgadas como tendo disposição otimista ou pessimista por serem tão consistentes em suas expectativas positivas ou negativas. Os otimistas e pessimistas por disposição parecem atuar em diferentes mundos emocionais. Os otimistas têm estados de espírito em geral positivos, caracterizados por felicidade, excitação e interesse. Os pessimistas têm muito mais estados de espírito negativos, diversas vezes acompanhados de angústia e ansiedade.[1]

A maioria de nós se enquadra entre as duas disposições: ninguém espera rotineiramente o melhor nem o pior. Ninguém é completamente otimista ou pessimista o tempo todo. Mas, quando nossas vidas são desviadas por um trauma ou fato inesperado e dramático, cada onça mostra suas pintas. É quando se revelam as tendências otimistas ou pessimistas.

A Onça Mostra Suas Pintas

A pesquisa indica que os benefícios do otimismo e os riscos do pessimismo são mais claramente observados nos piores momentos. Quando a vida vai bem, é realmente difícil distinguir os otimistas dos pessimistas. É quando a vida apresenta seus inevitáveis desafios a nosso bem-estar que surgem nossas disposições otimistas ou pessimistas. Em tempos de adversidade ou durante circunstâncias tensas, é verdade que o otimismo é benéfico. Mas o que surpreendeu os pesquisadores foi descobrir como o pessimismo é destrutivo. O otimismo, revelou-se, protege a saúde. O pessimismo, por sua vez, aumenta a vulnerabilidade e a disfunção emocional e física.

Pensem nos variados efeitos que as mulheres otimistas e pessimistas sentem em resposta a fatores complexos da gravidez e do parto. Para muitas mulheres, a transição da gravidez à maternidade é carregada de questões que causam tensão: preocupações com a adaptação ao novo papel de mãe, com as mudanças nos relacionamentos conjugais e familiares, maiores pressões financeiras, mudanças no corpo e na imagem do corpo. Estudos mostram que a gravidez, sobretudo nos estágios finais, pode cobrar um preço considerável. Não surpreende que muitas mulheres apresentem sintomas de depressão após o nascimento de uma criança. Quando esses sintomas persistem durante semanas ou meses após o parto, diz-se que a nova mãe sofre de depressão pós-puerperal. Algumas, como Andrea Yates, que admitiu haver afogado cinco de seus filhos pequenos no verão de 2001, sofrem de uma forma tão severa que sua condição pode ser considerada psicose pós-puerperal.[2]

Um dos primeiros estudos de otimismo por disposição revelou que as mulheres otimistas são resistentes ao desenvolvimento de sintomas de depressão pós-puerperal.[3] O estudo constatou que mulheres de elevada diposição ao otimismo tinham baixos níveis de depressão antes do parto e, mais importante, sofriam significativamente menos sintomas de depressão nas três primeiras semanas pós-parto. Já as mulheres com disposição pessimista tinham muito mais probabilidades de sofrer depressão. Essas constatações persistiram mesmo depois do controle estatístico do nível de depressão antes do parto.

Em outro estudo, pesquisadores da Universidade de Pittsburgh analisaram os efeitos da disposição ao pessimismo sobre sintomas depressivos num período de três anos em 460 mulheres na menopausa, com idades de 42 a 50 anos.[4] O estudo constatou que um dos prognósticos mais mortais de sintomas depressivos era o pessimismo disposicional. Os maiores níveis de sintomas depressivos ocorreram nas mulheres pessimistas *e* que haviam sofrido tensão crônica durante o período estudado.

Além de influenciar o bem-estar emocional e a capacidade de enfrentar a vida, o otimismo e o pessimismo disposicionais afetam uma série de outros fatores relacionados com a saúde. Eis alguns surpreendentes.

O otimismo disposicional é um bom prognóstico na recuperação de cirurgia de ponte arterial. Em dois estudos de longo prazo com pacientes que sofreram cirurgia de ponte em artéria coronária, Scheier e seus colaboradores avaliaram se o otimismo e o pessimismo disposicionais estariam relacionados a uma melhor recuperação.[5] No primeiro estudo, os pacientes com elevado otimismo disposicional se recuperaram com mais rapidez do que os pacientes pessimistas. As diferenças entre os dois grupos surgiram já em uma semana após a cirurgia e ainda eram visíveis seis meses depois. Na primeira semana após a cirurgia, os otimistas eram mais capazes de se sentar na cama e andar pelo quarto. A equipe do hospital, sem saber como eles haviam sido classificados, qualificaram os otimistas como apresentando uma recuperação física mais favorável do que os pessimistas. Seis meses após a cirurgia, os otimistas tinham mais probabilidades de retorno ao trabalho, retomada dos exercícios físicos e restabelecimento de um nível normal de atividade em muitos aspectos de suas vidas.

O pessimismo disposicional prevê a re-hospitalização após a cirurgia de ponte arterial. O segundo estudo de Scheier avaliou otimismo e pessimismo em 309 pacientes programados para cirurgia de ponte em artéria coronária. Seis meses após a operação, os pessimistas tinham mais probabilidades de precisar de re-hospitalização por complicações da cirurgia ou outros problemas cardíacos.[6]

O pessimismo disposicional prevê mortalidade em pacientes de câncer. Um notável estudo em longo prazo explorou os efeitos negativos do pessimismo em mais de 200 pacientes que tiveram metástase ou reincidência de câncer enquanto recebiam tratamento de radiação.[7] Fizeram-se avaliações de otimismo e pessimismo disposicionais em três momentos distintos: quando os pacientes entraram no estudo e quatro meses e oito meses depois. Setenta pacientes morreram durante o estudo, e fez-se uma impressionante ligação entre o pessimismo disposicional e a morte. Pacientes de 30 a 59 anos com elevado nível de pessimismo tinham muito menos probabilidade de sobreviver oito meses. O otimismo, em termos surpreendentes, não se relacionava com a sobrevivência. Intuitivamente, pode-se pensar que se o pessimismo se associava a um alto risco de morte, o otimismo preveria maior sobrevivência. Mas uma interessante e importante observação feita pelos pesquisadores é que o otimismo e o pessimismo talvez não sejam simples lados opostos da mesma moeda. A pessoa pode carecer de otimismo e não ser pessimista, e vice-versa. É quase como se tivéssemos dentro de nossas personalidades diferentes dimensões separadas de otimismo e pessimismo operando de forma bastante independente. Podemos ter um índice elevado em uma dimensão e não necessariamente baixo na outra. Assim, talvez seja possível, como nesse estudo de sobrevivência ao câncer, que uma dimensão esteja relacionada com a longevidade e a outra, não.

O otimismo e o pessimismo disposicionais prevêem *status* imunológico em estudantes. Um estudo de pesquisadores da Universidade da Califórnia investigou os efeitos do otimismo no estado de espírito e no sistema imunológico em 50 alunos da faculdade de direito em seus primeiros meses de estudo (época de muita tensão). Esse estudo examinou o otimismo disposicional e o otimismo situacional. Este último foi definido como uma expectativa otimista específica de sucesso na faculdade. Obtiveram-se avaliações da linha de base do otimismo e amostras de sangue para medição do sistema imunológico antes do início do primeiro semestre ou no primeiro dia de aula. Fizeram-se avaliações de acompanhamento durante as oitava e nona semanas do semestre (meados de semestre). O otimismo e o pessimismo foram fortes prognósticos do estado de espírito e da função imunológica. O otimismo, sobretudo o situacional, estava fortemente relacionado com níveis mais elevados de indicadores cruciais de função imunológica como as células T, B e NK.[8]

O otimismo e o pessimismo disposicionais prognosticam a pressão sangüínea. Num projeto destinado a examinar o papel do otimismo na pressão sangüínea durante o dia, 50 mulheres e 50 homens usaram monitores de pressão ambulatoriais por três dias (dois dias e um dia não-útil). Nesse estudo, quando a pressão sangüínea subiu e o monitor registrou uma medição, o participante fez uma entrada no diário classificando o atual estado de espírito (por exemplo, tenso, raivoso, alegre). A pressão sangüínea durante todo o dia era maior no participante mais pessimista do que no otimista.[9]

Vê-se que as expectativas do futuro influenciam o bem-estar emocional e físico. Contudo, há outra maneira de pensar no otimismo não de todo concentrada no futuro, mas, surpreendentemente, relacionada com os pensamentos sobre o passado. Na próxima parte, vou examinar como os pensamentos sobre fatos passados, em particular nossas interpretações deles, também são importantes para a saúde.

EXPLICANDO E INTERPRETANDO O PASSADO

Como você interpreta os fatos ruins? Que lições extrai das explicações que encontra? Acha que o que acontece é culpa sua? Acha que essas coisas acontecem o tempo todo? Que nunca mudam? Suas respostas a perguntas como estas são indicações de como você explica bons e maus fatos — outra forma de determinar se você é otimista ou pessimista. Há pouco tempo, minha esposa deu de cara com os efeitos das explicações.

Pouco depois de ter decidido deixar o cargo de diretor-assistente dos Institutos Nacionais de Saúde para assumir uma cadeira na Universidade de Harvard, Elizabeth e eu começamos a procurar apartamento na Nova Inglaterra. Descobrimos, mais uma vez, por que as mudanças são consideradas uma das maiores tensões da vida.

Queríamos morar na área da grande Boston ou perto de Providence, Rhode Island, onde eu tinha morado no início dos anos 1980, quando concluía minha residência médica como psicólogo na Universidade Brown. Em pouco tempo, eliminamos Boston, por ser proibitivamente caro, e nos concentramos em Providence. Mas o mercado imobiliário de Providence também estava nas alturas, embora menos do que o de Boston. Os corretores recebiam ofertas de preço integral, com lances concorrentes. Para piorar, havia poucas casas à venda que se adequassem às nossas condições financeiras. O fato de precisar viajar a Providence em busca de apartamento e de continuarmos a trabalhar em Bethesda, Maryland, complicava ainda mais as coisas.

Pensamos em alugar, aproveitando nosso tempo para procurar, à espera de uma mudança no mercado. Mas na verdade não queríamos fazer duas mudanças num curto espaço de tempo, e eu queria resolver essa questão antes de assumir um novo emprego. Além disso, tínhamos um livro a escrever (este) e precisávamos de todo o nosso material de pesquisa, arquivos e computadores desembalados. Assim, à medida que se aproximava o momento da mudança, intensificava-se a pressão para encontrar um lugar.

Após várias visitas a Providence, continuávamos sem nada. As casas ou eram caras demais, demandando muitas reformas, ou ficavam em local indesejável. Chegávamos perto do momento final, quando realmente tínhamos de encontrar alguma coisa. Demos sorte de visitar Providence num dia em que uma mansão vitoriana de 100 anos entrava no mercado. Embora custasse mais do que pretendíamos pagar, era uma grande locação. Nosso corretor estava sendo muito paciente, mas encorajou-nos a agir depressa se quiséssemos a casa, porque o imóvel não ficaria muito tempo no mercado. Assim, após visitá-la duas vezes, fizemos por telefone, do aeroporto, a caminho de casa, uma oferta de preço integral. A oferta foi aceita e logo assinamos o contrato. Veio então o desastre psicológico.

O problema básico era que não seria esse o modo como compraríamos uma casa. Nosso estilo seria ver a casa mais vezes, considerar os detalhes e deixar a idéia da compra sedimentar-se em nossas mentes. Esse processo podia demorar alguns dias ou semanas. Mas compramos num dia! Na verdade, compramos apenas oito horas após pôr pela primeira vez os olhos no imóvel. Não demorou muito para que se instalasse um sério caso de arrependimento de comprador. Todas as deficiências da casa tornaram-se visíveis. Os aposentos eram pequenos demais. Não havia espaço suficiente para nossas coisas. Teríamos de fazer muitas reformas. Muitos pisos. Muito estreita. Não entrava muito sol. Devia haver coisa melhor em outra parte.

Muito tarde. Tínhamos ido longe demais. Tivemos de concluir a compra.

Embora a casa tivesse capacidade para conter todas as nossas coisas, a maioria de nossas preocupações se justificou depois da mudança. Além disso, para piorar a situação, descobrimos novos problemas. Mas o que interessa na história não é a casa em si, e sim as reações emocionais muitíssimo divergentes que Elizabeth e eu tivemos após a mudança. Em poucos meses, eu já aceitara o fato de que aquela casa era nosso lar e, na verdade, acabei por criar um certo nível de estima, julgando que estávamos num grande lugar.

A reação de Elizabeth foi totalmente diferente. Para ela, a casa se tornou um motivo de interminável ansiedade e uma constante causa de depressão. Sua insatisfação com a casa aumentava dia após dia. À medida que o tempo passava, mais coisas encontrava para não gostar. Um casal era dono das duas casas laterais e fazia grandes reformas nelas ao mesmo tempo. O barulho constante, a poeira e a perturbação quase a levaram à loucura. Seus sentimentos sobre a casa obscureceram cada aspecto de sua vida em Providence por mais de um ano. Estava arrasada com o que via como um terrível erro, do qual não sairíamos sem ter de enfrentar grandes dificuldades.

Por que situações tão díspares em uma mesma situação? Nossas reações emocionais sobre a casa derivavam de visões divergentes. Cada um atribuía a situação e seu resultado a fatores completamente diferentes, que tinham diferentes conseqüências emocionais.

Nossas reações opostas não constituíram surpresa para o Dr. Martin Seligman, cientista de fama mundial e ex-presidente da Associação Americana de Psicologia. Em 1975, ele enfrentara um grande desafio em sua pesquisa — que ameaçou sua principal reivindicação à fama. Contudo, a solução para o problema revolucionou as opiniões científicas sobre os efeitos dos pensamentos no estado de espírito, realizações e saúde. Talvez oferecesse uma explicação ou uma saída para o envolvimento emocional criado por dilemas habitacionais. Falaremos mais sobre isso depois.

Em fins da década de 1960 e princípios da de 1970, Seligman e colegas da Universidade da Pensilvânia formularam a teoria da depressão, que chamaram de "impotência aprendida" — resultado de anos de pesquisa de laboratório sobre os efeitos comportamentais e de saúde da tensão incontrolável. Os animais submetidos a essa tensão, como um leve choque elétrico, quando lhes era oferecida uma via de escape (passando para uma área segura, digamos), sempre a tomavam. Quando se retirava a opção de fuga, eles passavam algum tempo procurando outras. Com o tempo, porém, desistiam. Deixavam de tentar fugir ao leve choque e simplesmente o suportavam. O intrigante é que, quando lhes davam de novo uma oportunidade de fugir, recusavam-se a aproveitá-la. Mesmo que retornassem às condições em que seu comportamento podia aliviar a tensão, continuavam passivos. Seligman chamou essa passividade de "impotência aprendida", porque os animais adquiriam o "conhecimento" de que seus esforços seriam inúteis, mesmo que isso não fosse verdade. Tornavam-se impotentes e passivos após sofrerem repetidas vezes circunstâncias incontroláveis. Quando o ambiente voltava a ser confortável, a passividade continuava. Eles haviam aprendido a ser impotentes.

A equipe de pesquisa de Seligman descobriu que muitos seres humanos também mostravam impotência quando submetidos a condições de tensão crônicas, incontroláveis em laboratório. Como os animais nos estudos anteriores, as pessoas também se tornam passivas e tendem a desistir quando tudo parece fora de seu controle. Em essência, explicam a si mesmas: "Nada do que eu faça faz qualquer diferença." Mesmo quando as condições mudam, a passividade permanece. Aprenderam a ser impotentes. Muita gente, quando submetida a condições tidas como incontroláveis, passa a ter estados de espírito depressivos e outros sintomas de depressão clínica. Seligman afirma que a depressão se deve em grande parte à visão das pessoas de que os fatos não estão sob seu controle. A suposta falta de controle leva à depressão, passividade e desistência — em outras palavras, à impotência.

Em geral, a teoria funcionou muito bem na explicação de várias descobertas da pesquisa sobre a depressão. No entanto, um dos problemas da teoria era que a submissão a condições incontroláveis nem *sempre* conduzia a impotência e depressão. A pesquisa de Seligman revelou que muita gente que sofre tensão constante, grandes reveses e fracassos, ou decepções potencialmente arrasadoras, simplesmente não fica deprimida nem desiste. Pedi que me explicasse por que isso acontece. Segundo ele: "As pessoas com um estilo otimista resistem à impotência com mais facilidade do que as de estilo pessimista. Para o otimista, um revés é temporário, local e controlável."[10]

Em termos mais simples, os otimistas vêem o passado sob o melhor ângulo possível.

Seligman e seus colaboradores descobriram que o *estilo explanatório* — nossa maneira rotineira de explicar os fatos ruins (e não só os ruins) — pode nos levar pelo caminho da impotência e da depressão. Nós explicamos um fato em nossas vidas, sobretudo um fato ruim, segundo três dimensões que têm a ver com o grau de responsabilidade *pessoal* que assumimos por ele, o grau de *permanência* que emprestamos ao fato e o nível de *generalidade* de seus efeitos. Quando ocorre um fato desagradável, usamos essas dimensões para nos ajudar a aceitar os fatos e suas implicações. Tais dimensões são a chave para saber se a explicação se dá no domínio do otimismo ou no do pessimismo.[11] As explicações *pessoais* de fatos ruins determinam nosso grau de autoculpa. O fato ruim reflete alguma falha pessoal ou se deve às circunstâncias? A *permanência* trata de nossos pensamentos sobre quanto tempo esperamos que as circunstâncias criadas pelos fatos ruins vão durar. Serão crônicas ou passageiras? A *generalidade* trata de como o fato afetará tudo. Isso vai afetar como sentimos outras coisas em nossa vida ou nossos sentimentos se limitarão ao incidente específico?

Alguns usam todas as três dimensões para explicar os fatos ruins, e a pesquisa sugere que, quanto mais nosso pensamento sobre tais fatos reflete autoculpa, permanência ou generalidade, mais depressão sentiremos. Se você diz "É culpa minha" e acha que o fato é permanente e geral, ele parece incontrolável.

As visões de incontrolabilidade levam a sentimentos de impotência. Os sentimentos de impotência levam à depressão.

Assim, o que o estilo explanatório tem a ver com otimismo ou pessimismo? Simplesmente, os pessimistas explicam os maus fatos de forma que levam à previsão e à expectativa de mais fatos negativos no futuro. Os otimistas, por outro lado, explicam os fatos bons de modo que levem à previsão e à expectativa de mais bons fatos no futuro. Se você acha que uma circunstância negativa ou positiva ocorreu por sua causa *pessoalmente*, que é *permanente* e *generalizada*, parece-lhe que as coisas provavelmente não vão mudar. Isso é ótimo se o fato é positivo — você não quer que essas coisas mudem. Mas, para fatos indesejados da vida, a mudança é exatamente o que você deseja.

Quando ocorrem situações infelizes, é mais provável que os otimistas digam: "São as circunstâncias", "É temporário" e "Não altera nada mais em minha vida". Quanto aos pessimistas, é mais provável que digam: "É por minha causa" ou "É culpa minha", "É permanente" e "Isso bagunça tudo". Mas, ironicamente, quando coisas realmente boas acontecem, otimistas e pessimistas invertem as estratégias, com os primeiros pensando: "Deve ser por minha causa", "Vai durar muito" e "Decididamente altera tudo mais". Os pessimistas, por outro lado, adotam a perspectiva de que as situações positivas são únicas ("Foi sorte, eu não tive nada a ver com isso"), não-permanentes e não afetam nada mais ("Aproveite enquanto dura; não vai durar muito"). Em vista dessas formas habituais de explicar o passado, não surpreende que os pessimistas tenham níveis de depressão mais altos e mais estados emocionais negativos do que os otimistas.

As diferentes reações emocionais que Elizabeth e eu tivemos à situação habitacional estavam ligadas a nossos estilos explanatórios. Meu pensamento era que a decisão de comprar a casa não se refletia negativamente em mim — dizia respeito apenas às nossas necessidades imediatas ("Não sou eu, são as circunstâncias"). Via a situação como temporária, pois provavelmente podíamos nos mudar dentro de poucos anos ("Não é permanente"). E acreditava que a casa certamente não afetaria meu desfrute geral da vida ("Não é generalizado"). Elizabeth tinha as explicações contrárias. Para ela, a compra da casa refletia sua influência sobre nossa decisão ("Sou eu"). Não via a moradia na casa como um fato negativo temporário. Para ela, duraria muito tempo ("É permanente"). E afetaria negativamente seu desfrute da vida e de outras atividades em Providence ("É generalizado").

Durante o primeiro ano na casa, tivemos muitas discussões, às vezes bastante tensas sobre o assunto e nossos sentimentos polarizados. Cerca de um ano depois de nos mudarmos, algumas reformas incômodas na casa ao lado deixaram Elizabeth muito perturbada. Isso lhe causava muito sofrimento emocional, e ela, repetidas vezes, questionou o motivo de termos realizado uma compra tão ruim. Em resposta, expliquei: "Querida, não foi uma decisão ruim, porque precisávamos encontrar logo um lar para começar a escrever o livro, e havia muito poucas opções no mercado." (São as circunstâncias.) Passamos cinco anos numa casa alugada em Maryland, e havia vantagens em fazer isso, mas tomamos uma surra nos impostos, lembrei-lhe. Além disso, precisávamos comprar uma casa logo para fins de impostos. — (São as circunstâncias.) "Mas você tem razão, talvez não seja a casa perfeita para nós, e precisaremos procurar uma nova quando o livro estiver pronto." (É temporário.)

Elizabeth teve então uma mudança positiva de humor. Disse que se sentia menos acuada porque criamos plano para mudar (e em sua mente melhorar) nossa situação. Sentia-se menos responsável pela compra da casa e aceitava que havíamos sido levados mais pelas circunstâncias do que pela vontade dela Não que não seja convincente quando quer, mas compreendeu que não havia forçado aquela mudança. Não era culpa sua. Não tínhamos de morar ali para sempre. Ela podia continuar desfrutando os outros aspectos de sua vida sem apreensão.

Qual é a Sua Explicação?
Estilos Explanatórios que Ajudam a Saúde

Os pesquisadores medem o estilo explanatório com um de dois instrumentos: (1) Questionário Estilo Atributivo (ASQ, em inglês) e (2) Técnica de Análise de Conteúdo de Explicações Verbais (CAVE, em inglês). O ASQ é amplamente usado para determinar o estilo explanatório das pessoas fazendo-as especular sobre as causas de hipotéticos fatos ruins. Numa escala de 1 a 7, os participantes classificam o grau em que vêem o fato como (a) causado por eles mesmos, (b) permanente e (c) generalizado.

O Dr. Christian Petterson, parceiro de Seligman, criou a CAVE para determinar o estilo explanatório das pessoas usando o que elas próprias escreveram ou suas citações. Empregando documentos como cartas, autobiografias ou mesmo entrevistas de jornais e revistas, os pesquisadores determinam, com a técnica CAVE, se alguém é otimista ou pessimista com base em como explicou algum fato ruim. Os pesquisadores classificam o grau em que o fato ruim é visto como pessoalmente causado, permanente ou generalizado. A CAVE é tão poderosa que tem sido usada para prever tudo, desde eleições presidenciais e parlamentares até resultados de jogos de basquete e beisebol.[12] Até documentos relacionados a pessoas mortas podem ser usados. Por exemplo, o método CAVE foi usado para "prever" os resultados das eleições presidenciais entre 1900 e 1984.[13] Os pesquisadores analisaram os discursos de indicação de candidatos democratas e republicanos. Aqueles cujos discursos foram julgados como de conteúdo mais pessimista perderam nove em dez eleições, embora as pessoas que avaliavam os discursos não soubessem quem eram os enunciadores. O pessimismo previu até mesmo vitórias perdidas, como a de Truman sobre Dewey em 1948, Kennedy sobre Nixon em 1960 e Reagan sobre Carter em 1980.

Hoje, usando o ASQ e a técnica CAVE, os cientistas sabem que o estilo explanatório também afeta o bem-estar médico e emocional das seguintes maneiras:

O estilo explanatório está associado à depressão em adultos. As pessoas com depressão clínica diagnosticada tendem a usar um estilo explanatório para os fatos ruins, e quanto mais severa a depressão, mais pessimista o estilo explanatório.[14] A depressão diminui quando a terapia produz mudanças no estilo explanatório de pessimista para mais otimista.[15]

O estilo explanatório prevê depressão em crianças. Num estudo a longo prazo, Seligman e seus colegas descobriram que o estilo explanatório das crianças é um forte prognóstico de depressão posterior.[16] Um estudo avaliou o estilo explanatório e fatos negativos da vida (por exemplo, divórcio e brigas dos pais, morte de avós, rejeição social) em alunos da terceira série num período de cinco anos. Embora os fatos negativos da vida surgissem como fortes prognósticos de depressão, um estilo explanatório estava ligado à depressão quando as crianças se tornavam mais velhas. Os pesquisadores especularam que "no início da vida o estilo explanatório das crianças ainda pode estar em desenvolvimento, e fatos negativos da vida, não o conhecimento, prevêem períodos de depressão. Quando as crianças ficam mais velhas e suas capacidades cognitivas aumentam, seu estilo explanatório se torna mais estável e parece desempenhar um papel mais forte no desenvolvimento de sintomas depressivos".

Vários estudos a longo prazo já relacionaram estilo explanatório com saúde física e longevidade, incluindo os que se seguem.

O estilo explanatório prevê doença. A técnica CAVE foi aplicada a transcrições de respostas a perguntas em aberto respondidas por 99 universitários de Harvard em 1942-44, então com cerca de 25 anos de idade. Eles fizeram exames físicos regulares dos 30 aos 60 anos. *Os de estilo explanatório pessimista para fatos ruins tinham muito mais probabilidades de sofrer doenças físicas diagnosticáveis nesse período do que os de estilo mais otimista.*[17] Em estudo realizado pela Dra. Laura Kubzansky na Escola de Saúde Pública de Harvard, a relação entre estilos explanatórios otimistas e pessimistas e doença cardíaca foi examinada em 1.300 homens em idade avançada, acompanhados durante dez anos, como parte de um Estudo Normativo de Envelhecimento da Administração dos Veteranos.[18] Embora os homens fossem saudáveis no início do estudo, nos dez anos seguintes 162 tiveram alguma espécie de doença cardíaca, incluindo 71 com ataques não fatais, 60 com angina de peito e 31 mortos. Os participantes de elevado pessimismo tinham muito mais probabilidades de apresentar alguma forma de doença cardíaca, em comparação com os mais otimistas. Na verdade, *os homens de maior nível de otimismo tinham menos que metade das probabilidades de apresentar doença cardíaca em relação aos de maior nível de pessimis-*

mo. Para cada aumento no grau de otimismo, havia uma correspondente diminuição no risco de doença cardíaca.

O estilo explanatório prevê longevidade. A técnica CAVE também foi usada para analisar estilo explanatório em transcrições de respostas dadas a perguntas de livre associação pelos participantes do Estudo do Ciclo de Vida Terman, um estudo de meninos e meninas pré-adolescentes bem dotados e talentosos. A pesquisa teve início na década de 1920 quando as mais de 1.500 crianças saudáveis estavam em escola pública, com avaliações de acompanhamento a cada cinco ou dez anos. *A tendência a transformar em catástrofes os acontecimentos negativos da vida — isto é, atribuí-los a causas que impregnam tudo ao redor — foi um poderoso indício de morte prematura nos 30 anos seguintes, sobretudo entre os homens. A tendência catastrófica também foi relacionada à maior incidência de mortes violentas e por acidente.*[19] Um estudo com mais de 800 pacientes na Clínica Mayo examinou a associação entre avaliações de estilo explanatório feitas em meados da década de 1960 e todas as causas de morte 30 anos depois. O estilo explanatório pessimista foi um indício de morte surpreendentemente sistemático: *para cada aumento de dez pontos de pessimismo, houve um aumento de 19 por cento correspondente de risco de morte.*[20]

O estilo explanatório prevê status imune. O estilo explanatório prevê *status* imunológico. Não está claro como, exatamente, um estilo explanatório pessimista leva à doença e à morte, mas os cientistas começam a examinar a biologia desses atributos. Por exemplo, entre os velhos, o estilo de explanação pessimista foi associado à má imunidade mediada pelas células.[21] Entre pessoas HIV-positivas, as que atribuem fatos negativos a algum aspecto de si mesmas (por exemplo, "Perdi alguns amigos porque sou HIV-positivo") tiveram um declínio mais rápido das células T auxiliares (células CD4) em um ano e meio do que as que faziam menos dessas atribuições.[22]

O estilo explanatório prevê a função pulmonar. Pesquisadores de Harvard examinaram recentemente a ligação entre estilo explanatório e função pulmonar em velhos.[23] O motivo desse interesse é que a função pulmonar declina com o avanço da idade, e alguns indivíduos têm mais rápido declínio do que outros. O declínio acelerado aumenta a suscetibilidade à doença pulmonar destrutiva crônica, quarta causa principal de morte nos Estados Unidos. Para determinar se o otimismo estava relacionado com a função pulmonar, cientistas mediram o estilo explanatório e o funcionamento pulmonar de 670 velhos como parte do Estudo Normativo de Envelhecimento da Administração dos Veteranos. Os participantes fizeram pelo menos três exames pulmonares no curso de oito anos. *Descobriu-se que os homens com um estilo explanatório mais otimista tinham níveis significativamente mais altos de funcionamento pulmonar do que os mais pessimistas. Também se constatou que o declínio na função pulmonar no curso dos oito anos foi substancialmente menor nos otimistas do que nos pessimistas.*

Os efeitos do otimismo, seja definido como nossas expectativas sobre o futuro ou como nossas explicações do passado, parecem quase bons demais para ser verdade. O otimismo tem efeito positivo sobre o humor, o *status* biológico e o tempo de vida. Será que o otimismo é sempre bom e o otimismo é sempre ruim? Vamos examinar esta questão no próximo capítulo.

Capítulo 2

Otimismo É Sempre Bom?
Pessimismo É Sempre Ruim?

Parece que não há nada melhor para a boa saúde e a longevidade do que o otimismo, mas haverá um lado negativo nessa visão de mundo tão cor-de-rosa? Será que os otimistas estão fora da realidade? Será que o fato de ter uma perspectiva positiva nos prepara para uma queda se tudo sair diferente do esperado? Será que a expectativa de resultados positivos conduz à passividade?

Estas são algumas das perguntas típicas levantadas sobre o otimismo pelos cientistas e pela população em geral. Por mais surpreendente que pareça, a resposta para cada uma é não. Muito pouca pesquisa sugere que o otimismo, seja do tipo disposicional ou explanatório, tenha um lado negativo importante. Pode-se afirmar que o otimismo nega o lado feio da vida e conduz a um mundo de fantasia. Será que os otimistas podem construir uma visão tão positiva e otimista da vida que a realidade não consiga corresponder a ela? Quando isso falha, os otimistas podem estar preparados para uma queda. Mas felizmente não parece ser assim.

- *Estarão os otimistas em negação, fazendo vista grossa para realidades desagradáveis?* Charles Carver, da Universidade de Miami, explica:

— Nossa pesquisa com pacientes de câncer deixa claro que é mais provável os otimistas aceitarem a realidade do diagnóstico e agirem mais diretamente para tentar decidir o que fazer em relação às mudanças trazidas pela doença.

Como vocês vão ler no próximo capítulo, embora aceitem a realidade de seus diagnósticos, muitos pacientes de câncer otimistas pintam um quadro mais cor-de-rosa do que os pessimistas sobre aspectos de seu câncer que são mais especulativos, como as prognoses. E podem até viver mais, em conseqüência disso.

- *Os otimistas são mais vulneráveis ao impacto negativo de um fato traumático, uma vez que contradiz sua visão de mundo?* Não, segundo Charles Carver. Ele diz que "não viu indício de que os otimistas sejam mais vulneráveis ao impacto de fatos negativos traumáticos. É possível que, se um fato for bastante extremo, os otimistas fiquem arrasados. Mas eu acho que um fato extremo assim teria um impacto ainda maior no pessimista, que é menos maleável. Em teste recente, avaliamos reações emocionais de pessoas uma semana depois do ataque ao World Trade Center. Embora nossos resultados sejam preliminares, o otimismo parece estar relacionado a comunicados ligeiramente mais baixos de depressão".

- *Os otimistas exibem comportamento menos saudável, por acreditarem que sua saúde será ótima de qualquer modo?* Segundo Carver, há indícios de que os otimistas apresentam comportamento *mais* saudável. Segundo ele, os otimistas parecem acreditar que o mundo é um lugar ordenado, mas também que a gente tem de continuar no jogo para vencer. Para os otimistas, isso significa fazer o que for possível para garantir sua saúde.

- *Na condição de doentes, os otimistas e pessimistas diferem sobre como cuidam bem de si mesmos?* Carver me disse que um estudo feito por ele e Michael Scheier com homens que fizeram cirurgia de ponte arterial, os otimistas tinham mais probabilidade de estar cuidando bem de si mesmos meses depois e também eram mais propensos a entrar em programas de reabilitação. Explicou:
  — É como se os otimistas, quando doentes, tivessem uma crença mais forte em que, com suas ações, poderão ficar bons mais depressa. Pode-se dizer que é o oposto do fatalismo.

- *Os otimistas culpam os outros?* Uma das preocupações com a versão de estilo explanatório do otimismo é que as pessoas podem levar a dimensão "pessoal" ao extremo e não aceitar responsabilidade por seus atos quando necessário. A reação "Não sou eu, são as circunstâncias" pode evoluir para "É *sempre* culpa de alguém ou alguma coisa". Perguntei o motivo ao especialista em otimismo Christopher Petersen e ele disse que na verdade há muito pouco temor de que isso aconteça.

— Há uma forte tendência de as pessoas olharem para dentro, para si mesmas, quando atribuem culpa ou responsabilidade por fatos negativos. As pessoas deprimidas fazem isso mais do que as outras. Assim, a meta realística é ajudar as pessoas a se afastarem dos extremos de autoculpa e pelo menos serem neutras na atribuição de responsabilidades. Embora sempre haja exceções, não é provável que a maioria de nós vá da extrema autoculpa até culpar sistematicamente outros por suas próprias infelicidades — explicou.[1]

Peterson e Seligman concordam que se tornar otimista é na verdade ver o mundo com mais exatidão — assumir responsabilidade por fatos ruins quando apropriado e tentar corrigir a situação, mas abster-se de assumir culpa pessoal quando o problema reside em outra parte.[2] Os pessimistas parecem ter uma tendência a culpar-se demais, e uma atribuição mais precisa de responsabilidade após fatos ruins seria uma melhora pessoal que ajudaria a saúde.

No todo, parece que há mínimas desvantagens no otimismo. Ser otimista é muito parecido com usar lentes cor-de-rosa — torna a realidade menos desagradável e berrante, sem ocultá-la. Além disso, quando surge a tensão, otimista e pessimista usam diferentes estratégias para enfrentá-la. Com "enfrentar", refiro-me a coisas que as pessoas fazem para reduzir os resíduos negativos emocionais, psicológicos e físicos de circunstâncias tensas da vida e das tarefas diárias.[3] A pesquisa examinou como os que são otimistas e pessimistas por disposição enfrentam dificuldades extremas da vida como câncer, tensão crônica no trabalho, doença cardíaca e cirurgia de ponte coronária, pressões acadêmicas, falha na fertilização *in vitro* e Aids.[4] Em geral, é assim que um otimista enfrenta fatos estressantes da vida:[5]

- *Concentra-se no problema imediato.* Quando, diante de desafios potencialmente controláveis (isto é, quando suas ações podem fazer diferença), o otimista concentra-se no problema e em como resolvê-lo.

- *Acentua o positivo*. O otimista usa a reestruturação positiva para interpretar o problema sob um ângulo positivo mas realista.

- *Alegra-se um pouco*. O otimista usa o humor para regular emoções negativas e muitas vezes tenta descobrir os benefícios que podem resultar das adversidades da vida.

- *Aceita as coisas como elas são*. Quando não pode controlar as coisas, o otimista aceita a situação.

O pessimista, ao contrário, enfrenta a tensão de modo inteiramente diferente.

- *Concentra-se no negativo*. O pessimista tende a demorar-se mais na angústia emocional e nos aspectos negativos da situação, em vez de solucionar o problema imediato.

- *Evita a perseverança*. O pessimista desiste mais prontamente diante de dificuldades e muitas vezes desliga-se dos esforços para resolver os problemas.

- *Evita a realidade*. O pessimista faz maior uso da negação direta (isto é, recusando-se a aceitar a realidade das circunstâncias), sobretudo quando os desafios parecem incontroláveis.

O jovem Mattie Stepanek usa eficazmente o enfrentamento direto. Nascido em 1990, enfrenta diariamente uma rara forma de distrofia muscular que ameaça sua vida a cada dia. Ele enfrenta a morte vivendo com exuberância. Confiante em suas capacidades, diz: — "Convivo com minha doença todo dia. Tudo é um esforço, até me levantar da cama. Tenho de fazer muitas coisas, mas, tudo bem, posso enfrentar."

A doença que o prende a uma cadeira de rodas e exige que use um respirador já levou a vida de três de seus irmãos e ataca a mãe dele. Contudo, Stepanek não se considera um fardo e não busca respostas para a situação fora de si mesmo.

"É melhor que seja eu que um bebezinho ou uma criança que já tem muita tensão na mente. Por isso penso: 'Por que eu?' E aí penso de novo, e digo: 'Por que não eu?' Melhor eu do que outra pessoa."

Stepanek busca apenas formas de contribuir com a sociedade e disseminar a paz, como seu pacificador favorito, o presidente Jimmy Carter, que escreveu o Prefácio de um de seus livros de poesia. Stepanek escreve poesia, veículo de seus esforços pacifistas, desde os três anos de idade. Seus livros ganharam a lista de mais vendidos de *The New York Times*, e a Associação de Distrofia Muscular nomeou-o seu Embaixador Nacional da Boa Vontade para 2002. Você pode imaginar que Mattie já tem muito com que lidar, mas ele também perdeu alguns de seus novos amigos — bombeiros que conheceu num célebre jogo de *softball* — no episódio do World Trade Center, em 11 de setembro de 2001. A tragédia fortaleceu sua decisão pela paz. De algum modo, ele adquiriu cedo o otimismo que muitos adultos com sua idade têm problemas para dominar. Revelando sabedoria atemporal, ele diz: "Todos nós temos tormentas na vida e, quando as atravessamos ou nos recuperamos delas, devemos comemorar essa superação, em vez de apenas chorar e esperar que venha a próxima e nos varra de novo."[6, 7]

PESSIMISMO É SEMPRE RUIM? ENCONTRANDO UMA RESPOSTA PARA O NEGATIVO

Só porque o otimismo parece ser bom em geral, isso não quer dizer que o pessimismo é sempre ruim. Como já sugeri, não se trata de dois lados de uma mesma moeda. Qual pode ser então o valor redentor de uma atitude pessimista? É possível que em alguma situação expectativas negativas produzam resultados mais favoráveis?

Pessimismo Defensivo

Em situações psicologicamente arriscadas, os pesquisadores descobriram que muitas pessoas usam com eficácia uma coisa chamada "pessimismo defensivo". Isto ocorre quando diminuem deliberadamente suas expectativas de atuação, embora tenham obtido sucessos passados em situações semelhantes. Por exemplo, ir a uma entrevista de emprego, fazer uma prova, comparecer a um primeiro encontro amoroso, fazer uma apresentação importante ou encontrar os parentes do cônjuge pela primeira vez — exemplos em que nosso desempenho será julgado. Tais casos são psicologicamente arriscados e ameaçam potencialmente nossa auto-estima. Em alguns cenários, a perspectiva de fracasso toma proporções tão grandes que se torna imperativo tomarmos medidas para proteger nossa auto-estima.

Baixando de modo irrealista as expectativas, a pessoa faz uma espécie de ataque preventivo à excessiva perda de auto-estima no caso de fracasso. É como dizer: "Vou me candidatar, mas na certa não vou conseguir o emprego mesmo." Isso apesar de ter fortes credenciais e de já ter alcançado o sucesso na obtenção de empregos semelhantes. Os pessimistas defensivos estão fazendo um "seguro contra o fracasso". Esperam não precisar dele, mas se preparam para o pior mesmo assim.

Todo mundo, mesmo alguém bem-sucedido como o cineasta Steven Spielberg, pode demonstrar um pouco de pessimismo defensivo às vezes, como se vê nesta citação de uma entrevista a *The New York Times*:[8]

> Eu sou o medrosão que faz um filme e logo supõe que não vai aparecer ninguém no primeiro dia, e que a fita vai ser pichada em todo o mundo. É assim que tenho sido em cada um dos meus projetos. Cada um. Quando não sai assim, fico aliviado. Alívio é a maior reação que tenho a um filme bem recebido e que estréia bem (...) simplesmente sinto alívio.

As pessoas realmente pessimistas defensivas se parecem muito com os pessimistas disposicionais ou outros com um estilo explanatório pessimista. Mas são diferentes. Ao contrário de outras formas de pessimismo, o defensivo não toma a decisão de desistir quando as coisas engrossam. Ironicamente, o pessimismo defensivo é uma estratégia que ajuda alguns indivíduos a ter bom desempenho. Os pessimistas defensivos querem muito ter sucesso, uma história de sucesso, e estão dispostos a fazer o esforço necessário para isso. Reduzir as expectativas diminui sua ansiedade quanto ao desempenho e, na verdade, fortalece sua motivação. Segundo as pesquisadoras da Universidade de Michigan Dras. Julie Norem e Nancy Cantor, os pessimistas defensivos estão em essência "projetando" maus resultados antes que ocorram e ganhando com isso algum grau de controle sobre a ansiedade. É como se estivessem se preparando contra o impacto do fracasso demorando-se na possibilidade. Já os pessimistas disposicionais e explanatórios têm baixa motivação e tornam-se inativos e até deprimidos.[9]

Vários estudos já mostraram que o pessimismo defensivo é na verdade bastante útil para algumas pessoas nas condições certas. Em estudo realizado, Julie e Nancy deram a otimistas e pessimistas defensivos uma difícil tarefa mental para executar. Antes, perguntaram-lhes o que esperavam fazer.[10] Os resultados mostraram que os dois grupos tiveram um desempenho de modo comparável, mas, após a tarefa, foram dados aos participantes de cada grupo falsos resultados de seu desempenho: a uma metade foi dito que se saíra bem, à outra metade, que se saíra mal. Mediram-se os sentimentos de satisfação, controle e notas que cada um dava a seu esforço. Como previsto, os otimistas inicialmente achavam que se sairiam muito bem, e os pessimistas defensivos tinham baixas expectativas. Os otimistas aos quais se disse que tinham se saído bem se sentiram mais no controle do que os que supostamente tinham se saído mal. Para os pessimistas defensivos, o sucesso ou o fracasso não afetou seu sentimento de controle ou o prazer com a tarefa. Em outras palavras, estavam à vontade com o sucesso, mas estavam "amortecidos" contra os resíduos emocionais do fracasso.

Outro estudo dessas pesquisadoras também constatou que os pessimistas defensivos e os otimistas tinham diferentes expectativas sobre seu desempenho antes de executar uma tarefa difícil. Os primeiros achavam que iriam ter um desempenho pior do que achavam os otimistas sobre si mesmos — mas tiveram um desempenho comparativamente bom.[11] Isso, mais uma vez, sugere que baixar as expectativas pelo menos não prejudica o desempenho do pessimista defensivo. Mas ajuda? Uma das maneiras de descobrir é impedir as pessoas de usarem suas estratégias preferidas; quer dizer, fazer os pessimistas defensivos agirem como otimistas e vice-versa, para ver se seus desempenhos sofrem as conseqüências.

Foi o que fizeram Julie e Nancy em outro experimento envolvendo dezenas de participantes pessimistas defensivos e otimistas com médias de notas de mais de 3,0.[12] Antes de resolver uma série de quebra-cabeças (alguns fáceis, outros difíceis), foi dito à metade dos pessimistas defensivos e à metade dos otimistas: "Façam o máximo possível no prazo determinado." Aos outros, nos dois grupos, deu-se encorajamento e foi dito que era esperado que se saíssem bem — alguma coisa tipo: "Humm, em vista de como vocês se saíram bem antes, eu diria que deveriam estar muito confiantes sobre seu desempenho. Provavelmente se sairão muito bem nas próximas tarefas."

As pesquisadoras acreditavam que esse encorajamento seria congruente com as já altas expectativas dos otimistas e daria um impulso ao seu desempenho nas tarefas. Esperava-se que o mesmo encorajamento prejudicaria o desempenho dos pessimistas defensivos. Segundo as autoras, para os pessimistas defensivos, o encorajamento interferiria em sua estratégia de manter baixas expectativas e, portanto, aumentaria sua ansiedade.

Julie e Nancy descobriram que os participantes se saíram melhor quando seu estilo preferido não sofria interferência. Os otimistas se saíram melhor quando receberam encorajamentos. Seu desempenho caía sem isso. Com os pessimistas defensivos, era o contrário. Saíam-se melhor sem encorajamento, e o desempenho caía quando a experimentadora elevava as expectativas de desempenho com encorajamento.

No próximo capítulo, examino duas outras formas em que os pensamentos influenciam nossa saúde — por meio das crenças sobre nós mesmos e das ilusões que criamos.

Capítulo 3

O Poder de Crenças e Ilusões

De onde vêm o otimismo e o pessimismo? Como chegamos a ser de um jeito ou de outro? Seligman acredita que as atitudes otimistas e as pessimistas podem originar-se de três fontes de grande influência:[1]

- Nossos pais ou guardiães, por hereditariedade ou pelos exemplos que estabelecem para nós.
- A crítica que recebemos de nossos pais, professores ou treinadores, que podem passar atitudes otimistas ou pessimistas.
- Nossas experiências diretas com fatos positivos e negativos, e o significado que a eles ligamos.

Independentemente da origem de otimismo e pessimismo, uma vez formadas, essas disposições tendem a enraizar-se em nossa psique. Daí em diante, tornam-se profecias que se cumprem por si mesmas — encontramos seletivamente confirmação para nossas perspectivas otimistas e pessimistas nos fatos de nossas vidas, e ignoramos aqueles que não confirmam nossas perspectivas. Viramos de cabeça para baixo a idéia de "ver para crer" — com o otimismo e o pessimismo é mais "crer é ver". O que acreditamos dá forma ao que vemos. Assim, otimismo e pessimismo são na verdade crenças. Eu diria mesmo que derivam em parte de nossas *crenças nucleares* sobre o mundo e nosso lugar nele. Digo crenças "nucleares" porque nossas formas características de prever o futuro e explicar o passado — otimistas ou pessimistas — tendem a ser consistentes no correr do tempo e das situações. Em outras palavras, não oscilamos loucamente entre uma forte esperança num dia e uma visão desagradável do mundo no dia seguinte. Não que o contexto ou a situação não importem ou sejam irrelevantes. O contexto determina o grau de otimismo ou pessimismo que sentimos num determinado momento. Mas tendemos a ficar na mesma posição na escala otimismo/pessimismo em comparação a outras pessoas. Essa consistência sugere que um sistema de crença mais fundamental sobre o mundo e nós mesmos pode estar por baixo de otimismo e pessimismo.

Assim, é possível que nossos pais ou nossas primeiras experiências de vida conduzam ao otimismo ou ao pessimismo formando as crenças nucleares sobre nós mesmos e o mundo. Quer dizer:

Primeiras Experiências de Vida ⟶ Formação de Crenças Nucleares ⟶ Otimismo ou Pessimismo

Quanto ao caso em questão, Elizabeth e eu tivemos nossas primeiras experiências de vida bastante diferentes, que pode ter moldado nossas crenças nucleares. Eu tive a felicidade de ser criado num ambiente estável e protegido. Meus pais permaneceram casados durante toda a minha infância e ofereceram a meu irmão e a mim uma vida doméstica segura e amorosa. Embora tivéssemos nosso quinhão de fatos causadores de tensão, não houve grandes solavancos em nossa família, daqueles que alteram irrevogavelmente a trajetória de vida. Os membros da igreja de meus pais muitas vezes serviam de pais substitutos, oferecendo mais uma camada de estabilidade social e proteção emocional enquanto eu amadurecia. Porém, mais importante, sinto que minha vida em casa e na igreja instilou em mim uma filosofia nuclear de fé — a crença em que resultados positivos virão, não obstante as circunstâncias — que não apenas me ensinou, mas da qual eu via exemplos nos infortúnios vivenciados por membros da igreja. Todas essas experiências produziram em mim a crença nuclear de que o mundo é em geral um lugar seguro e acolhedor, e que se devem prever resultados positivos, sobretudo na adversidade. Elizabeth teve uma infância diferente. Seus pais se divorciaram quando ela ainda engatinhava, e ela passou os primeiros anos com os avós paternos. Embora os adorasse e eles lhe oferecessem um ambiente estável e carinhoso, a ausência dos pais, figuras transitórias em sua vida, teve seu efeito. A mãe casou-se novamente quando Elizabeth estava no segundo ano do ensino fundamental e recriou uma família que agora continha um padrasto. Mais uma vez, Elizabeth era beneficiária de amor e cuidado, pois ele se tornou sua principal figura paterna e satisfazia suas necessidades materiais. Contudo, divórcio e famílias misturadas não eram tão comuns à época e ela, às vezes, se sentia estigmatizada. Além disso, foi separada dos irmãos mais velhos, sobretudo uma irmã a quem era muito ligada, e dos avós, que se haviam tornado suas figuras paternas. No novo lar, ela foi criada numa grande área metropolitana, sem a rede de segurança da família ampliada ou substituta. Suas primeiras experiências contribuíram para crenças nucleares de que o mundo não é necessariamente hospitaleiro, de que nem sempre se pode confiar nas pessoas e que provavelmente as adversidades são seguidas por resultados negativos.

Quando tudo vai bem, essas crenças nucleares não têm conseqüências especiais. Não se pode dizer que haja diferença entre mim e Elizabeth em termos de otimismo. Apenas na adversidade, ou quando os resultados são ambíguos, essas crenças nucleares se manifestam como perspectivas ou explicações otimistas ou pessimistas.

AUTO-EFICÁCIA: DAS CRENÇAS AOS ATOS

A pesquisa sobre a psicologia das crenças trata não apenas de fatos e situações em nosso futuro, mas também do que pensamos sobre nós mesmos. Nossas crenças nucleares sobre nós mesmos são tão importantes que podem afetar nosso sucesso no estabelecimento e no alcance de importantes metas na vida — especificamente se acreditamos que temos o necessário para atingir metas importantes. Nossos atos são fortemente determinados pela busca de metas, e essas metas nos motivam a agir. Mas se agimos, e se optamos por uma ação específica, isso é determinado por mais do que apenas nossas metas. É determinado também por nossas expectativas — ou crenças — sobre a possibilidade de atingir essas metas. Presume-se que não perseguimos metas que vemos como inatingíveis. Não nos candidatamos, por exemplo, a um emprego como programador de computador sem experiência em programação, não abrimos uma firma de comida sem interesse ou talento por cozinha, nem entramos nas provas de natação olímpica se mal acabamos de aprender a nadar. Mas e se a meta está realisticamente ao nosso alcance? Que é então que determina se perseguiremos a meta?

Os psicólogos aprenderam que isso — nossa *visão de nossa auto-eficácia*, nosso senso interno do que podemos conseguir — determina o que tentamos conseguir, que atividade evitamos, o afinco com que tentamos e por quanto tempo persistimos quando enfrentamos dificuldades.

Segundo o Dr. Albert Bandura, da Universidade Stanford, um dos mais influentes psicólogos da história, a visão da auto-eficácia é a convicção de que podemos ter um comportamento necessário para produzir um resultado desejado. Diz ele: "A menos que a pessoa acredite que pode produzir com suas ações os efeitos desejados e impedir os indesejados, ela tem pouco interesse em agir ou em perseverar diante das dificuldades."[2]

A auto-eficácia é mais do que apenas saber o que é necessário para ter sucesso numa empreitada. Pode-se saber exatamente o que é necessário para ter sucesso como advogado, corretor ou orador público. Pode-se até ter adquirido alguma formação e experiência nessas áreas. Mas a auto-eficácia é mais do que conhecimento ou mesmo desejo. É a *crença e a expectativa de que se pode de fato ter o comportamento necessário para atingir as metas.*

Auto-eficácia não é auto-estima, que Bandura considera análoga a valor próprio, ou seja, o quanto gostamos e valorizamos a nós mesmos. Em vez disso, a auto-eficácia é a crença em nossa capacidade pessoal para atingir um resultado desejado numa determinada atividade. Diz Bandura: "Os indivíduos podem julgar-se irremediavelmente ineficazes numa determinada atividade e nem por isso sofrer qualquer perda de auto-estima, porque não investem seu valor próprio nessa atividade. Por outro lado, podem ver-se como muitíssimo eficazes numa atividade e não se orgulhar de realizá-la bem."[3]

As pessoas de elevada visão de sua auto-eficácia:

- Estabelecem metas importantes para si.
- Acreditam que tais metas são atingíveis com um comportamento específico.

- Acreditam que têm a capacidade de agir de modo necessário para atingir essas metas.

As pessoas muito auto-eficazes acreditam que têm controle sobre suas circunstâncias — e tentam agir de acordo. Comparadas com pessoas de baixa auto-eficácia, as de alta têm mais probabilidades de tentar coisas novas, persistir em atividades mesmo diante de reveses, sair-se bem na escola e envelhecer bem.[4]

Um retrato de Wally "Famous" Amos deve aparecer junto a qualquer definição didática de auto-eficácia. Ele tornou sua missão fazer as pessoas acreditarem em si mesmas quando estão por baixo.

"Você sempre pode dar a volta por cima em sua vida. A vida não o derrota: é a crença que o derrota." Dizia ele.

Amos jamais teve crenças em sua derrota e jamais duvidou de sua capacidade, nem mesmo por um instante. Persistiu em seus sonhos, confiante em seus talentos, e afastou-se daqueles que ousaram tentar desvalorizá-lo. No início dos anos 1960, após um período nas forças armadas, com a esposa grávida e um filho de um ano, deixou um cargo de gerente na Saks da Quinta Avenida porque lhe recusaram um pequeno aumento de salário. Ele sabia que merecia e não deixaria que o tapeassem.

"Mesmo que eu tivesse talentos e educação limitados, não aceitaria ter de trabalhar por 85 dólares por semana, quando achava que valia mais." Explicou.

Disse que, embora a situação parecesse crítica, tomou a decisão de fazer o que precisava ser feito, e isso se tornou uma verdadeira oportunidade para ele.

Conseguiu um emprego na sala de remessas da Agência William Morris e até aceitou um corte no salário em relação ao que ganhava na Saks, porque sabia que tinha talento para iniciar carreira como promotor de eventos. Tornou-se um bem-sucedido agente teatral, tendo como clientes Simon e Garfunkel e as Supremes. Depois abriu sua própria agência, e quando se cansou do ramo de diversões, usou os talentos de promotor para vender barras de chocolate que lembrava ter comido em sua infância. Alguns de seus amigos desencorajaram sua iniciativa e avisaram que ele jamais sobreviveria na locação que escolhera, em 1975, para a primeira loja independente de barras de chocolate. Ele aplicou seu talento de promotor de eventos na venda do chocolate e provocou uma revolução no ramo. Criou identidades para os doces, distribuiu-os como "cartões de visita" e presentes de agradecimento, e usou um *jingle* feito de encomenda para encaminhar clientes à loja, na esquina da Sunset com Vine, em Los Angeles.

A confiança de Amos em sua capacidade de promover o doce e criar um mercado para um produto foi o segredo de seu sucesso arrasador. Ele admite que não era tão talentoso como negociante e assume a responsabilidade por ter perdido a primeira empresa de doces e até o direito de usar seu próprio nome em outros empreendimentos. Seguiram-se dias bastante ruins, mas ele jamais duvidou de que superaria essas circunstâncias ruins.

— Eu nem uso a palavra "adversidade", porque não vejo experiências adversas. Vejo experiências de aprendizado — disse-me.

Sim, quase perdeu a casa, mas abriu outra empresa de doces, envolveu-se em vários movimentos filantrópicos — sobretudo os Voluntários Americanos contra o Analfabetismo — e empenhou-se em outras aventuras comerciais, incluindo uma empresa de bolinhos. Em 1999, o Tio Wally, com pouco mais de 60 anos, idade em que muita gente pensa em se aposentar, retornou ao Famous Amos Cookies, subsidiária da Keebler Company, como diretor da Cookie Fun. Nesse ínterim,, o Instituto Smithsonian reconheceu sua singularidade, acrescentando o boné e a camisa, marcas registradas dele, à sua coleção permanente.[5]

Uma visão da própria auto-eficácia como a de Amos é um dos mais fortes determinantes de comportamento em áreas de tão longo alcance quanto realizações acadêmicas, desempenho no emprego, função organizacional e desempenho atlético.[6] Pesquisas recentes apontam para as seguintes ligações entre a visão da auto-eficácia e uma boa saúde:

Menores níveis de depressão em crianças. Numa pesquisa feita na Universidade Stanford, Bandura descobriu que as crianças com mais baixos níveis de auto-eficácia em relação a seus talentos sociais e acadêmicos tinham níveis mais altos de depressão com o correr do tempo.[7] Quer dizer, as crenças da criança sobre sua capacidade de desempenho acadêmico e social previam seus níveis de depressão dois anos depois. A ligação entre baixa auto-eficácia e depressão era mais forte entre as meninas.

Maior desempenho de comportamentos saudáveis. As pessoas de mais alta auto-eficácia em comportamentos relacionados com a saúde têm mais probabilidades de iniciar e manter esse comportamento ao longo do tempo. Alguns dos comportamentos que se demonstraram sensíveis à auto-eficácia incluem a prática de exercícios, manutenção de hábitos saudáveis de dieta, parar de fumar, tomar remédios tal como receitados, controlar o peso, o álcool e a dependência de drogas.[8]

Redução das respostas biológicas ao estresse. Em estudos de laboratório, os participantes de pesquisas que fazem tarefas muito estressantes mostram prejuízos a seus sistemas cardiovascular, imunológico e neuroendócrino.[9] Contudo, com níveis mais elevados de auto-eficácia, o desempenho mostrou perturbações mínimas desses sistemas.[10]

Aprimoramento da memória entre os mais velhos. Há uma grande variação entre os mais velhos no declínio da função cognitiva (por exemplo, na memória). Alguns indivíduos mostram enormes declínios, e outros, mínimos declínios ou nenhum. Numa investigação de dois anos e meio como parte do Estudo MacArthur de Envelhecimento Bem-sucedido, os pesquisadores mediram a auto-eficácia entre pessoas mais velhas para a realização de atividades instrumentais (por exemplo, deslocar-se, ser produtivo, prover segurança) e para esforços interpessoais, como lidar com a família, amigos ou cônjuges. Os homens com crenças mais fortes em sua auto-eficácia para atividades instrumentais foram os que melhor mantiveram um alto nível de memória com o tempo, em comparação aos de mais baixa auto-eficácia.[11]

Melhor controle de doenças crônicas. A pesquisa estabeleceu que técnicas cognitivo-comportamentais podem ser instrumentos eficazes no tratamento de doenças crônicas como artrite e diabetes. Os tratamentos cognitivo-comportamentais consistem em dar ao paciente instrução sobre auto-relaxamento, controle cognitivo da dor, estabelecimento de metas e auto-incentivos. As descobertas indicam que a eficácia dessas técnicas resulta em grande parte de sua capacidade de melhorar a auto-eficácia.[12]

Melhor controle de ansiedade e fobias. Dezenas de estudos nos último 20 anos demonstraram que intervenções comportamentais que elevam a auto-eficácia, pelo treinamento ou pelo modelamento ativo, podem reduzir a ansiedade e as fobias.[13] Em alguns estudos, mesmo o oferecimento aos pacientes fóbicos ou ansiosos da *ilusão* de que podem controlar seus sintomas resultou num verdadeiro alívio dos sintomas.[14]

Mais eficácia no controle da dor. A pesquisa indica que várias intervenções psicológicas e comportamentais podem ser usadas para controlar a dor, incluindo relaxamento muscular, imaginação positiva, distração cognitiva e reinterpretação de sensações corporais. O ensino dessas técnicas aos que experimentam dor tem alcançado vários graus de sucesso na redução de seu sofrimento. Uma previsão excelente da dor é a crença do paciente em sua capacidade de usar eficazmente as técnicas. Os pacientes que acreditavam que podiam usar com êxito novas estratégias de enfrentar a dor sentiram-se aliviados com o tempo.[15]

Fontes de auto-eficácia

É possível melhorar nossa auto-eficácia para atingir nossas metas? Sim, com certeza. Bandura disse que nossas crenças auto-eficazes em qualquer esforço determinado vem de pelo menos uma de quatro fontes.[16]

Experiências de domínio. Nada constrói melhor a auto-eficácia como a experiência de tentar uma tarefa e ter êxito, mesmo que em pequena escala. Experiências de domínio são exatamente isso — experiências que nos permitem praticar ou ensaiar talentos desejados e desenvolver lentamente nossas capacidades. Quando se desenvolve a auto-eficácia com o domínio de experiências, é útil praticar num ambiente seguro e sem ameaças. Assim que se estabelece o senso de auto-eficácia — a crença em que se pode realizar uma tarefa —, é mais provável a perseverança diante dos reveses. Pesquisas demonstram que o domínio de experiências é de longe o melhor método para aumentar a auto-eficácia.

Experiências vicárias (modelagem). Embora sejam melhores os domínios de experiência direta, também é possível construir a auto-eficácia observando o desempenho bem-sucedido de outros. Esse tipo de modelagem comportamental, como foi chamado, funciona especialmente bem se os "modelos" (os observados) são semelhantes a nós (por exemplo, em capacidade, experiência e gênero). A idéia é que, se pessoas semelhantes a nós podem ter êxito numa tarefa, nós também podemos, e nossa auto-eficácia aumenta.

Persuasão verbal. Às vezes, a visão de nossa auto-eficácia pode ser aumentada quando outros nos dizem ter confiança em nossa capacidade de conseguir, sobretudo quando as circunstâncias são desafiadoras. Claro, a fonte da persuasão verbal e de seu encorajamento deve ser digna de crédito.

Estados fisiológicos e emocionais. Às vezes, a auto-eficácia deriva em parte de nossos corpos e mentes. Quando precisamos atuar em situações ameaçadoras, muitas vezes sentimos maiores níveis de excitação fisiológica (por exemplo, o coração disparado) e emocional (por exemplo, medo, tristeza). Alta excitação fisiológica e emoções negativas podem nos indicar, pelo menos em certas condições, que somos vulneráveis ao fracasso. Em certo sentido, nossas crenças e emoções podem estar nos dizendo que não temos o que é preciso para obter êxito, e nossa auto-eficácia despenca. Por outro lado, podemos reinterpretar os sentimentos associados à alta excitação de uma forma que aumente, ou pelo menos não diminua, a auto-eficácia. Por exemplo, a alta excitação fisiológica pode ser interpretada como o maior sentido de alerta, e a ansiedade, encarada como a maior antecipação. Esses tipos de interpretação tenderiam a facilitar as ações.

OS ALCANCES EXTERNOS DO OTIMISMO: CRIANDO ILUSÕES POSITIVAS

Quando o famoso jogador de basquete Earvin "Magic" Johnson anunciou em 1990 que tinha HIV, era provavelmente a única pessoa na Terra que pensava que viveria mais um ano. Ter HIV, o vírus que causa a Aids, era então considerado uma sentença de morte. Todos sabiam disso. Todos, menos Magic Johnson. Os médicos disseram-lhe que sua atitude seria crucial para derrotar a doença. Diz Magic: "E você me conhece, quando o médico disse isso, eu retruquei: Ah, merda. Então a doença está derrotada."[17]

Muitos de nós temos algumas visões irrealistas de nós mesmos em relação a outras pessoas. Achamos que as chances de sermos felizes, de termos uma carreira bem-sucedida, ou filhos talentosos serão melhores do que as de nossos pares. Também achamos que as chances de coisas ruins nos acontecerem são consideravelmente menores. Mantemos essas crenças positivas sobre nós mesmo que, estatisticamente, elas não sejam prováveis. Assim, tais crenças são um tipo de parcialidade positiva em relação a nossas vidas.[18]

Como o consenso de que a marca registrada da saúde mental e da estabilidade emocional é uma visão exata da realidade, os cientistas comportamentais vêm debatendo há anos se essas parcialidades positivas são emocionalmente boas ou más. Parte da pesquisa indica que acreditar que temos mais controle sobre as circunstâncias do que ocorre de fato pode ser emocionalmente benéfico. Em vários experimentos de laboratório, mostrou-se que pessoas deprimidas têm visões mais exatas de seu grau de controle do que as não-deprimidas. Por exemplo, em experimentos sobre impotência aprendida, quando os participantes executaram tarefas sobre as quais tinham pouco controle, os deprimidos avaliaram-se com precisão como detentores de muito pouco controle. Os não-deprimidos, por outro lado, acreditavam que tinham controle mesmo em circunstâncias em que não tinham, de fato, absolutamente nenhum.[19]

Outra pesquisa indica que mesmo a percepção de talentos sociais difere entre pessoas deprimidas e não deprimidas. Em termos específicos, as pessoas deprimidas são muitas vezes juízes perspicazes de seus talentos sociais. Suas auto-avaliações refletem mais acuradamente a percepção que os outros têm delas. As pessoas não deprimidas, contudo, valorizam excessivamente seus talentos, julgando-se mais agradáveis, persuasivas e atraentes do que os outros acham que elas são.[20]

A obra da Dra. Shelley Taylor, professora de psicologia da Universidade da Califórnia, em Los Angeles, também contestou a idéia de que a precisão perceptiva é sempre boa. Ela acredita que, em particular durante tempos de extremo trauma, uma pequena distorção da realidade pode ser adaptativa e útil.[21, 22] Shelley chegou a essa teoria contra-intuitiva no início da década de 1980, quando entrevistava pacientes de câncer no seio para um estudo. Ela e os colegas estavam interessados em identificar os fatores que ajudavam as mulheres a voltarem aos níveis anteriores após a traumática e ameaçadora experiência do câncer.[23] A pesquisa examinou, entre outras coisas, a idéia de que as mulheres que tinham fortes sentimentos de controle sobre seu câncer mostrariam adaptação emocional e psicológica à doença. Essa hipótese surgiu da pesquisa que mostrava que fatores estressantes controláveis produzem menos efeitos emocionais negativos do que os incontroláveis. Shelley raciocinou que a *crença* no controle poderia ter os mesmos efeitos benéficos que *ter* de fato controle comportamental.

Uma das principais descobertas foi verdadeiramente espantosa e, na superfície, parecia contradizer uma opinião mantida há muito tempo acerca da saúde mental. Muitas das mulheres que enfrentavam melhor o seu câncer tinham visões extrema e irrealisticamente positivas de seu controle. Escreve Shelley: "Muitas mulheres manifestaram a crença de que podiam pessoalmente controlar o câncer e impedi-lo de retornar. Outras insistiam em que se achavam curadas, embora suas fichas mostrassem que tinham doenças progressivas. Apesar de essas crenças serem inconsistentes com a prova médica objetiva, estavam associadas com [boa] saúde mental [nessas mulheres] e não com angústia psicológica."[24]

Essas descobertas, e as de outros pesquisadores, levaram Shelley a propor a idéia de que "ilusões positivas" — crenças que representam leves distorções da realidade — podem realmente oferecer certa proteção à saúde mental contra experiências traumáticas e acabar afetando também nossa saúde física. Uma das características-chave das ilusões positivas é o que se conhece como "otimismo irrealista".

Falei antes em Art Berg e seu incrível otimismo mesmo quando se encontrava estirado na estrada, à espera de uma ambulância, após o acidente de carro. Ele me contou que durante sua recuperação sempre manteve a esperança de que tudo mudaria. Disse que, embora compreendesse que parte dessa esperança não se baseava na realidade, isso o impediu de ficar deprimido e sem esperança. Sentiu-se abatido, mas jamais desesperançado. A reação de seus médicos a essa disposição esperançosa é interessante. Ficaram frustrados com o que viam como incessante otimismo, e a reação foi isolá-lo. Puseram-no num quarto sozinho e restringiram as visitas da família. Na época, ele não sabia por que o tratavam assim, mas depois teve por acaso acesso aos seus boletins médicos e ficou surpreso ao descobrir o que um dos médicos escrevera. Ele achava que o problema de Berg era uma "felicidade excessiva", prejudicial ao seu progresso. O médico escreveu que julgava que Berg se achava num estado de negação e necessitava aceitar sua condição. Berg explicou-me: "Eu simplesmente não estava disposto, nas palavras dele, a aceitá-la. Isso não queria dizer que eu tivesse uma visão irrealista de onde estava. Aceitá-la era ceder ao senso de desesperança. Para mim, isso era como um dobre de finados."

Shelley e sua colega da UCLA, a Dra. Margaret Kemeny, investigaram os efeitos das ilusões positivas sobre a saúde em pessoas que enfrentavam a ameaça da morte pelo HIV. Em várias pesquisas envolvendo alguns dos 1.400 pacientes do Multicenter Aids Cohort Study (MACS) — um extenso estudo da história natural da Aids — o impacto das ilusões positivas mostrava-se cristalinamente claro.

O primeiro estudo envolveu 238 homens soropositivos e 423 soronegativos.[25] Fizeram-se aos homens perguntas sobre seu otimismo disposicional e seu otimismo especificamente em relação à Aids. Quanto ao segundo grupo, perguntaram-lhes qual o seu grau de otimismo sobre as chances de continuarem livres da doença. A mais dramática constatação no estudo foi a presença de fortes ilusões positivas e otimismo irrealista entre os soropositivos. Surpreendentemente, esses homens, que já haviam contraído o HIV, *eram mais otimistas sobre não pegar* Aids que os soronegativos. Os soropositivos eram *irrealisticamente otimistas*, pois na verdade suas chances de contraírem Aids eram *maiores* que a dos soronegativos. Essa descoberta apóia a idéia de que o otimismo irrealista surge em resposta a condições extremamente ameaçadoras, talvez como forma de enfrentar a angústia.

Houve também outras descobertas. Os participantes que mostravam otimismo específico sobre a Aids e disposicional tinham menos angústia psicológica do que os outros homens no estudo. Por outro lado, alguns participantes comunicaram o que se chamou de "vulnerabilidade fatalista" (uma espécie de pessimismo) sobre o curso da Aids (por exemplo, acreditando que não se podia evitá-la). Os indivíduos de alta vulnerabilidade fatalista sentiam a maior angústia psicológica, preocupavam-se mais com a Aids e viam-se como tendo menos controle sobre a doença do que os de menos vulnerabilidade fatalista e os simples otimistas.

Surgiu uma questão interessante: o otimismo antecedia o HIV ou o HIV levava a um otimismo irrealista, como acreditavam os pesquisadores? Os homens otimistas podiam exibir comportamentos mais arriscados, aumentando com isso a probabilidade de contrairem HIV? Como teste dessa vulnerabilidade, os pesquisadores fizeram uma análise dos homens pesquisados em busca de HIV, mas preferiram não saber os resultados dos testes. Entre esses homens, não havia diferenças no otimismo sobre a Aids entre os soropositivos e os negativos. Parece, pois, que era o *conhecimento* do *status* de soropositivo (o fato ameaçador) que provocava a ilusão de invulnerabilidade. Segundo Taylor e Kemeny, a *ilusão de controle* ajuda as pessoas a se ajustarem e adaptarem emocionalmente a fatos de outro modo arrasadores.

Ajuda ou não ser irrealista quando se está diante de uma doença terminal? A influente obra da Dra. Elizabeth Kübler-Ross tem orientado o pensamento sobre essa questão há mais de três décadas.[26] Segundo ela, a pessoa que enfrenta uma doença terminal passa por estágios previsíveis até chegar a termo, com a morte. O estágio final do processo de agonia é o de resignação e aceitação — na verdade, uma aceitação realista — de nossa inevitável mortalidade. Elizabeth acredita que o estágio final de aceitação é crucial para o indivíduo alcançar a paz psicológica no fim da vida.

Mas muitos pacientes com doenças terminais recusam-se firmemente a aceitar sua situação, às vezes até o fim. Acreditam que eles próprios ou seus médicos poderão combater a doença e vencê-la. A questão é: é bom ter uma atitude otimista irrealista? Essa pessoa estará pior emocionalmente se e quando as realidades de uma séria doença afugentarem toda esperança?

Magic Johnson chocou fãs e inimigos igualmente quando se aposentou do basquetebol em 7 de novembro de 1991. Quase todos os entusiastas de esportes se lembram quando do anúncio de que o basquetebol perderia o jogador porque ele contraíra HIV. Johnson queria passar o tempo que lhe restava com a família e educar outras pessoas sobre a Aids. É muito pouco afirmar que esse foi um momento triste para ele, que pela primeira vez estava sem o sempre presente sorriso irresistível.

Mas, num curto prazo, Johnson começou a fazer mais aparições públicas e falar sobre a Aids. Seu humor tornou-se mais uma vez otimista e positivo, como o velho Magic. E, surpreendentemente, apesar da ausência de cura para a Aids, ele honestamente acreditava que tinha uma boa chance de vencê-la. Em sua autobiografia de 1992, *My Life*, ele descreve sua atitude em relação ao HIV:

> Algo que realmente me deixa fulo de raiva é as pessoas dizerem que nego que tenha HIV. Talvez pensem assim porque eu continuo otimista e pra cima. Mas não vou rastejar pra dentro de um buraco. A verdade é que eu não tenho dias ruins. Não acordo pela manhã e penso que vou pegar Aids (...) Houve momentos de tristeza sobre o vírus. Eu sempre fui assim, pensamento positivo, com uma perspectiva brilhante da vida (...) Para mim, a Aids é apenas mais um desafio. Tenho a mesma atitude que sempre tive na quadra. Vou combatê-la. Não perdi muitas batalhas em minha vida.

Fez bem a Magic ser tão otimista sobre seu prognóstico? É melhor para pessoas como ele, com uma doença séria, aceitarem suas condições?

Taylor e Kemeny também oferecem algumas respostas surpreendentes a estas perguntas. Dois intrigantes estudos, feitos em colaboração com seu colega Geoffrey Reed, sugeriram que, no contexto da doença terminal, o otimismo irrealista pode prolongar a vida e a aceitação irrealista pode encurtá-la. O primeiro estudo envolveu 74 homossexuais homens com Aids do estudo MAC, que foram diagnosticados numa média de 12 meses antes de entrar no estudo.[27] Fizeram-se avaliações biológicas e psicológicas, e os homens foram estudados por mais de dois anos. Uma das medidas-chave chamava-se "aceitação realista", uma espécie de expectativa negativa (apesar de realista) sobre seu futuro com a Aids. As pessoas com alta aceitação realista endossam afirmações como "Eu tento aceitar o que pode acontecer" ou "Eu me preparo para o pior".

Sob a perspectiva de Kübler-Ross e outros, aceitação realista é exatamente onde os pacientes de Aids devem estar em certos estágios de sua doença.[28] Isso se aplica sobretudo ao estudo feito antes do uso generalizado de terapia com combinações de drogas. As pessoas com altos pontos de aceitação realista estavam, "em essência, reconhecendo a probabilidade de seu risco de morte, ao passo que os com notas baixas não se empenham em termos psicológicos ou comportamentais com o estágio final da vida". O estudo da UCLA destinava-se a testar o valor da aceitação realista. As constatações foram estonteantes. *Os homens que aceitavam realisticamente sua condição — quer dizer, tinham expectativas negativas a respeito — viviam uma média de nove meses menos* do que os que não tinham expectativas negativas. A Figura 2 mostra o tempo de sobrevivência dos homens com notas altas e baixas em aceitação realista.

Apenas dez meses após iniciado o estudo, já surgiam as diferenças entre os grupos. Os que aceitavam realisticamente sua sorte já mostravam maior taxa de morte. As diferenças em sobrevivência entre os grupos não se deviam a maus comportamentos de saúde ou à carência de cuidados médicos daqueles que aceitaram sua situação. Tampouco se deviam a menos apoio (ver Capítulo 6) ou a estados de espírito mais negativos no grupo de aceitação realista. Em vez disso, parecia algo sobre as diferenças nas expectativas dos dois grupos que os separava.

Figura 2: Aceitação e Tempo de Sobrevivência na Aids (adaptado de Reed et al., 1994)

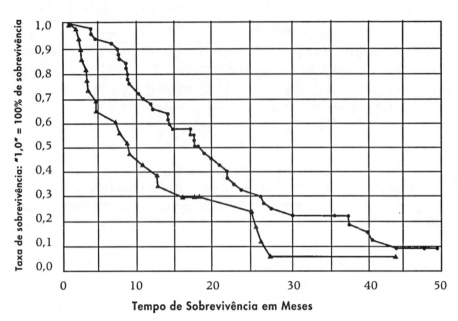

• Grupo de "Aceitação Realista" baixa n = 50
▲ Grupo de "Aceitação Realista" alta n = 24

No segundo estudo de Reed, Kemeny e Taylor, 72 homossexuais homens soropositivos foram estudados durante dois anos e meio a três anos. Cerca de 35 deles haviam sofrido luto no ano anterior ao estudo, perdendo um parceiro ou amigo íntimo. As avaliações de expectativas sobre a Aids foram obtidas no início do estudo, quando nenhum dos homens apresentava sintomas relacionados com a doença. Contudo, no decorrer do estudo, a doença avançou. Os homens apresentaram doenças como persistente diarréia, perda de peso não-intencional, febres e suores noturnos que não passavam. Os homens que comunicaram altas expectativas negativas sobre o curso da Aids (por exemplo, acreditando que sua doença progrediria) apresentaram sintomas numa taxa significativamente mais elevada do que os de baixas expectativas negativas. Isso se aplicava especialmente aos homens que haviam sofrido luto. Os sintomas da Aids apareceram em cerca de 66 por cento dos homens que sofreram lutos e tinham expectativas negativas, enquanto só 40 a 50 por cento dos homens nos outros grupos apresentaram tais sintomas.[29]

É difícil discutir com o sucesso. Magic Johnson é freqüentemente lembrado por suas palavras: "Eu pensei que estaria aqui."

Ele se beneficia de novos medicamentos HIV/Aids, da melhor compreensão do curso da doença, da compaixão da família, de abundantes recursos financeiros e de sua indômita visão de mundo.

"Eu sou um cara de desafios, e este foi outro desafio em minha vida, ver se posso vencê-lo, e até agora tudo bem."[30] Disse ele sobre sua diagnose.

Conclusão da Parte I

Muitas religiões e filosofias enfatizam o desvio dos pensamentos em relação ao futuro, na busca de viver conscientemente "o momento". Essa prática pode assumir muitas formas, mas o objetivo é sempre o mesmo: tentar, sempre que possível, cuidar da experiência do nosso presente, absorver-se plenamente na atividade imediata — não ficar ruminando desnecessariamente sobre o passado nem se preocupar com o futuro. Na verdade, a meditação consciente, que ensina a concentrar-se no presente, é uma poderosa técnica de relaxamento, controle da tensão e tratamento de algumas doenças crônicas.[31] Permanecer no momento faz perfeito sentido, uma vez que o único tempo que realmente existe é o agora. A cortina sobre o passado fechou-se, e o futuro espera velado. Infelizmente, a maioria de nós raramente atinge a concentração no momento presente. Nossas mentes nos transportam do aqui e agora para o que passou, o que virá, o que acabou, o que ainda está por vir. Em vista de nossa tendência a gastar grande parte de nossas vidas interpretando o passado e antecipando o futuro, seria maravilhoso se pudéssemos fazer isso de um modo que não nos deixasse abatidos, derrotados ou cheios de medo.

Nossas visões de mundo são moldadas pelas condições de nossas experiências anteriores. Mas, como ilustramos nesses três capítulos, não estamos completamente à mercê de nossas origens e circunstâncias, e podemos exercer um certo controle sobre como reagimos aos fatos. Exercendo esse controle e tomando decisões conscientes sobre nossas expectativas e explicações, tornamo-nos participantes ativos na modelação de nossa saúde.

Ainda precisamos aprender muitas coisas sobre expectativas e explicações otimistas. Em particular, embora os otimistas sejam em média mais saudáveis do que os pessimistas — quer dizer, têm menos doenças e melhor funcionamento biológico —, ainda precisamos de mais pesquisas que demonstrem que se as pessoas forem ensinadas a ter uma perspectiva mais otimista, viverão mais. Esses tipos de estudos estão em andamento em universidades de todo o país. Mas já sabemos o bastante para tomar medidas, reavaliar as expectativas e explicações sobre os fatos. Seremos mais saudáveis e viveremos mais como resultado disso? É bem possível. Teremos uma qualidade de vida mais elevada e mais bem-estar emocional? Com toda certeza. Algumas pessoas gostam de dizer: "Eu não sou otimista nem pessimista, mas realista." Não está claro, no entanto, o que é um realista quando a maioria dos fatos de nosso passado pode ser interpretada de várias formas, e o futuro é uma completa tábula rasa. É tudo uma questão de perspectiva. Logo, por que não escolher a perspectiva que, embora firmemente baseada nos fatos, é mais animadora, mais para cima? Independentemente de seus efeitos sobre a longevidade, ver os fatos sob uma luz mais otimista pode ser uma maneira de viver melhor.

O otimismo, a auto-suficiência e as ilusões positivas são apenas alguns dos elementos psicológicos e sociais (isto é, pensamentos e ações) da nova definição de saúde. Os dois capítulos seguintes ilustram que o que fazemos após sermos submetidos a grandes adversidades ou traumas pode determinar as conseqüências a longo prazo para a saúde. Os efeitos para a saúde da revelação ou do ocultamento de experiências traumáticas são o foco.

PARTE II

PENSAMENTOS E AÇÕES 2: OCULTANDO E REVELANDO TRAUMAS

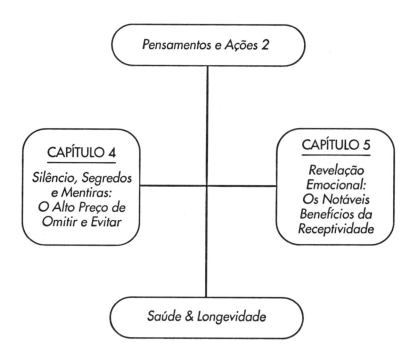

Pois os segredos são ferramentas com gumes...
— John Dryden

O silêncio aumenta a dor...
— Fulke Greville

A ameaça de experiências traumáticas está sempre presente em nossa sociedade. Dos maus-tratos físicos e sexuais, mortes prematuras e chocantes de entes queridos, grandes acidentes, doenças sérias e a violência nos bairros, até uma coisa tão comum quanto o divórcio — todos corremos o mesmo grau de risco. A pesquisa comportamental descobriu que a recuperação de um trauma pode basear-se particularmente na disposição das vítimas em sua revelação. Revelar nossos mais profundos pensamentos e sentimentos sobre experiências traumáticas serve como um antígeno comportamental, ajudando a prevenir as conseqüências para a saúde e conter o patógeno da ocultação.

A idéia de que pode ser útil falar dos problemas e situações que nos incomodam está longe de ser nova. Grande parte da psicoterapia se fundamenta em torno do diálogo. Técnicas como a terapia comportamental cognitiva, por exemplo, envolvem o psicoterapeuta e o paciente discutirem como uma situação pode levar à cura. Expressões como "a confissão faz bem à alma", "esvaziar o peito" e "aliviar um pouco a pressão" exemplificam a crença em que a comunicação verbal de experiências carregadas tem efeitos salutares. Mas pesquisas recentes sugerem que essas idéias comuns de catarse emocional apenas em parte são corretas — e em alguns casos erradas mesmo. Essa convicção levou-nos além da sabedoria popular, iluminando as conseqüências completas da ocultação ou da revelação de experiências traumáticas. Essas conseqüências, simultaneamente diferentes do que sempre pensamos e mais poderosas do que imaginávamos, têm impressionantes implicações para a saúde.

Um Sopro de Ar

Não se espera que uma viagem de campo em outubro, com a classe de jardim de infância de sua filha, a uma fazenda de abóboras, se transforme numa tragédia, mas quase se transformou para nossa amiga Angie. Atipicamente, ela se dispôs a cumprir seus deveres de acompanhante sem pensar em feno, tasneira, poeira e terra que encontraria naquele dia. Qualquer um desses elementos provoca ataque de asma em Angie; juntos, podem ser mortais.

Angie começou a sentir um aperto no peito e, logo em seguida, dificuldade para respirar. Não havia inalador. Nem celular. Campista assumida, ela resistiu a estragar a diversão das crianças pedindo ajuda. Tinha asma desde a infância e já estivera em situações difíceis antes. Desta vez, porém, reconheceu que estava atravessando um momento perigoso. Outra mãe na viagem, que por acaso era médica, levou-a a uma pequena loja rural, onde ela tomou cidra morna e café e começou a se sentir melhor. Esse pequeno drama poderia ter tido um sem-número de desfechos, nem todos bons.

Outra amiga, Shanti, inicia os dias enfrentando sua asma. Quando acorda pela manhã, leva de 15 a 20 minutos para despertar os pulmões. Até abri-los, não pode respirar completamente. Cada tentativa traz tosses e coriza. Esse ritual matinal diário restringe seu estilo de vida, incluindo suas relações íntimas. Às vezes, até rir provoca um espasmo de tosse. Shanti também tem de limitar as atividades ao ar livre durante o inverno, porque o ar frio provoca ataques de asma. Embora more numa parte quente e úmida do país, o ar-condicionado está fora de questão.

Imaginem o que deve ser lutar para respirar. A maioria de nós nem sequer pensa nisso; simplesmente respiramos. E se assegurar que possamos respirar fosse algo em que tivéssemos de pensar todo dia? Conter a respiração por alguns segundos nem se aproxima do terror que as pessoas com asma devem sentir durante um ataque. Quase se pode compreender a sensação vendo-se um ator subir à superfície das profundezas subaquáticas. Vêem-se as bochechas infladas e os lábios projetados quando ele tenta, em desespero, impulsionar-se para a superfície. Enquanto vemos isso, nossa respiração se encurta e compartilhamos os primeiros arquejos quando ele finalmente emerge.

E se jamais tivéssemos essa sensação de alívio? Quinze milhões de pessoas nos Estados Unidos enfrentam essa perspectiva todo dia. Mais de 5 mil morrem de asma todo ano. A incidência da doença vem crescendo há décadas, sobretudo nas crianças.

A pesquisa do Dr. Joshua Smyth destinava-se a determinar se o simples ato de escrever sobre experiências estressantes poderia reduzir os sintomas de uma doença crônica como a asma. Vários estudos haviam mostrado o poder da escrita estruturada para evitar enfermidades e visitas médicas em pessoas saudáveis, mas Smyth e seu colega Dr. Arthur Stone da Universidade do Estado de Nova York, em Stony Brook, decidiram submeter a escrita a um desafio mais rigoroso. Elaboraram e conduziram um estudo, publicado pelo prestigioso *Journal of the American Medical Association* [1] que talvez abra a porta a novos tratamentos sem drogas para doenças crônicas.

A Cura por Escrito: o Estudo Pioneiro de Smyth

Antes de falar do estudo de Smyth, vou traçar um painel sucinto. A descrição desse estudo para vocês aqui, no início desta parte do livro, é algo como mostrar-lhes um filme que primeiro revela o fim, depois dá os detalhes de apoio. Vocês entendem, o estudo de Smyth é onde está a ciência hoje: o mais recente e significativo feito num campo que se acha numa viagem de descoberta há algum tempo. Esta parte do livro trata dessa viagem, que ensinou aos cientistas dois aspectos das experiências traumáticas: (1) os traumas ocultos e não-revelados podem ter grandes e duradouras conseqüências emocionais e biológicas, e (2) escrever sobre eles às vezes cura.

Smyth, um jovem e bem treinado pesquisador, admitiu que no início estava um pouco cético sobre os efeitos da escrita reveladora, mas, após estudar a pesquisa publicada, ficou intrigado. Uma das questões que o incomodava era o fato de que a maior parte da pesquisa que mostrava os efeitos positivos da escrita sobre fatos estressantes fora feita com pessoas saudáveis. Jamais foram realizados testes com pessoas sofrendo de sérias doenças crônicas. Smyth perguntava-se se a escrita ajudava de fato pessoas já doentes, e se seria possível determinar objetivamente melhoras na saúde. Para submeter a escrita a esse teste mais rigoroso, escolheu duas doenças crônicas: a asma e a artrite. Ele me explicou por que escolheu duas doenças e não uma: "Se descobríssemos [resultados positivos] em apenas uma doença, estaríamos abertos à crítica potencial de que era uma coisa única nesses tipos de pessoas ou doenças. Queríamos ver a força dos efeitos testando [a escrita] em mais de uma população de doença."

Como psicólogo que faz pesquisa com pacientes médicos, encontrar físicos colaboradores que entendessem de asma e artrite, e também se interessassem por opções psicológicas e comportamentais para tratamento, era importante para Smyth. Ele encontrou dois que se interessavam pela hipótese e estavam dispostos a participar dos rigores da investigação: um reumatologista e um especialista em pulmão.

A equipe da pesquisa de Smyth pôs anúncios nos jornais locais e distribuiu volantes em hospitais e consultórios médicos da cidade, convidando pessoas a "participarem de um estudo de suas experiências diárias com a doença". Matricularam 112 dos participantes, de 465 que responderam ao convite, após uma seleção por telefone para excluir os que apresentassem algum problema psiquiátrico ou limitações de tempo que pusessem em risco o estudo. Explicaram a exigência de escrever durante 20 minutos sem parar, por três dias consecutivos.[2] Uma vez matriculados, destinaram-se aleatoriamente os participantes a um de dois grupos: pediu-se a um que escrevesse sobre "a experiência mais estressante pela qual já haviam passado" e ao outro, sobre suas atividades diárias, numa espécie de exercício de controle do tempo. Para impedir que previssem um determinado resultado e que isso os influenciasse, foi dito a todos que o estudo era apenas sobre suas experiências com a tensão.

Smyth me contou que alguns dos participantes, e muitos pesquisadores, encararam a intervenção da escrita como banal, pois são apenas 20 minutos por dia, três dias por semana. Mas ele descobriu que, fora das sessões de 20 minutos, e talvez até após o fim da experiência, os pacientes ainda pensam e processam o que escreveram. Diz que a experiência da escrita "é um processo contínuo, não uma coisa embrulhada bonitinha em três sessões de 20 minutos".

No estudo de Smyth, os sintomas de doença foram avaliados em intervalos de duas semanas, dois meses e quatro meses após o exercício da escrita, e comparados com avaliações feitas uma semana antes do início do estudo.

Os resultados foram impressionantes. Entre os pacientes de asma, os que escreveram sobre experiências estressantes mostraram melhoras significativas na função pulmonar (isto é, podiam respirar com mais facilidade) nos quatro meses de acompanhamento, e os do grupo de controle não mostraram melhora alguma.[3] Do mesmo modo, embora os pacientes com artrite no grupo de controle não apresentassem melhoras nos sintomas, os do grupo experimental tiveram uma melhora de 28 por cento. No geral, dos 70 com asma e artrite nos grupos experimentais, 47 por cento mostraram melhoras clinicamente significativas e apenas 24 por cento dos 37 do grupo de controle evidenciaram tal melhora. Por que escrever sobre experiências estressantes era tão útil para esses pacientes? A resposta a esta pergunta é complexa, mas, em sua forma mais simples, pode-se traçar uma analogia entre ocultar e revelar experiências estressantes e os conceitos de patógenos e antígenos.

Na ciência médica, os patógenos são agentes, como vírus e micróbios, que causam doenças. Os antígenos, ao contrário, ajudam o corpo no combate a tais agentes estranhos. Também há fenômenos que podem ser considerados patógenos e antígenos *comportamentais*, e também estes têm implicações médicas. O conceito de patógenos comportamentais foi usado pela primeira vez, talvez, pelo Dr. Joseph Matarazzo para descrever fatores de risco comportamentais em doenças decorrentes de fumo, inatividade física e consumo excessivo de álcool.[4] A pesquisa descrita acima e mais adiante nesta parte do livro indica mais um patógeno comportamental — a ocultação de experiências traumáticas. Sobrecarrega-nos mental e fisicamente, deixando-nos vulneráveis à doença. As notáveis descobertas de Smyth e outros sugerem que o ato de revelar essas experiências ajudam a saúde — servindo como uma espécie de antígeno comportamental. Antes de descrever as vantagens da abertura, vejamos o que ocorre quando pensamentos, segredos, emoções e traumas permanecem ocultos.

Capítulo 4
Silêncio, Segredos e Mentiras: O Alto Preço de Omitir e Evitar

Linda Ellerbee é jornalista, colunista, escritora e produtora de televisão premiada e muitíssimo respeitada. Em seu impressionante currículo, há um período de 12 anos como correspondente e âncora de noticiário na NBC, cobrindo o Congresso, a Casa Branca, campanhas presidenciais e convenções políticas nacionais. É uma oradora pública popular e presidente da Lucky Duck Productions, que produz destacados programas para a televisão em rede, a cabo e pública, incluindo o único noticiário infantil no Nickelodeon, *Nick News*. Criou vários programas inovadores na televisão sobre tópicos como Aids, câncer de mama e aborto. O envolvimento em tantas atividades exige uma tremenda energia, sobretudo se elas são realizadas com competência, como Linda faz. Mas o câncer de mama deteve-a por algum tempo. Sobre o diagnóstico revelado em fevereiro de 1992, ela explica: "No começo, logo depois do diagnóstico, eu não pensava em nada mais. Tentava escrever em meu computador e, de repente, parecia que uma mensagem gigantesca pipocava na tela dizendo VOCÊ ESTÁ COM CÂNCER."[1]

Algumas experiências traumáticas são tão agressivas e perturbadoras que a última coisa que desejamos é pensar a respeito. Mas, como contou Linda, os pensamentos e imagens sobre a experiência — o que os psicólogos chamam de "pensamentos intrusos" — despencam do nada sobre a gente. Por mais perturbadores que sejam tais pensamentos, muitos cientistas acreditam que, na verdade, fazem parte do esforço do cérebro para nos levar à cura psicológica.[2] Claro, nossa reação inicial é desligar os pensamentos intrusivos e evitá-los completamente, se pudermos. Na verdade, em algumas formas de psicoterapia, a meta central é eliminar os pensamentos e sentimentos negativos. Mas a pesquisa sugere que a forma como tentamos alterar nossos pensamentos e emoções após um trauma determina como conseguimos fazê-lo. Em certas circunstâncias, nossas tentativas de controlar pensamentos e palavras saem pela culatra. Podemos aumentar sem querer as coisas quando tentamos nos livrar delas. E, infelizmente, quando tentamos ocultar a experiência de traumas passados, a conseqüência pode ser uma saúde ruim.

Nem Pense Nisso

Eu gostaria que você tentasse fazer uma pequena experiência. Durante os próximos 30 segundos, quero que largue este livro. Fique quieto e pense em qualquer coisa — quer dizer, qualquer coisa menos "ursos brancos" ou tópicos relacionados. Evite pensar em ursos, neve, o Alasca ou qualquer outra coisa no universo do urso branco. Tudo bem. Largue o livro.

Que tal se saiu? Meu palpite é que provavelmente você pensou mais em ursos brancos nesses 30 segundos do que jamais pensou em sua vida. Alguns tiveram imagens visuais de ursos brancos, outros simplesmente viram ou ouviram as palavras "ursos brancos" nos pensamentos e outros, ainda, visualizaram imagens relacionadas.

Não é irônico que a coisa que pedi para que você não pensasse de repente tenha passado a desempenhar um papel tão grande em seu consciente? Mas sua experiência é exatamente o que o Dr. Daniel Wegner, autor de *White Bears and Other Unwanted Things*, já havia previsto. A pequena experiência que pedi a você para fazer baseia-se na obra e na teoria de Wegner — apropriadamente chamada "teoria do processo irônico". Explica que, quando tentamos eliminar ou controlar nossos pensamentos, sem querer colocamos em movimento processos mentais que acabam por impedir o próprio controle. Segundo Wegner,

> parece perfeitamente simples, por exemplo, que uma pessoa que tenta se abster do álcool comece por tentar não pensar em beber. E também é razoável que a pessoa que se sente demasiado ansiosa tente mentalmente relaxar ou que o deprimido espere remediar o problema evitan-

do pensamentos tristes... Mas a simples decisão de tentar controlar nossas mentes às vezes nos deixa loucamente descontrolados — transformando o que julgávamos um antídoto para nosso mal-estar mental no próprio veneno que o cria.[3]

Isso não quer dizer que não tenhamos controle sobre nossos pensamentos. Temos, claro. Contudo, em certas condições, as tentativas de controle mental produzem o que menos queremos sentir. Segundo Wegner, isso se dá porque a mente usa dois processos complementares mas opostos para ajudar a controlar os pensamentos: o *processo operacional intencional* (que chamaremos "operador") e o *processo de monitoramento irônico* ("monitor"). O operador atua no nível consciente, ajudando-nos a pensar sobre aquilo em que queremos pensar. O monitor, por outro lado, atua inconscientemente, dizendo-nos quando temos ou estamos para ter pensamentos que não queremos, para que possamos corrigi-los imediatamente.

Como já dissemos, o operador e o monitor são complementares. Se, por exemplo, você está dirigindo e procurando o nome de uma rua, o operador mantém o nome na frente da mente, e o monitor registra e rejeita constantemente os nomes de rua errados. Se você tenta encontrar o nome de uma loja nas Páginas Amarelas, o operador busca ativamente o nome, e o monitor lhe diz que todos os outros nomes que você vê não são o que você busca, exortando-o a seguir em frente e não perder tempo.

O monitor e o operador igualmente trabalham juntos quando queremos evitar pensar em alguma coisa. Voltando ao exemplo dos ursos brancos, quando se tenta evitar pensar neles, o operador ajuda a pensar em outras coisas — carros, comida, trabalho, cinema ou qualquer coisa, *menos* ursos. O operador tenta dar-nos o que queremos, neste caso distrações. Ao mesmo tempo, o operador trabalha inconscientemente, buscando qualquer coisa que se pareça remotamente com ursos brancos, para mandar-nos saltá-las. E é esse processo de monitoramento que torna quase impossível evitar por completo certos pensamentos quando se tenta. Eis como o operador e o monitor trabalham quando se tenta evitar pensar em ursos brancos.

OPERADOR, tentando nos distrair: pergunto-me se vai passar alguma coisa na televisão esta noite.

Monitor: Tenha cuidado, às vezes o canal de ciência mostra *ursos brancos*, e você não quer pensar neles.
Operador, tentando de novo: Tudo bem, melhor pensar em comida. Que vou comer no jantar?
Monitor: Cuidado, você adora peixe, e também os *ursos brancos*.
Operador, tentando ainda mais uma vez: Pense apenas em ficar na praia, olhando as ondas.
Monitor: Isso é bom. Certamente não há *ursos brancos* na praia.

O operador e o monitor nem sempre usam palavras; às vezes, usam apenas imagens, como quando o operador pensa em jantar e o monitor produz a imagem de um urso branco com um peixe na boca. A questão é que a interação entre o operador e o monitor torna difícil para nós banir completamente os pensamentos sobre ursos brancos quando se tenta, porque o monitor, de vez em quando, se intromete apenas para nos fazer não pensar sobre eles — o que, claro, nos *faz* pensar neles, mesmo que apenas brevemente.

Na maior parte do tempo, esse processo nos serve bem quando tentamos evitar certos pensamentos. As ocasionais intrusões de pensamentos indesejados em nossa consciência mantêm nosso operador nas pontas dos pés. Lembram-nos que precisamos distrair-nos de maneira mais eficaz. Contudo, Wegner e outros descobriram que, quando as pessoas se acham sob tensão ou enfrentam desafios mentais, o monitor pode esmagar o operador, inundando a consciência com pensamentos indesejados e produzindo os seguintes efeitos: não é provável a ocorrência dos pensamentos que tentamos suprimir; é mais provável sentirmos as emoções que tentamos não sentir; sentem-se mudanças fisiológicas indicativas de ansiedade, como transpiração, quando tentamos relaxar.[4]

Assim que paramos de eliminar pensamentos indesejados, podemos sentir um efeito de ricochete, de modo que pensamos *ainda mais* nos tópicos eliminados do que faríamos normalmente. A eliminação de pensamentos crônicos na verdade pode ser um fator de risco de depressão e ansiedade.[5] Infelizmente para os indivíduos deprimidos, as tentativas de eliminar pensamentos indesejados muitas vezes saem pela culatra, levando a um aumento dos pensamentos negativos que tentam eliminar.[6]

Toda a Verdade, Nada Além da Verdade

Tive um momento difícil no NIH antes de anunciar formalmente que sairia para assumir uma função em Harvard. Concluíra as negociações confidenciais com aquela universidade cerca de duas semanas antes, mas precisava retardar o anúncio. Foram duas das mais difíceis semanas de meu tempo em Betesda. Em essência, estava guardando um segredo muito grande. O que tornava particularmente difícil é que eu o guardava não apenas da comunidade de ciência comportamental, mas também das pessoas com as quais interagia diariamente no trabalho. As reuniões com os professores estimulavam uma série de pensamentos sobre minha partida, sobretudo porque muitas vezes planejávamos atividades para meses ou mesmo um ano no futuro, quando eu não estivesse no NIH.

Wegner e outros descobriram que guardar segredos é mais difícil do que imaginávamos. Temos de monitorar constantemente o que fazemos e dizemos, sobretudo na presença das pessoas das quais guardamos o segredo. Além de nos obrigar a vigiar nosso comportamento, o segredo exige que eliminemos pensamentos sobre o segredo, para não cometermos um deslize da língua ou darmos indícios de nosso logro pela linguagem corporal. Meu operador e meu monitor na verdade estavam às turras um com o outro. Eu não queria pensar em ir para Harvard, e o monitor me oferecia todos os elementos para pensar. Mas o monitor não parava de me informar quando a situação ou os pensamentos eram importantes para a minha partida, para que não escorregasse, como quando planejava atividades futuras com os professores, ou me encontrava com colegas do NIH no saguão — claro que cada encontro estimulava pensamentos sobre a partida. Durante duas semanas, toda vez que eu encontrava conhecidos, o monitor berrava: "Você vai deixar o NIH! Não diga a eles ainda!" Os encontros eram especialmente ruins, pois toda vez que eu olhava alguém nos olhos o monitor disparava.

Todo esse segredo envolve trabalho e esforço, e, com o tempo, pode cobrar um preço biológico. Incríveis descobertas da Universidade da Califórnia, em Los Angeles, ilustram como a ocultação pode ser poderosa. Usando dados do Multicenter Aids Cohort Center, pesquisadores exploraram se a contaminação por HIV progrediria com mais rapidez entre homossexuais homens soropositivos — mas fora isso saudáveis —, que ocultavam seu homossexualismo, do que entre os que não ocultavam. Após nove anos, descobriu-se que quanto mais os homens ocultavam sua identidade sexual, mais rápido avançava o HIV. Surpreendentemente, havia uma relação dose-reação entre o grau de ocultação e o *status* imunológico, a probabilidade de ser diagnosticado com Aids e a mortalidade relacionada com a doença. Quanto maior a ocultação, mais altas as taxas de doença e morte.[7]

Os homossexuais que se classificavam como "no armário" em essência guardavam um segredo muito grande sobre uma questão muito importante em suas vidas. Essa ocultação tinha visivelmente efeitos trágicos em seus corpos. Mas e as pessoas que, em vez de tentarem esconder alguma coisa, simplesmente inventam um substituto — o que se chama comumente de mentira? Estão mais encrencadas ainda? Na aparência, pode parecer que manter uma invenção constante seria mais difícil do que guardar um segredo, em parte manter os fatos direito e em parte evitar contradizer-nos! Mas, em termos psicológicos (não morais), a verdade é simplesmente o oposto. Com a mentira, acredita Wegner, a história fabricada serve como substituto ou distração da verdade ocultada.[8] Uma história fabricada permite ao criador inventar uma realidade que mantém a mente longe do segredo, levando-o para um mundo em que, em nível público e em parte psicológico, não existe. É a diferença entre o verdadeiro mentiroso, que oculta a verdade, e o ocultador atormentado que deseja revelar a verdade. Como a mentira tem componentes de segredos, cobra um preço e conduz a muitos *outros* problemas. Apenas as conseqüências emocionais podem ser menores.

Assim, o mentiroso alivia parte da tensão de guardar um segredo criando uma nova história que serve como distração. O guardador de segredo, porém, não tem distrações — nada para substituir mentalmente o segredo; assim, ao guardador de segredo "não resta nada para pensar fora o próprio segredo!".[9] O guardador de segredo, então, trabalha para evitar pensar no segredo, sobretudo na presença de uma platéia que importa. Claro, a tentativa de eliminação apenas faz com que os pensamentos intrusivos sobre o segredo se manifestem na psique do guardador.

Meu segredo sobre a partida do NIH fez com que pensamentos intrusivos corressem doidos em minha mente. Eu não conseguia deixar de pensar nela, sobretudo no trabalho. Não mentia a respeito, e felizmente não fui acuado num canto onde tivesse de decidir entre revelar o segredo e inventar uma história. Mas a decisão de adiar a notícia foi extraordinariamente desconfortável. Toda vez que eu tinha uma conversa cara a cara ou por *e-mail* sobre o futuro de alguma atividade em que me envolveria na NIH, sentia-me ou extremamente culpado por não revelá-lo ou com igual temor de fazê-lo.

Mas minhas pequenas intrusões empalidecem em comparação a alguns dos traumas devastadores por que as pessoas passam e seu trabalho para manter os segredos. A ocultação de experiências traumáticas é na verdade comum. A maioria das vítimas de estupro, por exemplo, guarda para si mesma o fato de haver sofrido esse crime, não falando com outros a respeito nem denunciando o autor às autoridades.[10] É mais provável que se discutam alguns traumas que outros, talvez porque alguns são mais socialmente aceitáveis que outros. Por exemplo, sofrer a morte prematura de um membro da família é um assunto mais discutido do que experiências de trauma sexual na infância, divórcio dos pais ou violência.[11] Como se o próprio trauma não bastasse, ocultá-lo pode criar outros problemas para as vítimas. Falaremos mais sobre isso daqui a pouco.

Ansioso Quem, Eu?

Uma das coisas que mais me impressiona na pesquisa comportamental e social é a complexidade das questões tratadas e o nível de criatividade metodológica necessário para responder a elas. Não há área onde isso seja mais verdadeiro do que na pesquisa de nossas emoções. Todos sentimos emoções, mas medi-las com exatidão é um desafio. Ao contrário dos biólogos, que olham por um microscópio, os cientistas comportamentais têm de depender do que as pessoas comunicam sobre si mesmas — o que dizem sentir emocionalmente. Na verdade, não há outro modo de avaliar o que alguém sente. Esses comunicados de emoção podem ser muito confiáveis e, como será examinado no capítulo sobre as emoções, muitas vezes prevêem uma legião de resultados médicos. Mas também muitas vezes não merecem crédito algum, e são até falsos. Às vezes, as pessoas querem revelar suas verdadeiras emoções e, às vezes, querem mantê-las em segredo. No laboratório de pesquisa, saber a diferença pode determinar se os resultados científicos são válidos ou não. É aí que a criatividade e o rigor metodológico devem passar ao primeiro plano.

A complexidade da pesquisa sobre a revelação e a ocultação de emoções é claramente ilustrada em estudos de ansiedade, uma das mais tóxicas emoções. Espera-se que as pessoas que comunicam níveis de ansiedade dêem respostas comportamentais e fisiológicas que corroborem os sentimentos comunicados. As pessoas que se dizem baixas em ansiedade devem ter bom desempenho em tarefas nas quais a ansiedade pode interferir, e mostrar respostas fisiológicas isentas de reação à tensão. Contudo, não é sempre o caso. Estudos levaram à conclusão de que algumas pessoas que se disseram não ansiosas exibiam mudanças fisiológicas em resposta à tensão que sugeriam que na verdade eram muito ansiosas. Havia um descompasso entre o que comunicavam e o que seus corpos mostravam. Esse tipo de descoberta contra-intuitiva era antes um grande problema para a pesquisa das emoções. O que significa o comunicado de ansiedade se não bate com as outras indicações de ansiedade, como o comportamento e a fisiologia? A inovação científica necessária para tratar desse enigma foi obtida num laboratório de psicologia em Yale, na década de 1970.

Os psicólogos Drs. Daniel Weinberger, Gary Schwartz e Richard Davidson idealizaram uma maneira de distinguir pessoas portadoras de ansiedade verdadeiramente baixa das que diziam ser mas na verdade não eram. Para isso, forneceram dois questionários. O primeiro era uma medição-padrão da ansiedade, que classificava as pessoas com níveis baixo, moderado e alto. Entre os que se classificaram no nível baixo, achavam-se alguns que na verdade eram muitíssimo ansiosos. Assim, deu-se um segundo questionário para separar os de nível verdadeiramente baixo dos impostores. Esse segundo questionário media uma característica chamada "defensividade", que difere da costumeira definição (isto é, rápida justificação de ações em reação ao que se vê como um ataque). Nesse contexto, os pesquisadores rotulam as pessoas como defensivas se apresentam uma imagem idealizada ou perfeita de si mesmas. As pessoas muito defensivas diriam, por exemplo, que *jamais* se ressentem de lhes pedirem que retribuam um favor ou que *jamais* insistem em impor sua vontade. Os psicólogos de Yale raciocinaram que, quando as pessoas muito defensivas completam um questionário sobre ansiedade, uma grande porcentagem comunica um nível baixo de ansiedade mesmo quando não o tem, pois isso seria coerente com sua necessidade de projetar uma imagem perfeita de si mesmas. As pessoas que se encaixam nesse perfil, no sentido de afirmar que não são ansiosas mas também são muito defensivas, foram rotuladas de "repressoras".

As repressoras em geral enfrentam os sentimentos de ansiedade negando que eles existam e eliminando pensamentos perturbadores. A fuga à negativa é tão excessiva que pode afetar a memória de fatos ou sentimentos negativos. Quando lhes apresentam listas de palavras positivas e negativas, as repressoras lembram menos as negativas do que as não-repressoras. As repressoras também comunicam menos fatos negativos da infância do que as não-repressoras.[12] Estas fazem parecer que tiveram infâncias mais cor-de-rosa que as não-repressoras, embora outras informações não corroborem as lembranças comunicadas.[13] O padrão de supressão e defensividade das repressoras lhes causa encrencas psicológicas. Em comparação com pessoas de nível de ansiedade realmente baixo ou alto, em geral elas têm:

- Níveis cardíacos e pressões sangüíneas mais elevados.[14]
- Maiores reações biológicas à tensão.[15]
- Elevados níveis de colesterol, cortisol e glucose.[16]
- Reduzido funcionamento do sistema imunológico.[17]

Embora longe de conclusivo e ainda muito controvertido, alguns dados sugerem que os repressores podem correr maior risco de câncer e que, uma vez diagnosticada a doença, esta pode progredir mais rapidamente nesse grupo.[18]

Traumas Ocultos

A pesquisa sobre repressão e ansiedade ofereceu uma base científica à idéia de que reter ou ocultar emoções traumáticas tem conseqüências biológicas e de saúde. Mas mesmo os pesquisadores da repressão não tinham idéia da magnitude dessas conseqüências quando a ocultação tratava de um determinado tipo de experiência emocional — o trauma extremo.

Embora longe de ser um trauma, quando eu guardava o segredo de minha iminente saída do NIH, comecei a notar mudanças em meu estado mental e físico. Na maior parte do tempo, não me sentia eu mesmo. Em situações cotidianas, sou aberto e relaxado. Mas durante esse período oscilei entre a agitação e a irritação, ou a exaustão e a melancolia. Senti dores de cabeça causadas pela tensão, dores de estômago e vagas dores no corpo, como se estivesse ficando gripado. Tinha um sono agitado e povoado por repetidos sonhos em que contava às pessoas que sairia. Seria um exagero dizer que estava literalmente "morrendo" por contar meu segredo a alguém, mas todos esses sintomas, ainda assim, eram perturbadores: alguma coisa tinha de ceder. O alívio que eu precisava me veio quando eu participava de um encontro fora da cidade com alguns colegas que não eram do NIH. Um amigo me perguntou, sem mais rodeios:

— Então, você vai deixar o NIH?

Notando uma onda de adrenalina, eu quase entreguei o ouro ali mesmo. Queria despejar tudo e acabar logo com aquilo. Contive-me, mas, como sabia que só faltavam alguns dias para o anúncio, soltei uma forte insinuação.

— Bem — disse —, só posso dizer que esta vai ser uma semana muito longa.

E pontuei a declaração com uma piscadela. Só essa inócua insinuação já bastou para me fazer sentir como se houvesse aberto uma válvula e deixado escapar um pouco da pressão emocional.

Mais tarde, naquela semana, fiz o anúncio formal por meio de um *e-mail* circular a meus colegas no NIH e no país. Apertar a tecla "enviar" produziu em mim uma sensação de grande alívio. E pouco depois de haver feito o anúncio, os sintomas de gripe desapareceram. Eu voltara a ser eu mesmo.

Minha história no NIH ilustra como formas relativamente menores de ocultação têm efeitos visíveis. Mas o que acontece com as pessoas que enfrentam grandes adversidades na vida e não falam a respeito delas? O Dr. James Pennebaker resolveu, no início da década de 1980, responder a esta pergunta. Estava intrigado com estudos que indicavam a magnitude dos traumas não revelados. Por exemplo, num estudo de traumas de infância e fatores de tensão com 200 adultos, ele descobriu que mais de 30 tinham um trauma de infância não revelado.[19] Havia poucos estudos bem projetados que testassem se a ocultação de traumas realmente prejudicava a saúde, por isso ele pôs esse conceito em teste.

Pennebaker acreditava que a natureza de alguns fatos extremamente negativos da vida facilitava ou inibia a franca discussão. Interessou-se sobretudo por saber como cônjuges de pessoas que haviam morrido em acidentes se comparavam com aquelas cujos cônjuges haviam se suicidado. O motivo? Sua hipótese era de que, como a morte por suicídio é menos socialmente aceitável do que a morte por acidente, os cônjuges de vítimas de suicídio se inclinariam menos a falar sobre o assunto. Acreditava que o estigma do suicídio levaria os cônjuges a esconderem seus pensamentos e sentimentos sobre a morte, e que essa ocultação acabaria por causar mais doença nesse grupo do que entre os cônjuges de vítimas de acidente.

Para testar essa hipótese, Pennebaker e seu aluno Robib O'Heeron pesquisaram cônjuges de suicidas e vítimas de morte por acidentes anos após as mortes, e perguntaram-lhes sobre sua saúde.[20] Como era esperado, os problemas de saúde em todos eles aumentaram no ano seguinte à fatalidade (ver o Capítulo 13, sobre emoções, para mais informações sobre luto e saúde). Ao contrário das expectativas, não havia diferenças estatísticas em problemas de saúde entre os dois grupos. Surpreendentemente, os esposos de vítimas de suicídio eram, ao contrário, ligeiramente mais saudáveis. Sobre essas descobertas contra-intuitivas, escreve Pennebaker: "Como observou Aldous Huxley, parecia ser um caso de 'assassinato de uma bela hipótese por um 'fato feio'."[21]

Mas o que eles *descobriram* era ainda mais fascinante. Independente do motivo da morte de um indivíduo, quanto mais o esposo sobrevivente discutia a morte com amigos, menos problemas de saúde tinha. Remoer a morte também previa os resultados de saúde. Remoer questões é um círculo vicioso. Em essência, significa demorar-se repetidas vezes num problema, concentrando-se em como a gente se sente e como é tudo terrível, sem tomar medidas para melhorar as coisas. Os pesquisadores descobriram que a ruminação tende a ampliar o período de tempo em que as pessoas ficam tristes ou ansiosas.[22] A ruminação, quando prolongada, torna um problema grave ainda pior. Pennebaker e O'Heeron descobriram que quanto menos os esposos sobreviventes ruminavam sobre a morte dos entes queridos, mais saudáveis eram. E havia também uma correlação entre ruminar sobre a morte e falar dela com outras pessoas. Os esposos que falavam sobre a morte ruminavam menos.

Pennebaker me contou que as descobertas o surpreenderam e aliviaram. "Nós havíamos previsto que os esposos dos suicidas teriam menos probabilidade de falar a respeito, e mais problemas do que os de vítimas de acidentes de carro. Num nível, estávamos errados: os esposos de suicidas falavam muito mais do que os outros. Mesmo assim, a ligação falar e saúde mostrou-se correta."

Falar sobre o problema parecia ajudar os participantes do estudo a superarem o luto. Os que não conversavam com outros sobre a morte podiam estar tentando superá-la, evitando-a. Mas isso, como já exposto, pode sair pela culatra, instituindo um cabo-de-guerra entre o operador e o monitor que aumenta o acesso ao pensamento mesmo quando tentamos evitá-lo. Os cônjuges podem ter ativado seus operadores para ajudá-los a evitar pensar nos parceiros mortos, só para fazer com que os monitores trouxessem tais pensamentos de volta à consciência. Sob tensão desse tipo, tentar evitar completamente pensamentos perturbadores apenas acentua a tensão por meio do natural e muitíssimo proveitoso toma-lá-dá-cá do operador e do monitor.

Para o psicólogo Pennebaker, o estudo dos esposos enlutados foi revelador, e levou-o a um programa que produziu algumas das descobertas mais intrigantes, estimulantes e úteis, e muitas vezes surpreendentes, em nosso campo.

Capítulo 5

Revelação Emocional: Os Notáveis Benefícios da Receptividade

Matt Varney não pensava que teria qualquer espécie de problema ao se expor em público, após os tiros em sua escola, Columbine High, em Littleton, Colorado. A vida desse jovem atleta pode ter sido poupada naquele fatídico dia devido a um inesperado convite de um colega de equipe para almoçar fora do *campus*, após o que ficou conversando com as pessoas durante um bom tempo. Explicava: "Tornei-me um porta-voz de Columbine, fazendo o máximo possível."

Varney era um perfeito candidato para entrevistas à imprensa em razão de sua altura, bem falar e maturidade acima de sua idade, e por não ficar nervoso em público.

Ele disse que cresceu rápido e tornou-se um franco exemplo de cura e recuperação. Fazia discursos que tocavam o coração e escrevia ensaios cheios de grande emoção. No primeiro aniversário dos tiros, fez um discurso que foi transmitido em todo o mundo.

Ele julgava estar fazendo o que era direito, mas, quando o amigo Greg Barnes se enforcou apenas duas semanas antes da formatura, Varney percebeu que vinha atenuando suas emoções. Disse que se empenhou então numa "cura para trás" — apresentando uma imagem de compostura, de alguém que enfrentara o horror da tragédia e encontrara um certo nível de aceitação. Mas a verdade, confessou, era que se "alimentara com emoção um ano inteiro".

Após a morte de Greg, as emoções de Varney "começaram a despejar-se para fora", e ele teve de enfrentá-las.

"Eu tinha desistido dos discursos sobre a importância da bondade, comunicação, amizade e amor. "Depositava muito orgulho no fato de haver realizado essas coisas em minha vida. Mas falhei ao tentar lidar com a dor em minha vida." Explicou ele.

Quando Matt ensaiou seus primeiros passos para a cura, incluiu a revelação de seus sentimentos aos amigos e à família.

"Quando finalmente desmoronei e contei minhas próprias histórias aos outros, isso me aliviou o peso de ter de lidar com tudo sozinho. O apoio amoroso [dos outros] não podia obliterar a dor da minha perda, mas me encorajaram a insistir. Creio que quando contamos nossas histórias, isso traz novas compreensões."[1]

Haverá alguma coisa benéfica à saúde inerente à manifestação da emoção, na confissão ou em falar? Após seu estudo inicial, Pennebaker refletia a respeito disso. Para descobrir, ele e os colegas iniciaram uma série de estudos que hoje são clássicos científicos. Junto com os estudos de outros cientistas, alteraram e expandiram irrevogavelmente a compreensão acerca da importância da revelação.

Nesses estudos pioneiros, Pennebaker criou um método hoje amplamente usado para provocar revelação, de uma forma confidencial, de participantes sobre fatos traumáticos ou tensão. Os participantes têm de visitar o laboratório e escrever sobre o trauma (ou um tópico trivial indicado, por comparação) durante um período determinado de tempo, em geral de 15 a 30 minutos, no correr de alguns dias, de um a quatro. Fazem-se avaliações psicológicas, biológicas e de saúde antes e depois das sessões de escrita, repetidas às vezes até seis meses depois. Dão-se aos participantes as seguintes instruções semelhantes para escrever sobre as experiências mais perturbadoras e estressantes:

> Uma vez que o acompanham ao cubículo onde você vai escrever e fecham a porta, eu quero que você escreva sem parar sobre a experiência mais perturbadora ou traumática de toda a sua vida. Não se preocupe com gramática, ortografia ou estrutura de frase. Em seu texto, eu quero que discuta seus mais profundos pensamentos e sentimentos em relação à experiência. Pode escrever sobre o que quiser. Mas, escolha o que escolher, deve ser uma coisa que o tenha afetado muito profundamente. O ideal é que seja sobre algo que você não discutiu em detalhes com outras pessoas. É fundamental, porém, que você se solte e traga à tona aquelas emoções e pensamentos mais profundos que teve. Em

outras palavras, escreva sobre o que aconteceu e o que você sente a respeito hoje. Finalmente, você pode escrever sobre diferentes traumas em cada sessão, ou sobre o mesmo em todo o estudo. A escolha do trauma em cada sessão é inteiramente sua.

No primeiro estudo dos efeitos da revelação, Pennebaker e a aluna Sandra Beall atribuíram aleatoriamente a universitários a tarefa de escrever sobre um tema superficial ou uma experiência traumática durante 15 minutos, em cada um dos quatro dias consecutivos. Os participantes que escreveram sobre traumas foram divididos em três grupos: (1) aqueles aos quais se pediu que apenas tratassem das emoções do trauma, mas não do próprio trauma (grupo trauma-emoção), (2) aqueles aos quais se pediu que escrevessem apenas sobre os fatos em torno do trauma (grupo trauma-fato) e (3) aqueles aos quais se pediu que escrevessem sobre suas mais profundas emoções e sentimentos e sobre os fatos em torno do trauma (grupo trauma-combinação).

Os universitários escreveram sobre traumas absorventes. Pennebaker fala de uma participante que, aos dez anos, não obedeceu à instrução da mãe para catar os brinquedos antes da visita da avó. A avó escorregou num dos brinquedos, quebrou o quadril e morreu durante a cirurgia. A aluna culpava-se pela morte da avó. Outras redações traziam muitas histórias de abuso sexual, alcoolismo, homossexualismo não-revelado, luto, humilhação pública e tentativas de suicídio.[2] Pennebaker ficou abalado com a natureza excruciante das experiências dos alunos e a franqueza com que eles as contavam.

"A ironia é que, em geral, se tratava de garotos de 18 anos, que freqüentavam faculdades de classe média, com notas acima da média e participação em conselhos escolares. São pessoas descritas como criadas dentro de uma bolha de segurança financeira e tranqüilidade em seus bairros. Que prognósticos teriam os criados em ambientes mais hostis?"[3]

Não surpreende, pois, que escrever sobre traumas fosse emocionalmente doloroso para os participantes. Na média, os integrantes dos grupos de trauma comunicaram um aumento de humores negativos e tinham níveis mais altos de pressão sangüínea durante as sessões de escrita, em comparação com os que escreviam sobre assuntos superficiais. É comum as pessoas se sentirem mal logo após escreverem sobre fatos dolorosos em suas vidas. Com o tempo, porém, os sentimentos melhoram muito. Um trauma é, em certos aspectos, como um dente inflamado e dolorido que a gente simplesmente tenta ignorar. Durante grande parte do tempo, podemos tentar ignorá-lo, mas ele está sempre lá no fundo, comprometendo os prazeres da vida. Em relação ao dente, a extração ou um tratamento de canal produzem mais dor em curto prazo, mas será o primeiro passo para a cura. A dor — psíquica e emocional — também acompanha no princípio a escrita sobre experiências traumáticas. Como acontece com o dente inflamado, estamos abrindo feridas e levantando questões há muito sepultadas, que não queremos ressuscitar. Mas felizmente tudo melhora.

As descobertas do estudo foram espantosas e mostraram um padrão que seria consistente em relação à maioria de estudos futuros. Pennebaker e Beall descobriram que, seis meses após o fim da sessão de escrita, os grupos traumáticos relataram humores mais positivos e menos doenças que o grupo de comparação. Esses efeitos foram mais pronunciados nos grupos trauma-emoção e trauma-combinação (isto é, nos que falavam das emoções sem falar do trauma e nos que escreveram sobre as emoções e o trauma). Os pesquisadores descobriram uma coisa realmente interessante quando examinaram as fichas médicas do centro de saúde estudantil. Antes de escrever as redações, os grupos não diferiam no uso dos serviços médicos do *campus*. Mas seis meses depois o grupo trauma-combinação teve uma queda significativa nas visitas ao centro de saúde.

Em seu maravilhoso livro *Opening Up: The Healing Power of Expressing Emotions*, Pennebaker conta sua sensação ao ver esses resultados:

> Jamais esquecerei a emoção ao descobrir que escrever sobre traumas afetava a saúde física. Mas a emoção foi temperada por uma pequena ansiedade. Para cada pergunta respondida pelos experimentos, surgia mais uma dezena. Talvez a questão mais básica que me perseguia dizia respeito à confiabilidade dessas descobertas. Eram os efeitos reais? Escrever sobre traumas afeta realmente a saúde física? Talvez houvéssemos apenas afetado as decisões das pessoas para visitar o centro

médico estudantil. Ou, talvez pior, talvez as descobertas se devessem simplesmente ao acaso... Cada vez mais impaciente, eu precisava saber se estávamos lidando com alguma coisa real.

As preocupações de Pennebaker não tinham fundamento. Suas descobertas eram bastante reais e, como vocês vão ver, apenas um ponto de partida.

DAR VOZ AO TRAUMA, ESTAR RECEPTIVO À CURA

Jonetta Rose Barras é uma competente escritora, jornalista e poeta que sofreu mais do que o seu quinhão de trauma e fatos estressantes na vida. Ela escreve uma pungente história em seu *Whatever Happened do Daddy's Little Girl? The Impact of Fatherlessness on Black Woman* sobre o dano emocional que sofreu por causa do que chama de "privação de pai". Em seu livro, ela diz ter sofrido a ansiedade e a dor de perder um pai três vezes antes de fazer oito anos. Jonetta, que escrevia uma coluna no *Washington Times* e cujos textos foram publicados em jornais como *Washington Post*, *USA Today* e *The New Republic*, valeu-se de muitos recursos para superar obstáculos, ter sucesso e criar uma vida para si mesma e para sua filha. Contudo, na busca ao amor que diz jamais ter recebido quando criança, entrou em vários relacionamentos, ficou grávida cedo, enfrentou a morte do primeiro filho, perdeu a guarda do segundo, divorciou-se e foi espancada por homens em sua vida. Descreveu-se como a ovelha negra da família e passou um bom tempo sozinha, por ter baixa auto-estima e sentir-se completamente imprestável.

Jonetta me contou que, quando era criança, escrever ajudou-a a enfrentar a vida, permitindo-lhe criar personagens imbuídas de características emocionais que ela ansiava para si.

"Muito, muito cedo, o que me ajudou a atravessar parte disso foi que eu gostava de escrever e ler, e escrevia histórias que me permitiam manifestar emoções, nas quais minhas personagens eram mais amáveis do que eu julgava fossem as pessoas à minha volta." Por meio da escrita, alimentou-se e preencheu os vazios emocionais. "Eu criava dentro de minhas historinhas e poeminhas um mundo onde me sentia valorizada e amada", disse-me. "Assim, muitas das minhas histórias falavam de amor, ou de pertencimento a um grupo, uma família, um relacionamento."

Amadurecendo como pessoa e escritora, ela passou a dar valor ao exame das reflexões contidas em sua escrita:

"A capacidade de manifestar emoções em meus textos sempre foi uma espécie de graça redentora para mim, porque eu podia expressar (...) não apenas minha dor pessoal, mas também raiva, nojo e insatisfação com tudo o que via. Isso desempenha um grande papel em minha vida porque me impede de ficar deprimida e mantém minha esperança. Uma parte muito grande de meus escritos está cheia de emoção, e eu ponho muita emoção em meu jornalismo. Depois do que passei, se não tivesse a oportunidade de escrever, não teria tanta esperança na vida quanto tenho hoje."

Em contraste com a necessidade de Jonetta de manifestar seus sentimentos, Henri Landwirth é inflexível em manter os seus segredos. Ele é um premiado filantropo, fundador da internacionalmente aclamada Give Kids the World Village, na Flórida, um balneário sem fins lucrativos de mais de 20 hectares para crianças com doenças fatais cujo desejo é visitar as mais famosas atrações do centro da Flórida, como o Disney World, o Sea World, o Universal Studios e Wet'n Wild. A Village oferece ingressos para essas atrações e acomodações de fim de semana para as crianças, seus irmãos e pais na terra da fantasia. Tem parcerias com mais de 300 organizações semelhantes, que identificam as crianças e oferecem transporte para a Flórida. Em 1996, a Give Kids the World já atendera a mais de 27 mil crianças e suas famílias, e graças aos muitos patrocinadores empresariais, sem qualquer ônus. A Give Kids the World tem muitas coisas especiais. Uma delas é que, quando a família retorna de um dia nos parques temáticos, cada criança e todos os irmãos ganham um brinquedo. Isso chega a mais de 60 mil brinquedos por ano.

Pode-se perguntar o que motivou Landwirth a criar essa fuga única para crianças doentes. Ele explica que dá às crianças uma coisa que lhe foi tirada na infância — verdadeira felicidade. Aos 13 anos, foi tirado da família e viveu durante cinco anos numa série de campos nazistas. Como seria de se esperar, suas experiências foram um horror inimaginável. A cada dia, ele via assassinatos, torturas, morte por fome, doenças implacáveis, luto e desespero. Sobre sua transferência de um campo de trabalho para um campo da morte, ele escreve: "Chegamos a Mauthausen usando apenas trapos. Ali, tiram-nos todas as nossas roupas. Tudo. Deixam-nos nus na temperatura congelante por mais de um dia. Aquele era um campo de extermínio. Um lugar terrível. Os alemães queriam que o máximo possível de nós morresse de frio. E muitos morreram. Mais do que posso contar ou lembrar. Era muito pouca a consideração pela vida de seres humanos. A pessoa contava menos do que um grão de poeira." Mas, por meio de uma sucessão do que ele descreve como milagres, Landwirth sobreviveu e acabou por chegar aos Estados Unidos, onde obteve grande sucesso financeiro como homem de negócios.

O que torna ainda mais fascinante a história de Landwirth, e importante para o tópico da revelação, é que, assim que deixou o campo, jamais falou a qualquer pessoa sobre suas experiências. Nem mesmo à irmã gêmea, ela própria sobrevivente de um campo de concentração, que ele encontrou milagrosamente após a guerra. Esses gêmeos extraordinariamente íntimos, que sofreram, os dois, horrores no campo, jamais discutiram um com o outro o tempo que passaram lá. Em sua comovente autobiografia, ele escreve:

> Lembrar um passado doloroso é uma das coisas mais difíceis que uma pessoa pode fazer, e eu não sou diferente. A maioria dos fatos aqui detalhados, eu jamais discuti com alguém, nem mesmo com minha irmã Margot, ela própria sobrevivente do Holocausto. Minha irmã e eu sobrevivemos aos campos de concentração, onde milhões de nossos irmãos humanos, incluindo nossos pais, foram assassinados. Foi-me preciso uma vida inteira, mais de 50 anos, para contar esta história. Vasculhei fundo em meu próprio ser para responder por que não pude falar desses fatos antes em minha vida. Embora haja muitos motivos, a autopreservação e a proteção de minha sanidade são dois dos mais básicos. A odisséia de minha vida trouxe-me agora a um lugar no tempo em que os motivos para o silêncio não são mais importantes o bastante para eu ficar calado.[4]

Aparentemente, Landwirth não está só em seu relativo silêncio sobre a experiência do Holocausto. Pennebaker, que trabalhou com muitos desses sobreviventes, relata que apenas cerca de 30 por cento discutiram suas experiências nos campos após chegarem aos Estados Unidos. Os motivos eram muitos e incluíam o desejo de seguir em frente, não querer perturbar os filhos, ou pensar que ninguém entenderia.[5] Mas o silêncio deles não significava que não pensassem diariamente no Holocausto. Uma das mulheres descreveu a Pennebaker, durante um estudo, a seguinte imagem, recorrente:

> Jogavam bebês do segundo andar do orfanato. Ainda vejo as poças de sangue, os gritos e os impactos dos corpos. Eu simplesmente fiquei ali parada, com medo de me mexer. Os soldados nazistas apontavam-nos suas armas.[6]

Trabalhando no Centro de Estudos do Holocausto do Memorial Center, em Dallas, Pennebaker e seus colegas gravaram em videoteipe entrevistas com mais de 60 sobreviventes, tomando ao mesmo tempo suas medidas. A partir do conteúdo dos vídeos e dos dados fisiológicos, classificaram cada sobrevivente como "alto revelador" ou "baixo revelador". Um ano depois da entrevista, descobriram que os reveladores de níveis alto e moderado estavam significativamente mais saudáveis do que no ano anterior às entrevistas. Essa melhor saúde no ano seguinte à revelação ocorreu apesar de todos os sobreviventes estarem acima dos 60 anos de idade. Ao contrário, era muito mais provável que os baixos reveladores tivessem consultado um médico no ano após a entrevista do que no ano anterior.[7]

O trabalho de Pennebaker pôde canalizar cientificamente as experiências de pessoas como Jonetta, Landwirth e muitos outros. Também abriu as comportas a pesquisas sobre os efeitos de revelarmos nossos mais profundos pensamentos e sentimentos sobre traumas passados. Nem todos os estudos usaram o método da escrita de redação: em alguns, os participantes falaram num gravador de fita. Os resultados são semelhantes em ambos os métodos, embora a escrita tenha a vantagem de utilizar instrumentos convenientes (papel e lápis) e nenhuma necessidade de silêncio ou intimidade quando falando ao gravador. Em alguns estudos, os participantes escreveram ou falaram sobre uma variedade de temas, incluindo o processo de revelar-se. Em outros estudos, foram escolhidos participantes para fazer revelações sobre experiências como perda de emprego, tensão de freqüentar a faculdade ou mesmo sobreviver ao Holocausto.

Eis alguns dos resultados descobertos:

A revelação melhora o estado de espírito. Quando as pessoas revelam seus mais profundos pensamentos sobre experiências estressantes ou traumáticas, emoções negativas como depressão e ansiedade acabam diminuindo.[8]

A revelação melhora a maneira como a pessoa avalia a própria saúde. Após participar do processo de escrita de redação, as pessoas relataram menos sintomas como perturbação estomacal, dor de cabeça ou taquicardia. Também referiram menos visitas a médicos e melhor trato com as doenças existentes.[9]

A revelação diminui as visitas médicas. Um modo eficaz de medir a melhora do paciente é contabilizar o número de visitas aos médicos. Seguindo o teste relacionado a trauma de escrita ou gravação de fita, as visitas médicas diminuíram em até 50 por cento e duraram até um ano.[10]

A revelação melhora os níveis de saúde nos pacientes. Os participantes da maioria dos estudos de revelação são relativamente saudáveis. O estudo de Smyth já descrito mostrou que a revelação emocional pode melhorar a saúde de pessoas com asma e artrite reumatóide. Quando comparados os resultados de todos os pacientes, descobriu-se que 47 por cento dos que revelaram acontecimentos estressantes exibiram melhora clinicamente relevante, enquanto apenas 24 por cento do grupo de controle exibiu tal melhora.[11]

A revelação melhora o sistema imunológico. Vários estudos constataram que pouco depois de episódios de revelação emocional os participantes apresentam várias melhoras no sistema imunológico, incluindo níveis mais altos de células matadoras naturais e células CD4, maior resposta imunológica ao vírus Epstein-Barr e à vacinação contra hepatite B (isto é, a revelação melhorou a eficácia da vacina).[12] A supressão de pensamentos sobre traumas, por outro lado, pode causar redução da função imunológica.[13]

A revelação influi no reemprego após a perda do emprego. Outro impressionante exemplo dos efeitos da revelação foi descoberto num estudo de homens que foram demitidos dos empregos e que durante quatro meses não conseguiram encontrar novos. No estudo, alguns dos homens escreveram durante 30 minutos por dia, durante cinco dias consecutivos, sobre seus mais profundos pensamentos e sentimentos com a perda dos empregos. Outro grupo escreveu pelo mesmo período de tempo, mas sobre como passavam o tempo desde a demissão. Um terceiro grupo de homens não escreveu nada. Todos os homens passaram pelo mesmo número de entrevistas. Surpreendentemente, 27 por cento dos que escreveram sobre a demissão encontraram emprego nos três meses subseqüentes, enquanto a taxa de reemprego para os outros grupos foi de apenas cinco por cento. Vários meses depois, as diferenças eram ainda mais impressionantes: àquela altura, 53 por cento do grupo de reveladores emocionais tinham empregos, contra apenas 18 por cento dos outros dois grupos.[14]

Pennebaker acredita que a diferença tinha a ver com a maneira como os homens lidavam com sua raiva pelos antigos patrões. "Esses homens se sentiam traídos pelo patrão anterior", ele escreve. "Mesmo em nossas entrevistas iniciais, muitas vezes achávamos difícil impedi-los de dar vazão à sua raiva. Desconfiamos que, quando a maioria ia a entrevistas para novos empregos, muitos baixavam a guarda e falavam da maneira injusta como haviam sido tratados. Os que escreveram sobre seus pensamentos e sentimentos, por outro lado, tinham mais probabilidade de aceitar o desemprego e, na entrevista, pareciam candidatos menos hostis e mais promissores."[15]

A revelação melhora a média de pontos em avaliações escolares. Além de melhorar a saúde e o bem-estar emocional, o ato de revelarmos nossos mais profundos sentimentos e pensamentos sobre fatos estressantes da vida pode ser benéfico de outras formas. A pesquisa demonstra que os alunos que escrevem em profundidade sobre traumas mostram melhoras significativas na média de notas em comparação com os que não revelam seus traumas.[16]

POR QUE A REVELAÇÃO FUNCIONA?

Margie Levine relata numa entrevista que vem de uma longa linha de mulheres sobreviventes.

"Minha mãe era turrona e enfrentou muita adversidade."

Isso se revelou um legado inestimável. Margie viu-se lutando para permanecer viva, no mesmo hospital e ao mesmo tempo em que a mãe se recuperava de uma cirurgia renal. Decidida a esconder essa cataclísmica mudança em seu *status* de saúde de sua mãe, ela cobria a camisola do hospital com uma capa de gabardine quando visitava seu quarto. Quando Margie soube que sua própria condição era terminal, rezou para viver o suficiente para impedir a mãe de sofrer a perda da filha.

Algumas semanas antes das duas hospitalizações, Margie já não vinha se sentindo bem, mas ignorou os avisos para poder cuidar da mãe. Contudo, um dia, a caminho de uma visita ao hospital, ela sentiu uma dor que parecia uma punhalada no peito, e essa ela não pôde esconder. Pediu ao médico da mãe que fizesse um raio X, que revelou uma grande massa em seu coração. Logo ela ficaria sabendo que tinha uma forma de câncer ligada ao asbesto no pulmão — mesetelioma pleural maligno, que mata em questão de meses.

Margie era professora de educação sobre saúde e assistente social antes da doença e empregara toda a sua formação para reunir as forças que contribuiriam para o que só se pode chamar de recuperação milagrosa. Convenceu os médicos a tentarem um plano de tratamento radical e incorporou também terapias não-tradicionais.

"A quimioterapia era tão horrendamente agressiva que eu fiquei muito mal. Radiação, quimioterapia e três cirurgias em um mês e meio." Disse, descrevendo o tratamento.

Faz mais de 13 anos que ela trava sua luta contra a doença, e ela pode ser a sobrevivente de mais longa vida desse mortal câncer no mundo. Ficou tão traumatizada com essa provação que não conversou com ninguém além de amigos íntimos durante nove anos. Ela entende que esconder o trauma não é bom.

"Há algo tóxico nisso", diz. "Faz mal guardar segredo, se ele ficar totalmente trancafiado; se for compartilhado com entes queridos, não faz."[17]

Antes de dirigir qualquer palavra a alguém, começou a escrever sobre o que lhe acontecia. Em seu livro, *Surviving Cancer*, que se tornou uma espécie de farol e guia para pessoas que sobrevivem a doenças terminais, ela revela: "Comprei um caderno de anotações com linhas roxas e uma caneta [na volta do Sloan-Kettering para casa]. Sabia que precisava contar minha história mesmo antes que ela se desenrolasse. Escrevi e chorei durante todo o caminho de casa".

"Escrevia ferozmente, descrevendo meu medo, minha frustração e as lutas (...) Quando o peso da doença pareceu quase grande demais para suportar, meu diário era como um amigo querido, disponível a qualquer hora do dia ou da noite, um amigo que não daria as costas por mais triste ou abatida que eu ficasse. Ali, na intimidade do livro encadernado em couro, eu podia ser brutal e franca. Não havia contenção. Eu podia examinar minhas complexas emoções: podia chorar pela vida antiga que queria estar vivendo; podia encontrar refúgio da dor que me consumia, da náusea e do medo, e era ali que eu encontrava coragem para abrir as velas de novo. Escrever um diário não apenas me proporcionou uma importante válvula de escape para abordar sentimentos livremente, também gerou importantes intuições que ajudaram em minha cura."[18]

A Dra. Louise DeSalvo, professora do Departamento de Inglês do Hunter College, em Nova York, é uma bem-sucedida autora e celebrada memorialista. Ela transformou sua dor em poderosa prosa em *Breathless*, que conta suas experiências com uma asma começada na idade adulta. Em *Vertigo*, que narra suas experiências de menina com depressão; e *Adultery*, que descreve o caso amoroso de seu esposo quando era um jovem residente médico.

Em 1999, Louise incorporou a pesquisa às suas experiências para criar o texto *Writing as a Way of Healing*, após escrever seus próprios diários desde 1981. Durante uma entrevista, explicou que lera *Abrindo-se*, de Pennebaker, assim que foi publicado em 1990, mas guardou a informação, não usando de novo até contrair asma.

"Eu tive asma. Escrevi *Vertigo* e a asma melhorou simplesmente com o fato de eu ter escrito o livro. Foi quando comecei a prestar atenção."

Ela combinou a escrita com psicoterapia para avaliar a cura.

"Eu estava realmente muito desesperada, e imaginei que usaria tudo o que estivesse a meu alcance para ajudar, por estar tão incapacitada. A aliança terapêutica certamente nos obriga a olhar as coisas da mesma forma que Pennebaker. Tive intuições em meu texto que jamais tivera na psicoterapia. Há coisas, claro, que a psicoterapia faz e a escrita não. Mas eu fui, sozinha, capaz de obter coisas e depois trazê-las para a aliança psicoterapêutica."[19]

Como é que o ato de revelar nossos mais profundos pensamentos e sentimentos sobre experiências estressantes ou traumáticas da vida produz esses dramáticos resultados? Você provavelmente diria que tem alguma coisa a ver com deixar as pessoas manifestarem ou dar vazão às emoções — talvez o efeito catártico da liberação de sentimentos represados? Mas os estudos sugerem algo diferente. Quando as pessoas escrevem superficialmente sobre suas emoções, sem explorar em profundidade seus pensamentos e sentimentos, não recebem quaisquer benefícios. E a experiência da catarse não é nem necessária nem suficiente para produzir os benefícios da escrita profunda; estes ocorrem com ou sem catarse, mas nunca sem se escrever em profundidade.

Talvez você ache que tem a ver com a possibilidade de que a revelação de algum modo facilite o comportamento saudável. Bem, não. Talvez tenha a ver com a melhora nas relações sociais, que, você lerá no próximo capítulo, são elas próprias benéficas à saúde. Não neste caso, também.[20]

Então, por que funciona? Ninguém sabe ao certo, nem o especialista nesse campo, Pennebaker, que diz:

"Apesar das dezenas de estudos, ainda não sabemos ao certo por que a técnica da escrita é tão útil. Minha intuição, com base em algumas pesquisas, sugere que vários fatores entram em jogo."

Eis alguns dos motivos pelos quais a revelação pode funcionar:

A revelação desinibe. Uma das formas como a revelação emocional pode ajudar é que ela contra-ataca os efeitos negativos da eliminação de pensamentos, a inibição emocional e a ocultação. Mas, como acontece sempre na ciência, nada é sempre assim tão direto quanto se pode supor. Na verdade, alguns estudos sugerem que os benefícios da revelação de um trauma pode não ter tanto a ver com a desinibição como se pensava. Por exemplo, os Drs. Melanie Greenberg, Camille Wortman e Arthur Stone, da SUNY, em Stone Brook, fizeram um estudo em que se pediu a universitários que escrevessem sobre traumas que jamais houvessem experimentado. Ainda assim, eles mostraram significativa melhora em saúde, medida por visitas a seus médicos particulares e ao centro de saúde estudantil.[21]

A revelação muda o pensamento e a linguagem. A pesquisa indica que quando as pessoas escrevem em profundidade sobre experiências traumáticas, começam a pensar diferente sobre o fato e sobre si mesmas. Observam-se os maiores benefícios da escrita em indivíduos que mostram um aumento do uso de palavras "causais" e "intuitivas". As palavras causais incluem algumas como "porque", "causa" e "razão". As palavras de intuição incluem "saber", "compreender" e "perceber".[22] Por que seria útil um aumento no uso destas palavras? Segundo Pennebaker:

"As palavras causais são um reflexo da maneira como a pessoa pensa sobre o fato, indicando talvez maior senso de compreensão ou coerência. Se eu posso lhe falar de um trauma e também lhe dar uma noção de por que aconteceu e como me afetou no longo prazo, então eu provavelmente tenho melhor senso disso do que se só pudesse descrever o que aconteceu, sem dar um *motivo* para ele. As palavras causais não são importantes em si e por si mesmas. Ao contrário, são úteis como sinais de que uma pessoa está pensando mais profundamente sobre um trauma."

A revelação ajuda a criar histórias com sentido. Pennebaker também acredita que a revelação, sobretudo por escrito, ajuda-nos a construir histórias significativas sobre nossas experiências, aprofundando nossa compreensão do que estamos passando. É como se as palavras causais ajudassem a pessoa a construir uma história com sentido.

"Penso que, quando inventamos uma história coerente sobre uma experiência perturbadora, podemos seguir em frente." Observa Pennebaker. "A mente inicialmente tenta compreender fatos complicados, e se não os entendemos, continuamos a repassá-los repetidas vezes na cabeça. A história coerente quebra esse ciclo. Mas os efeitos curativos não param aí. Assim que deixamos esses fatos para trás, nossos mundos sociais muitas vezes mudam. Podemos falar e ouvir melhor nossos amigos. Podemos ver que alguns de nossos velhos amigos não estavam nos ajudando como precisávamos. E, assim, contar nossas histórias pode afetar a maneira como pensamos, sentimos e interagimos com os outros."

Num interessante teste da hipótese da história com sentido, Joshua Smyth mandou os participantes escreverem sobre traumas em estilo narrativo-expressivo (em forma de história) ou fragmentado, em que simplesmente relacionassem seus pensamentos e sentimentos em forma de receitas.[23] Segundo Smyth:

"Os dois grupos manifestaram mais pensamentos e emoções sobre trauma que um grupo de controle, mas só o grupo narrativo mostrou algum sinal de melhora. Isso sugere que os aspectos organizacionais da forma narrativa eram decisivos para a melhora."

A Revelação em Ação

Embora Linda Ellerbee, a famosa jornalista citada no Capítulo 4, tivesse o apoio incondicional dos amigos e da família quando foi diagnosticada com câncer no seio, ela me disse que também se voltou para a escrita:

"Descobri que seria útil o processo de escrever sobre minhas experiências a vida toda e mantive diários durante toda a minha vida. Às vezes, não sei o que penso enquanto não vejo o que escrevo. Eu escrevia minhas emoções no diário, às vezes emoções que eu não podia contar a ninguém. A gente não quer ficar dizendo aos seres amados o tempo todo: 'Estou com medo de morrer' ou 'Ontem à noite sonhei que ia morrer.' Eles não precisam desse fardo, mas eu precisava aliviar-me dele. Precisava sair de dentro de mim."

Walter Anderson colheu os benefícios da revelação de uma forma surpreendente. O nome dele é tão conhecido quanto *Parade*, a revista que é sinônimo de jornais dominicais por todo o país. Ele é o jornalista premiado que editou a revista durante duas décadas, e também o grande responsável por sua popularidade e alcance. Mesmo os que conhecem seu sucesso ficam desorientados ao saber que ele foi criado em extrema pobreza, numa família de pai analfabeto, violento, abusivo e alcoólatra, que batia no filho sempre que o pegava lendo. Anderson me contou uma experiência que teve após escrever sobre sua infância em seu primeiro livro publicado, *Courage is a Three-Letter Word*.

Ele disse: "Achava que havia superado minha raiva, mas não. Tenho muito motivo para estar zangado. Tinha 40 anos quando escrevi isso, e conto a história do meu pai e de como eu fui criado. Só compreendi o que havia feito ao me ver falando a um grupo cerca de um ano depois que o livro foi publicado, e fui apresentado por um professor que disse que o livro devia se chamar *I Forgive My Father*. Então ele me apresentou, e eu mal pude falar, porque compreendi que ele tinha razão. Finalmente eu perdoara meu pai, e estava livre, porque exorcizara a raiva conseguindo discuti-la, conseguindo lidar com ela num plano intelectual... não intelectualizar, mas trazê-la à superfície, contá-la e partilhá-la. Na verdade, isso me livrou de minha raiva."[24]

Alguns escritores usam intencionalmente seus talentos literários para explorar e resolver problemas e questões pessoais. Vejam *Inside the Halo and Beyond*, da poetisa Maxine Kumin, diário de sua recuperação de uma quase fatal queda de um cavalo. O "halo" se refere ao aparelho que ela usou na cabeça enquanto as vértebras quebradas do pescoço se curvavam. Ela começa com uma história do dia do acidente e prossegue pela recuperação, que inclui seu tempo no tratamento intensivo, a difícil reabilitação e o convívio com pensamentos depressivos. E termina com o que foi chamado de cura milagrosa: literalmente, voltou para cima do cavalo. A filha encorajou-a a escrever o diário, que ela lhe ditou. O diário, obviamente, se tornou parte da recuperação — como ela diz no texto: "Tudo saiu jorrando para fora."[25]

Terry McMillan é uma escritora populariíssima e aclamada pela crítica de cinco romances, *Mama, Disappearing Acts, Waiting to Exhale, How Stella Got Her Grove Back* e *A Day Later a Dollar Short*. Até agora, três desses romances foram transformados em filmes de sucesso.

Para escrever romances sobre as vidas de negras, ela usa suas próprias experiências de vida, que incluem enfrentar a morte do pai alcoólatra quando ela era adolescente, vencer o vício das drogas e perder o melhor amigo para o câncer um ano após a morte da querida mãe, vítima de um ataque de asma em 1993. Terry ficou devastada pela dor, e a morte da mãe fez empacar a conclusão de seu último romance, que tem uma personagem com asma, muito semelhante à mãe, e a cura que ela experimentou durante uma extensa viagem à Jamaica tornou-se lendária no romance e filme *How Stella Got Her Grove Back*. A celebridade não confere imunidade à dor da vida, mas a arte de Terry ofereceu-lhe um recurso para a boa saúde e, talvez, a longevidade. Ela reconhece:

"Esse negócio de escrever me salvou. Tornou-se minha maneira de responder e lidar com as coisas que eu acho demasiado perturbadoras, ou angustiantes, ou dolorosas para tratar de outra forma. É seguro.

"Escrever é meu abrigo. Eu não me escondo por trás das palavras; eu as uso para penetrar em meu coração e encontrar a verdade. Além disso, escrever parece ser a única forma que eu encontrei de chegar a algum verdadeiro controle de uma situação, ou pelo menos tentar compreendê-la. Acho que posso dizer, honestamente, que escrever também me proporciona uma espécie de paciência que eu não tenho no dia-a-dia. Faz-me parar. Faz-me tomar nota. Permite-me uma espécie de santuário que eu não consigo em minha vida apressada e transbordante de atividade."[26]

A REVELAÇÃO FUNCIONA PARA VOCÊ?

É natural que talentosos escritores profissionais explorem sérias questões usando seus bem afiados dotes, mas não é preciso ser um ganhador do Prêmio Pulitzer para tirar proveito dos benefícios da revelação. A revelação emocional é uma poderosa técnica que parece não ter preferências demográficas. Funciona em vários grupos de idade, de jovens cidadãos a idosos adultos; funciona para homem e mulher; para universitários e prisioneiros com grau de escolaridade até a sexta série; e para pessoas de diferentes grupos étnicos. Produziu resultados comparados na Bélgica, na Cidade do México, na Holanda e na Nova Zelândia.[27]

Louise DeSalvo disse saber intuitivamente que a escrita poderia ser útil na cura e ter larga aplicação:

"O motivo pelo qual tanto me interessei por *Writing as a Way of Healing*, em certo sentido, é que eu leciono, mas também por causa de minha classe e origem. Meus pais eram da classe operária, e a psicoterapia era um luxo de ricos. Que rumo tomar quando não se pode fazer isso? O que você pode fazer por si mesmo?"

Completar seu texto, ela diz, é sua maneira de "pôr alguma coisa ali que pode ser útil para pessoas com necessidade de destrinçar coisas mas sem o privilégio de entrar em terapia".[28]

Um determinante-chave se a técnica vai funcionar ou não para a gente é conhecer a abordagem. A revelação não é apenas escrever sobre emoções ou os fatos de um trauma. É preciso ir fundo nos próprios pensamentos e significados para colher os benefícios. A classificação de Pennebaker dos indivíduos como baixos ou altos reveladores baseia-se não em saber se eles sentiram drama ou tensão, mas em como falaram a respeito. Quando discutem sua tensão, os altos reveladores, em comparação com os baixos, vão mais fundo e mostram mais intuição. Exibem mais emoção, a ponto mesmo de fazer chorar. Revelam mais informação pessoal e mais sinais comportamentais de tensão, como a voz trêmula. Os baixos reveladores simplesmente parecem estar contendo seus sentimentos, com uma espécie de ar objetivo, mesmo quando discutem traumas.[29] Os baixos reveladores também escolhem discutir experiências consideradas pelos pesquisadores menos estressantes e pessoais do que os altos reveladores.[30] Talvez em conseqüência dessa contenção, os baixos reveladores não conseguem os benefícios médicos e biológicos da revelação.[31]

Assim, o que isso significa para você? Pennebaker recomenda algumas linhas básicas a serem adotadas:[32]

Escolha um tópico que você julga necessitar de alguma solução. Não precisa ser o fato mais estressante ou traumático de sua vida; apenas ser importante para você e uma coisa que talvez seja difícil expressar para os outros.

Separe uns 15 minutos para escrever sem parar. Quando você escrever, faça isso sem se preocupar com a gramática ou a ortografia. E não precisa escrever todo dia, só quando der vontade.

Tente falar num gravador. A pesquisa indica que escrever e falar num gravador produzem resultados comparáveis. Mas o papel e a caneta são de mais fácil acesso e podem ser usados mesmo em lugares públicos.

Seja um alto revelador. Os verdadeiros benefícios da escrita sobre fatos traumáticos atingem aqueles que exploram seus mais profundos pensamentos e sentimentos. Quando escrever, descreva o que aconteceu, como você se sentiu e por que deveria se sentir assim.

Espere alguns sentimentos negativos. Lembre-se: quando você desce em profundezas emocionais, no curto prazo pode ter mais sentimentos negativos. Esses sentimentos podem ocorrer logo após escrever, mas não duram muito. Com o tempo, aumenta o bem-estar emocional.

A ciência sugere as maneiras específicas de como se pode usar a escrita para tratar de traumas, mas isso não quer dizer que escrever não seja útil em outras questões. Na verdade, além dos manuais de auto-ajuda como o de Louise DeSalvo, programas em todo o país adotam a escrita para tratar de várias questões. Um dos programas estruturados mais populares foi criado por Ira Progoff, um devoto de Carl G. Jung, e chama-se Processo de Diário Intensivo. O filho dele, Jonas Progoff, diretor da Casa do Diálogo em Nova York, sede administrativa do programa, explicou numa entrevista:

"Trata-se de um processo que ajuda você a lidar com coisas tão amorfas que são difíceis de entender: suas emoções, suas experiências, seus pensamentos e intuições. É uma ferramenta para o autodesenvolvimento e emprega a escrita para botar para fora nossos pensamentos, de modo que possamos trabalhá-los, e toda a meta é entrar em contato com nossas próprias emoções e experiências."[33]

Como sugere Louise, escrever é uma ferramenta curativa com o potencial de chegar às massas. Tem apelo. Ela observa:

"Escrever é barato."

E também fácil. Talvez até demais. A gente pode se enganar e pensar que só precisa de papel e caneta, mas não encare a escrita como uma panacéia. Escrever não vai resolver todos os seus problemas, sobretudo os enraizados em experiências traumáticas. Não use a escrita como um substituto de outras ações que podem ser mais apropriadas para suas circunstâncias. Em particular, não está claro se escrever ajuda as pessoas que sofrem de sérios problemas emocionais, como depressão ou ansiedade crônica. Explore todas as alternativas disponíveis. Não se deve usar a escrita como um substituto para a ajuda de um profissional de saúde mental. Você pode encontrar uma terapia que funcione com você ao explorar tópicos particularmente difíceis por meio da escrita reveladora.

Conclusão da Parte II

O fato de que o comportamento, como a escrita reveladora, é um elemento crítico da nova definição de saúde não deve surpreender. Pesquisas nacionais mostram que a maioria de nós reconhece que comportamentos como fazer uma dieta equilibrada, manter-se fisicamente ativo, evitar o cigarro ou usar cintos de segurança podem aumentar nossa longevidade. Os conhecidos comportamentos que promovem a saúde estão entre as melhores demonstrações do sucesso histórico das ciências social e comportamental. Mas a busca amplia nossas opções para tomar um papel ativo em nossa saúde. A pesquisa sobre revelação é um dos resultados dessa busca contínua. Agora, sabemos que um número significativo de pessoas experimenta traumas e circunstâncias extremamente estressantes jamais revelados e sobre os quais tentamos ativamente evitar até mesmo pensar. Sabemos que essa contenção é tarefa árdua, psicológica e fisicamente. Sabemos que, com o tempo, a inibição leva a mudanças biológicas no curto prazo e a uma maior probabilidade de doença. Mas a pesquisa também indica que as experiências traumáticas não precisam ser debilitantes. Sabemos que enfrentar sistematicamente experiências traumáticas passadas não-reveladas pode conter os efeitos da inibição. Quando ocorre o trauma, dar voz a nossos pensamentos e sentimentos pode ser o melhor remédio. Mas dar voz ao trauma não significa expor seus sentimentos ou de outro modo tirar alguma coisa de dentro do peito. Para alcançar os efeitos físicos benéficos da revelação emocional é preciso ir mais fundo. Isto não quer dizer, porém, que formas menos intensivas de expressão escrita e verbal não sejam benéficas.

A pesquisa sobre a revelação emocional tem muitas perguntas não-respondidas. A revelação tem efeitos positivos a longo prazo sobre doenças crônicas como a diabetes e males cardíacos ou mentais como a depressão e perturbações de ansiedade? Por quais mecanismos biológicos a revelação afeta a saúde? Como se comparam os efeitos da revelação com as das mais eficazes psicoterapias para problemas relacionados com a tensão? Os cientistas na linha de frente da nova ciência da saúde enfrentam atualmente estas e outras questões.

As próximas duas partes deste livro afastam-se dos elementos psicológicos e comportamentais da saúde e passam para o campo social. Uma das mais importantes descobertas da nova ciência da saúde é que nossos pensamentos e ações não se dão num vácuo, e que o contexto social em que vivemos exerce profunda influência sobre o quanto somos otimistas e o grau em que nos expomos ao trauma. Também pode ser um importante determinante de nossa saúde, acima e além dos efeitos sobre pensamentos e ações. As próximas duas partes descrevem respectivamente duas características do elemento social da saúde — as relações sociais e a posição socioeconômica.

PARTE III

AMBIENTE E RELACIONAMENTOS: IMUNIDADE SOCIAL

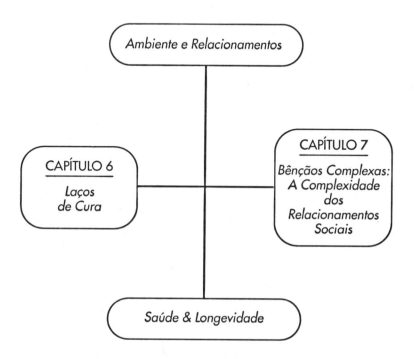

Um amigo fiel é o remédio da vida e da imortalidade.

Eclesiástico 6:16

Nem todos os elementos da nova e ampliada definição de saúde são atributos pessoais. Na verdade, já há algum tempo se reconheceu que a exposição a fatores ambientais como o chumbo contido na tinta, ar e água poluídos, pesticidas e dejetos perigosos podem ter efeitos prejudiciais à saúde. Tanto assim que todo um instituto do NIH, o Instituto Nacional de Ciências Médicas Ambientais, se dedica ao estudo desses e de outros riscos ambientais. Mas outro fator fica fora do corpo e também se inclui entre os mais fortes indicadores de doença e morte. É uma coisa a que nosso corpo responde de maneira notável. É nossa ligação com outros. Quando se trata de saúde e longevidade, os relacionamentos contam.

O interesse pela origem social da saúde e da doença remonta a Hipócrates. Contudo, até recentemente, a medicina descartava em grande parte a idéia de uma ligação entre relacionamentos sociais e saúde e doença. Hoje, a prova das ciências sociais torna difícil ignorar essas ligações. Com as descobertas científicas e as histórias da vida real, os próximos dois capítulos mostram que os laços sociais são mais do que emocionalmente realizadores. Os relacionamentos podem aumentar e salvar a vida.

Pense por um instante em como você responderia a estas perguntas:

- Você tem alguém com quem sempre pode contar para ajudá-lo numa emergência?
- Existe alguém em quem você pode confiar?
- Sua rede de amigos é grande ou pequena?

- Quantas vezes você interage com a família e com os amigos?
- Você é solitário?
- Você se sente amado ou valorizado?

Nos capítulos seguintes, você vai ficar sabendo que a maneira como respondeu a estas perguntas pode afetar sua saúde e sua longevidade tanto quanto fumar ou praticar exercícios. O poder dos relacionamentos me foi ilustrado com mais vividez durante a doença de minha mãe. Quando foi diagnosticada com câncer no cólon, seu médico estimou que ela viveria, no máximo, alguns meses. Mas quase três anos depois ela continuava viva e desfrutava de boa qualidade de vida. Claro, prever a expectativa de vida de uma pessoa, mesmo que o indivíduo esteja muito doente, é uma ciência inexata, e não se pode esperar que os médicos sejam precisos. Mas o fato de que minha mãe viveu *tanto mais* que sua prognose é espantoso. Creio que um dos motivos é o fato de que ela estava profundamente mergulhada numa rede social de apoio.

Como ministra de uma grande igreja, minha mãe sempre teve muita gente para cuidar intensamente de seu bem-estar, e disposta a oferecer qualquer assistência que ela precisasse. Após a diagnose, e sobretudo quando ela se tornou mais frágil, o nível desse cuidado aumentou exponencialmente. Cartões, flores, preces feitas na igreja e telefonemas transmitiam-lhe uma coisa — você é amada e imensamente valorizada. Além do transbordamento de bons desejos da congregação, ela se beneficiou da assistência diária de um círculo menor de amigos, que formaram uma concha de proteção e apoio não-tangível à sua volta. Esses indivíduos forneciam comida, transporte, conversa, prece, canto, silencioso companheirismo ou qualquer outra coisa que ela precisasse num determinado dia.

Felizmente, eu trabalhava a apenas 80 quilômetros de sua casa, e com a flexibilidade que me era concedida como professor, pude reorganizar minha vida de trabalho de modo a poder passar tanto tempo com ela quanto fosse possível. Na verdade, durante seus últimos três meses eu praticamente me mudei para sua casa, indo ao *campus* apenas ensinar e assistir a reuniões. Uma de minhas grandes alegrias foi ver o rosto de minha mãe se iluminar quando, depois que me perguntou, eu lhe disse que ia de fato passar mais uma noite com ela.

A inesperada longevidade de minha mãe teria decorrido do fato de estar cercada por uma dedicada e empenhada rede de amigos e familiares cuidadosos? Será que outros com uma doença semelhante e uma semelhante rede de apoio também venceriam as possibilidades contrárias? Não há, em absoluto, como responder conclusivamente a estas perguntas. O período de vida de uma pessoa, esteja ela em perfeitas condições físicas ou combatendo uma doença, é determinado por muitos fatores, alguns biológicos, alguns comportamentais e outros psicológicos. Raramente é apenas um fator o responsável pela doença e pela saúde. Mas a ciência social já demonstrou de maneira mais ou menos convincente que *uma das coisas* que importam é nossa ligação com outras pessoas.

As relações sociais de apoio atuam em muitos aspectos do sistema imunológico, que proporciona ao corpo contínua vigilância para impedir infecções, assumindo o controle e montando um ataque na presença de substâncias invasoras. As muitas dimensões das relações sociais atuam de maneira semelhante, proporcionando-nos um nível de contínua proteção contra a doença e, muitas vezes, aumentam sua atividade em situações de emergências pessoais. As relações de apoio fornecem-nos uma espécie de "imunidade social".

Capítulo 6

Laços de Cura

Pode se dizer que uma ex-colega minha de Harvard, a Dra. Lisa Berkman, é a maior autoridade mundial nos aspectos sociais da saúde. Ela preside o Departamento de Saúde e Comportamento Social na Escola de Saúde Pública daquela universidade, é co-editora do texto *Social Epidemiology*, que marcou época, e membro do prestigioso Instituto de Medicina da Academia Nacional de Ciências. O interessante é que sua distinta carreira germinou no início da década de 1970, antes mesmo de ela entrar num curso superior.

Lisa era uma jovem assistente social do Departamento de Saúde de San Francisco, um emprego no mais baixo degrau da estrutura de saúde pública. Seguir uma carreira de pesquisa estava muito distante de seus planos, mas em 1979 ela já criara uma revolução científica. Seu trabalho era ajudar centros comunitários de saúde a responderem às necessidades médicas de seus representados. Para fazer isso, Lisa viajava até os bairros operários de San Francisco, falando com as pessoas nas ruas e em casa sobre suas preocupações de saúde. Embora conseguisse encaminhá-las aos serviços de saúde apropriados, o trabalho era frustrante.

"Como assistente externa, havia muito poucas oportunidades de mudar qualquer das condições em alguns bairros que pareciam estar atraindo um monte de problemas de saúde." Ela me disse. "Havia um descompasso entre os serviços oferecidos e as necessidades maiores da comunidade, em termos de fatores como emprego e habitação."[1]

Lisa já acreditava que as condições sociais e a saúde eram de algum modo ligadas. Seu desejo de documentar que o ambiente social das pessoas podia afetar seus problemas de saúde levou-a a matricular-se num programa em epidemiologia na prestigiosa Escola de Saúde Pública da Universidade de Harvard, em Berkeley. Na época, a epidemiologia e a medicina eram dominadas pela *teoria do germe*: a idéia de que uma doença específica tem uma causa — em geral, um agente tipo bactéria, vírus ou microorganismo. Essa teoria presume, por exemplo, que se pega uma gripe por expor-se ao vírus influenza; tuberculose, por exposição ao bacilo de Koch; e câncer de pulmão, por toxinas na fumaça de cigarro, e assim por diante. Segundo a teoria do germe,

Agente Biológico Específico ⟶ Mudança Biológica Específica ⟶ Uma Doença Específica

A teoria do germe deixava muitos cientistas num dilema. Eles, em geral, aceitavam a exatidão da teoria, mas achavam que havia mais coisas na origem das doenças do que o processo do agente. Reconheciam que todos estão constantemente expostos a agentes (vírus e bactérias), mas muita gente jamais se contamina, ou se contamina e nunca fica doente. Alguns cientistas então levantaram a hipótese de que, se um agente leva ou não a uma doença, isso tem a ver com a vulnerabilidade biológica da pessoa, um conceito chamado de "resistência do hospedeiro". Em essência, a teoria diz que determinados agentes podem reduzir a resistência geral da pessoa, abrindo a porta para várias doenças e mudanças biológicas que podem ser patológicas, não apenas uma. A teoria da resistência do hospedeiro era controversa em si, mas o epidemiologista social Dr. John Cassel levou-a um passo adiante. Propôs que um dos maiores determinantes para o indivíduo resistir à doença é seu ambiente social.[2] Segundo Cassel,

Ambiente Social ⟶ Alteração da Resistência do Hospedeiro (Vulnerabilidade) ⟶ Doença ou Saúde

Lisa ficou intrigada com a idéia de que ambientes sociais afetassem a resistência do hospedeiro, porque isso era coerente com suas observações nos bairros pobres ou operários de San Francisco. Em sua tese de doutorado, ela decidiu explorar se pessoas com redes sociais maiores, que lhes proporcionam ajuda e assistência, teriam uma probabilidade menor que a média de doenças sérias. Para testar a idéia, escolheu a preocupação última da saúde: a morte. Numa entrevista, disse:

"Em retrospecto, eu não reconheci como era radical propor que uma coisa tão geral quanto as redes sociais podia relacionar-se com a mortalidade."

Ela descobriu exatamente o grau de radicalidade durante uma reunião com seu comitê de tese para defender a teoria proposta.

Um dos membros do comitê, um cientista mundialmente famoso da teoria do germe, expressou forte oposição a toda hipótese de que o ambiente social tinha alguma coisa a ver com a saúde. As palavras dele ficaram gravadas para sempre na mente de Lisa, e ela me relatou a história que já contara muitas vezes antes:

"Ele me disse: 'Nos últimos 150 anos de pesquisa médica, de Pasteur e Koch em diante, a pesquisa seguiu com êxito as linhas da identificação de uma causa para as doenças, com a especificidade da teoria da doença sendo um dos grandes avanços em nosso pensamento no último século'. Depois perguntou: 'Você quer me dizer que acredita que um vago conceito como forças sociais pode ser causa de doença?'"

Confiança em suas idéias ou ingenuidade de universitária, o certo é que ela respondeu, tal como faria hoje, com um inequívoco sim.

A tese de Lisa tornou-se um marco no relacionamento entre laços sociais e saúde, e criou uma séria mudança no curso da ciência social relacionada à saúde e à epidemiologia. Embora houvesse muita pesquisa sobre toxinas ambientais, pesquisa comportamental sobre os riscos do cigarro e dieta, essa pesquisa ainda seguia a idéia da teoria do germe, de que mudanças biológicas específicas, independentemente de como foram produzidas, levam a doenças específicas. E a idéia de que o ambiente social pode mudar a resistência do hospedeiro e fazer mal à saúde era na época bastante revolucionária.

Em seu projeto, ela usou dados do Estudo do Condado de Alameda, um estudo que durou nove anos, com mais de quatro mil homens e mulheres da Califórnia, com idades de 30 a 69 anos.[3] Em 1965, todos os participantes foram indagados acerca de laços sociais em quatro áreas: *status* marital, extensão dos contatos com amigos e familiares, filiação a igrejas e envolvimento em outros tipos de grupos formais e informais. Combinando esses fatores, Lisa e seus colegas criaram uma medida da "rede social" da pessoa. Como ilustra a Figura 3, eles descobriram que, durante o período de observação, de 1965 a 1974, as pessoas no estudo com redes sociais menores tinham *duas vezes mais probabilidade de morrer* do que aquelas com redes sociais maiores. O efeito da rede social na sobrevivência persistiu no acompanhamento dos participantes sobreviventes do estudo 17 anos após a avaliação inicial e demonstrou-se que ainda era um forte indicativo de morte para os acima e abaixo dos 70 anos.[4] As causas da morte incluíam doença cardíaca, câncer e perturbações gastrintestinais.

Figura 3: Taxas de Mortalidade para Homens e Mulheres em Diferentes Níveis de Conexões Sociais e Diferentes Idades (adaptado de Berkman e Sime, 1979)

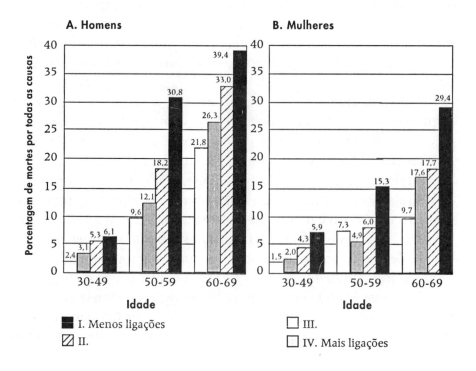

É importante notar que a ligação entre rede social e sobrevivência era evidente mesmo depois de serem levados em conta fatores de risco tradicionais como idade, gênero, raça, *status* de fumante, uso de assistência médica e atividade física. Na verdade, o tamanho das redes sociais dos participantes era um indicativo mais poderoso de morte do que os fatores mais tradicionais de risco.

QUAIS SÃO OS RELACIONAMENTOS QUE PROMOVEM AS RELAÇÕES SOCIAIS?

As relações sociais são tão complexas e variadas quanto o genoma humano. Assumem muitas formas diferentes e servem a numerosas funções. Alguns de nós temos um grande grupo de amigos com os quais participamos de uma variedade de atividades. Outros têm apenas poucos amigos, mas gozam de laços familiares muito estreitos e intensos. Outros têm poucas pessoas com quem contar nas emergências e uns poucos confidentes para os quais se voltam em tempos de extrema tensão. Outros ainda se sentem amados e cuidados por apenas uma pessoa em suas vidas. Infelizmente, outros descobrem que suas relações sociais não os apóiam de modo algum e são eles próprios uma fonte de reduzido bem-estar. Muitos são solitários, isolados e separados de relações interpessoais significativas.

Quando os cientistas querem medir relacionamentos sociais, criam métodos para identificar os tipos e a extensão das relações de cada pessoa. Dois tipos de relações sociais são *redes sociais* e *apoio social*. As redes são definidas em termos da "estrutura" de nossos relacionamentos, incluindo tamanho, proximidade e quantidade de contatos que temos com os amigos e a família. Diz-se das pessoas com uma rede social extremamente pequena ou menos interações que estão *socialmente isoladas*. Daquelas com redes maiores ou mais contatos com sua rede, que são *socialmente integradas*. O apoio social, por outro lado, é definido em termos da "função" social que nos serve, em geral descrita como o que damos ou recebemos de outra pessoa. O apoio social pode vir de várias formas, incluindo:

- **Apoio emocional**: ajuda nas dificuldades emocionais ou situações incômodas ou na comunicação de cuidado e preocupação.
- **Apoio instrumental**: ajuda na realização de tarefas rotineiras, como proporcionar transporte, ajudar nas tarefas chatas, atuar como *baby-sitter* ou prestar assistência numa emergência.
- **Apoio financeiro**: ajuda nas necessidades econômicas.
- **Apoio de avaliação:** ajuda na avaliação e na interpretação de situações ou na solução de problemas.

Além desses, os pesquisadores também examinam os relacionamentos perguntando se a pessoa:

- Se sente amada e cuidada.
- Tem um confidente.
- Está satisfeito com seus relacionamentos sociais de apoio.
- É casada ou não.
- Se sente solitária.

Embora entre os cientistas se verifiquem diferenças sutis no significado desses termos e conceitos, todos têm uma coisa em comum. Cada um estava ligado, por estudos bem controlados, à doença e à morte. Os efeitos das relações sociais sobre a doença cardiovascular são da *mesma magnitude* dos fatores de risco tradicionais como cigarro, colesterol alto, obesidade, consumo excessivo de álcool e inatividade física.

Aqueles de nós que classificam suas conexões sociais como relativamente altas têm, em média, vidas emocionais mais positivas, mais saúde física e vivem mais do que aqueles que as classificam como baixas.

A Rede de Angie Hart

Nossa amiga Angie Hart e sua família se situam no mais alto extremo do *continuum* da rede social. Ela tem uma rede de familiares, que proporciona a seus membros imunidade social contínua e de base em emergências. Angie está beirando os 40 anos e é mãe de quatro belas filhas, adolescentes e pré-adolescentes. Ela, o marido, Reggie, e as filhas moram numa casa que minha esposa e eu afetuosamente chamamos de "O Complexo". Fica na área residencial de Maryland, a cerca de 30 minutos de Washington, capital — suficientemente perto para as conveniências da cidade, mas longe o bastante para um ambiente sossegado. Quatro gerações da família imediata de Angie moram ali em vários hectares de terra, em três casas que estão à vista umas das outras. Tias, tios e primos moram próximos.

Angie mora perto do avô materno, que divide uma casa com a esposa e a filha adulta. Atrás dessas casas, fica a da mãe dela, que nós chamamos de "Comando Central". É a maior das três casas e o principal local de reunião para muitos eventos sociais de família. A mãe de Angie, June, construiu a casa na terra onde ela foi criada, terra que está com a família há décadas. É uma casa grande com generosos aposentos de estar, espaçosas áreas formais para diversões e outras menores para reuniões íntimas, informais. Além da mãe e do padrasto de Angie, sua irmã e seu irmão, a esposa dele e dois filhos, todos coabitam ali com todo conforto.

Fora do Complexo, Angie e Reggie têm uma família ainda maior na área da grande Washington. Ele foi criado na capital, onde ainda vivem três dos seus irmãos, junto com os respectivos cônjuges e filhos. Com todos combinados, ela tem uma família de cerca de 100 membros morando dentro e nos arredores da área de Washington.

Os parentes e amigos reúnem-se regularmente na casa de June para jantares dominicais, aniversários, casamentos, nascimentos, recepções, aniversários de casamento, festas, jogos de futebol ou apenas para se ver. Quase sempre há alguma coisa acontecendo ou sendo planejada.

Obviamente, a rede social de Angie é substancial, mas ela diz que não se trata apenas de números. Diz que esse círculo familiar proporciona quase todo tipo de apoio imaginável, que eu sei que vem basicamente dos membros em primeiro grau, com os quais ela tem relações maduras. Angie se sente emocionalmente próxima dessas pessoas, e há um histórico de confiança e dependência. O apoio *informacional*, que Elizabeth e eu voltamos para nós mesmos, é de primeira. O que quer que se queira ou precise saber, alguém da família ou sabe ou conhece alguém que sabe. Reduzem o proverbial seis graus de separação talvez para três. O apoio *instrumental* também é abundante. Por exemplo, seis crianças com menos de 12 anos moram no Complexo ao mesmo tempo. A família de Angie realmente acredita e vive a idéia do "é preciso formar uma aldeia", e todos contribuem nos cuidados com as crianças. Se Elizabeth e eu fazemos planos para ir com ela e o marido ao cinema, ao teatro, ou jantar, sempre há alguém na rede para tomar conta da meninada. Às vezes, basta mandar as crianças irem a pé para a casa da "vó", como elas chamam June. Também não é incomum que o irmão, a irmã ou o cunhado cuide dos filhos de Angie. E ela muitas vezes retribui o favor.

O apoio *emocional* é inquestionável e incondicional. Está sempre presente a preocupação de uns com os outros, e todos aderem ao diálogo. Embora os membros da família possam facilmente fechar-se e bastar-se, aceitam a amizade de pessoas de fora, incluindo Elizabeth e eu. Cada membro da família tem uma legião de amigos confiáveis e com os quais pode contar. Isso amplia a rede, multiplicando as fontes potenciais de apoio social, assegurando mais ainda a imunidade social de todos os envolvidos.

Com todo esse apoio social à disposição, seria natural esperar que a longevidade também corresse na família de Angie, e corre mesmo. Por exemplo, o avô dela tem 86 anos, e a mãe dele viveu 104, com boa qualidade de vida. Angie tem tias-avós na casa dos 80. Nenhuma sofre de doenças crônicas debilitantes.

Claro, a saúde da família de Angie provavelmente tem muito a ver com bons genes e bons relacionamentos. Mas não há dúvida de que a família tem *o benefício de saúde extra* de estreitos laços sociais, além de qualquer vantagem hereditária. Isso é uma boa-nova, pois embora não seja possível mudar os próprios genes, *pode-se* melhorar a qualidade ou quantidade dos laços sociais. E como discutirei daqui a pouco, fortes relações sociais *podem de fato alterar a biologia* de forma a aumentar a longevidade.

Laços de cura: Descobertas da Nova Ciência da Saúde

Em sua autobiografia, *The Measure of a Man*, Sidney Poitier fala da intimidade que sentia dentro de sua família enquanto crescia em **Cat Island**, nas Bahamas:

No tipo de lugar onde fui criado, o que nos chega é o barulho do mar, o cheiro do vento, a voz da mamãe e do papai, a loucura dos irmãos e da irmã — e é isso aí. É do que a gente trata quando é demasiado jovem para realmente se preocupar com qualquer coisa, quando apenas ouve, quando observa o comportamento dos irmãos, da mamãe e do papai, vendo como eles se conduzem e cuidam da nossa comida e da gente, quando sentimos dor ou uma vespa nos ferroa perto do olho. O que ocorre quando alguma coisa dá errado é que alguém estende a mão, conforta, protege. E enquanto as pessoas à nossa volta conversam, começamos a reconhecer as coisas que a voz transporta. As palavras e os comportamentos começam a significar alguma coisa para a gente.

As reflexões de Poitier sobre o início de sua vida captam uma sensação de cuidado e amparo há muito reconhecida como importante para o desenvolvimento da criança. Pesquisas atuais estabelecem que a visão que a criança tem do calor e da intimidade dos pais pode ter conseqüências no longo prazo.

Um estudo de alunos da Universidade de Harvard na década de 1950 confirmou que nossos sentimentos em relação a nossos pais afeta nossa saúde. Jovens completaram uma série de testes de avaliação fisiológica e psicológica que incluíam questões de múltipla escolha sobre seus sentimentos de afeto e intimidade para com os pais. Uma dessas perguntas, mostrada abaixo, relacionava-se à mãe, outra, ao pai.

Você descreveria sua relação com sua mãe [pai] como (marque uma):

A. Muito íntima
B. Afetuosa e amistosa
C. Tolerante
D. Tensa e fria

Uma característica marcante desse estudo é que a pesquisadora, Dra. Linda Russek, pôde localizar quase todos os participantes na década de 1980, cerca de 35 anos após a coleta de dados original. Mais uma vez, fizeram-se extensas avaliações médicas e psicológicas, e examinaram-se as fichas médicas de todos. A Dra. Russek e seu colega Dr. Gary Schwart analisaram os dados para determinar se os sentimentos de afeto e intimidade dos pais na década de 1950 haviam sido relevantes para a sua saúde como adultos. Surpreendentemente, *91 por cento dos participantes que antes não se viam como tendo uma relação afetuosa com a mãe tiveram diagnosticadas doenças na meia-idade, em comparação com apenas 45 por cento dos que comunicaram uma relação afetuosa com a mãe.* As doenças incluíam doença cardíaca, úlceras, alcoolismo, hipertensão e asma. A visão de afeto e intimidade com o pai também previa a saúde dos participantes 35 anos depois.[5]

Figura 4: Porcentagem de Participantes Doentes na Meia-idade em Função de como Viam o Cuidado dos Pais 35 Anos Antes (adaptado de Linda Russek e Gary Schwartz)

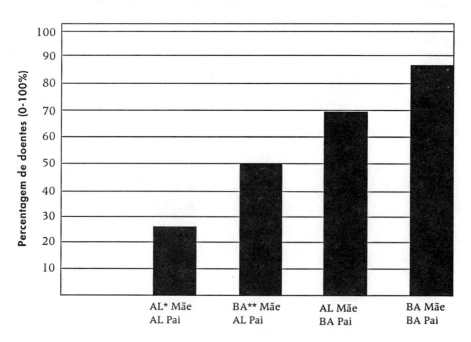

* AL = alta porcentagem de cuidado dos pais
** BA = baixa porcentagem de cuidado dos pais

Como ilustra a Figura 4, havia uma qualidade a mais nas visões de intimidade com os pais. Os participantes que sentiam que os dois pais cuidavam deles foram mais saudáveis na vida posterior do que os que sentiam que só um dos pais lhes dava atenção, e foram eles próprios mais saudáveis do que os que sentiam que nenhum dos pais a dispensava. Na verdade, *87 por cento dos participantes que achavam que nenhum dos pais lhes dava atenção ficaram doentes na meia-idade, em comparação com apenas 25 por cento dos que sentiam que os dois pais davam.*[6]

Esses fascinantes estudos de Russek e Schwartz, e de Berkman, são exemplos de aproximadamente 20 outros feitos em todo o mundo, envolvendo mais de 55 mil participantes. Cada um deles demonstra, de modo convincente, que as pessoas com altos níveis de laços sociais têm vidas mais longas e taxas mais baixas de doenças sérias do que as que relatam baixos níveis de apoio. A prova mais forte hoje é a influência de relações sociais sobre a mortalidade. A seguir, vários exemplos desses estudos.

As relações prevêem longevidade. Cientistas da Universidade de Michigan estudaram mais de 2 mil homens e mulheres saudáveis, com idades de 30 a 69 anos, durante períodos de nove a 12 anos. Mediram-se várias relações sociais, incluindo *status* marital, freqüência à igreja e participação em atividades voluntárias. *As mulheres com menores redes tiveram o dobro da taxa de mortalidade das que os tinham maiores.* Para os homens, foi mais impressionante — *os de baixo nível em laços sociais morriam de duas a três vezes mais do que aqueles com fortes ligações sociais.*[7]

Na Duke University, mais de 300 homens e mulheres idosos foram estudados durante dois anos e meio para determinar os efeitos das relações sociais sobre a mortalidade. As medidas de laços sociais incluíam a freqüência da interação com amigos e parentes, seus papéis sociais (por exemplo, esposo, pai) e como viam o apoio recebido dos outros. *Os mais socialmente integrados tinham entre duas e três vezes mais probabilidades de sobreviver durante os dois anos e meio do estudo do que os menos.*[8]

As relações prevêem mortes por doença cardíaca. Num estudo de seis anos com mais de 17 mil homens e mulheres suecos, com idades de 29 a 74 anos, os pesquisadores descobriram que *o risco de morrer só de doença cardíaca, assim como de outras causas, apresentava um índice 1,3 maior entre aqueles com menores interações com sua rede social, em comparação com os de maiores.*[9] Num estudo de cinco anos com mais de 13 mil pessoas na Karelia do Norte, Finlândia, *os homens com menos ligações sociais tinham aproximadamente 1,5 vez mais probabilidades de morrer de ataque cardíaco e outras causas* que os com mais.[10]

As relações prevêem a recuperação de ataque cardíaco. Cerca de 190 homens e mulheres idosos hospitalizados por ataques cardíacos foram estudados na Universidade de Yale durante seis meses após os ataques, para determinar as taxas de sobrevivência. Os resultados são mostrados na Figura 5. *Durante esse tempo, os que não tinham apoio emocional tiveram quase três vezes a taxa de mortalidade daqueles que tinham. A análise dos dados levou em conta gravidade da doença, cigarro e outros fatores.*[11]

As relações prevêem sobrevivência a doenças da artéria coronária. Uma equipe da Duke University examinou previsores de sobrevivência entre mais de 1.300 pacientes, basicamente homens, antes diagnosticados como doentes da artéria coronária.[12] Os pacientes foram classificados com base em seu estado civil e se tinham um confidente — quer dizer, alguém em quem pudessem confiar e do qual depender. Após cinco anos, o Dr. Redford Williams e seus colegas verificaram quem continuava vivo. Os pacientes casados, os que tinham confidentes (casados ou não) e os com esposo e confidente tinham taxas de sobrevivência semelhantes. *Os descasados e sem confidente tinham três vezes a taxa de mortalidade dos outros grupos*, depois que os pesquisadores descontaram estatisticamente outros fatores de risco.

As relações protegem contra o resfriado comum. O Dr. Sheldon Cohen, da Universidade Carnegie Mellon, pôs de quarentena cerca de 270 voluntários numa enfermaria de hospital, após avaliar seus níveis de envolvimento social. Durante esse período, ministraram-se a eles gotas nasais com uma pequena dose de dois vírus infecciosos

Figura 5: Relação entre Apoio Emocional e Morte (adaptado de Berkman *et al.*, 1992)

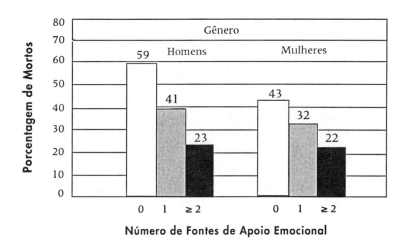

conhecidos por causar resfriados e sintomas de resfriados. Antes e depois da exposição aos vírus, os pacientes foram testados em busca de quaisquer sinais ou sintomas de resfriado, incluindo os respiratórios como congestão, coriza, espirros, tosse, garganta inflamada, calafrios, dor de cabeça e qualquer congestão nasal produção e excreção de muco. Em resposta aos dois vírus, quanto maior a densidade de redes sociais, mais baixa a suscetibilidade a resfriados, como mostra a Figura 6. Em comparação com o grupo de alto nível de redes sociais, *o grupo de mais baixo nível de envolvimento social tinha quatro vezes mais probabilidade de pegar resfriados e sintomas de resfriados,* quer os sintomas fossem avaliados por relatos dos pacientes, quer por critérios biológicos objetivos.[13]

As relações prevêem o avanço de HIV para Aids. A Dra. Jane Leserman, da Universidade da Carolina do Norte, em Chapel Hill, estudou 82 homossexuais homens soropositivos durante sete anos e meio, para examinar prognósticos sociais, psicológicos e emocionais da Aids. Os homens que relataram menos satisfação com seu nível de apoio social no início do estudo tinham significativamente mais probabilidade de pegar Aids que os de maior satisfação. Na verdade, *para cada diminuição de 1,5 ponto de satisfação com o apoio social, os riscos de Aids aproximadamente dobravam.*[14]

As relações prevêem resultados de partos. As relações sociais não apenas afetam nossa saúde e nos ajudam a viver, mas também ajudam nossas mães a nos trazer ao mundo. Os pesquisadores descobriram que as mulheres grávidas mais socialmente integradas têm menos complicações durante o parto e têm bebês em geral mais saudáveis. Além disso, pesquisadores em Londres e nos Estados Unidos avaliaram o apoio social que 247 grávidas receberam da família, do pai do bebê e de outras fontes durante a gravidez. Descobriram que o cres-

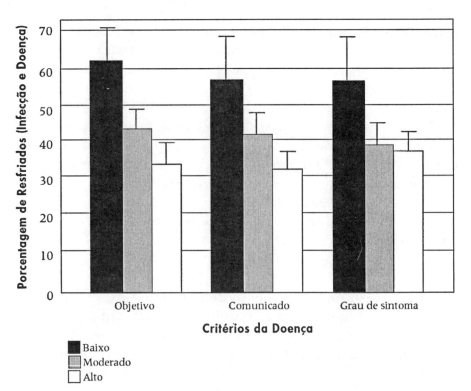

Figura 6: Diversidade da Rede Social e Incidência de Resfriados (adaptado de Cohen *et al.*, 1997)

cimento do feto, medido pelo peso no parto, era significativamente maior entre as mulheres de mais altos níveis de apoio social.[15]

A Ligação do Amor: O Apoio do Cônjuge no Casamento

Antes de Diana Golden e Steve Brosnihan se apaixonarem, ela perdera a perna esquerda, os dois seios, o útero e a maior parte da esperança na luta contra o câncer. Mas isso não a impedira de ganhar campeonatos nacionais e mundiais em competições de esqui para portadores de deficiência — incluindo a medalha de ouro olímpica em Calgary para o *slalom* gigante — e tornar-se a Esquiadora do Ano em 1988.

Perder a perna esquerda jamais a deixou "inválida" — na neve ou fora dela. Ela triunfou sobre a invalidez com um gosto corajoso e otimista pela vida, retirando-se das competições em 1991 e tornando-se uma procuradíssima oradora motivacional. Então, o câncer lhe desferiu dois golpes seguidos que a fez desesperar-se. Uma biópsia revelou a doença primeiro no seio direito, depois no esquerdo, exigindo uma dupla mastectomia. Sua resolução enfraqueceu, e não lhe restou nada com que enfrentar a retirada do útero e a quimioterapia que se seguiram.

Diana tentou o suicídio, mas pensou melhor após tomar uma *overdose* de pílulas e chamou uma amiga, que a levou para o hospital a tempo. Diana tentou resistir; chegou a comprar um cachorrinho, mas ele adoeceu e teve de ser sacrificado, e ela se viu nas Montanhas Rochosas planejando um salto de suicida no Black Canyon. Mas o espírito que a impelira a esquiar aos 12 anos, apenas seis meses depois de os médicos lhe amputarem a perna, não a deixou saltar. Ela mais tarde decidiu voltar para a Nova Inglaterra, a fim de ficar perto da família pelo resto do tratamento. Ali, em Bristol, Rhode Island, no Castelo de Belcourt, a princesa da neve foi com relutância a um baile à fantasia de Halloween, onde conheceu o seu príncipe, vestido de cavaleiro com uma grande cabeça de mosca — um *fly-by-knight* [literalmente, mosca por cavaleiro, trocadilho com *fly by night*, vôo noturno]. Steve desenhara a fantasia para si mesmo, mas nada poderia tê-lo contraditado mais — ele não era um vôo noturno.

Ele não se deixou convencer quando Diana lhe falou imediatamente do seu câncer — e da prognose terminal. Vinha admirando a vivacidade dela de longe desde seus dias em Dartmouth. Ele teria dito: "Às vezes eu a via cruzando o gramado da universidade de muletas, e corria para passar à sua frente, para vê-la sorrir." Agora, estava apaixonado. Um amor que ia mudar e talvez estender a vida de Diana. Ela admitiu que, embora não se lembrasse dele da universidade, sentiu uma fagulha especial também, mas teve cuidado para não arriscar suas emoções. Segundo Diana, "Não havia como esperar que uma coisa dessas me acontecesse. Eu fiquei preocupada. Escrevi uma carta a ele dizendo-lhe que tivesse cuidado. Disse que, se mais alguma coisa não funcionasse em minha vida, eu me mataria". Seu coração estava seguro com Steve. O primeiro encontro foi no Instituto do Câncer Dana-Farber, em Boston, onde ela fazia quimioterapia. Com ele lá, Diana declarou: "Foi o começo de toda uma mudança na maneira como eu via o tratamento." Steve declarou-se no Dia dos Namorados, quando ela recebia de novo tratamento de quimioterapia em casa. Casaram-se em agosto de 1997.

Almas irmãs e parceiros na vida, Diana e Steve transformaram em acontecimentos os muito freqüentes tratamentos dela, chegando em trajes formais numa limusine e fazendo karaokê ou apenas jogando Scrable. Fazendo quimioterapia "engraçada" ou desfrutando da tranqüila casa em Rhode Island, eles aproveitaram ao máximo cada momento.

Segundo todos, devido ao amor de Steve, Diana recuperou a razão de viver. Com ele a seu lado, tolerou os horríveis tratamentos do câncer, e ele a ajudou a ter uma boa qualidade de vida. Diz Diana:

"Minha vida é muito rica de pessoas. Estar apaixonada por alguém faz uma grande diferença."[16]

O cavaleiro perdeu a princesa do gelo quando Diana morreu em agosto de 2001. Contudo, o relacionamento de ambos a ajudou a viver melhor e talvez mais do que, em alguns pontos, até ela própria imaginava.

Um dos contextos mais intrigantes para obter e receber apoio social é o casamento. Estudam-se as conseqüências do casamento para a saúde há mais de 100 anos, e as descobertas são consistentes: as pessoas casadas vivem mais e têm menores doenças crônicas do que as solteiras, viúvas ou divorciadas.[17] Mesmo após contraírem uma doença séria, os casados se dão melhor. Um estudo de mais de 27 mil casos de câncer descobriu que o *status* marital se relacionava com o avanço da doença.[18] As pessoas descasadas foram diagnosticadas quando a doença se achava num estágio avançado: o câncer avançara mais antes de ser detectado. Após descontarem-se o estágio e o tratamento, os descasados tiveram taxas de sobrevivência inferiores — não viveram tanto quanto os casados em estágio e tratamento semelhantes de câncer.

Os efeitos salutares do casamento são em parte atribuídos à natureza das pessoas que se casam, para começar, o que é conhecido como *seleção pelo casamento*. As que se casam são em média mais mental e fisicamente saudáveis do que as que não casam, porque os solteiros muito doentes têm menos probabilidade de se casar.[19] Acima e além do efeito de seleção pelo casamento, há também um efeito de *proteção pelo casamento*. Estudos mostram que as pessoas casadas vivem mais, mesmo após a presença de uma doença, o que sugere que funciona mais alguma coisa além da seleção. Embora o casamento não seja uma panacéia, estar casado, de alguma forma, oferece um nível de proteção contra a doença, a invalidez e a morte.

Os efeitos protetores do casamento são em parte explicados pela economia. As pessoas casadas têm uma posição socioeconômica mais alta, em média, que as não-casadas, o que em si já protege a saúde, como vocês vão ler em capítulo posterior. As vantagens econômicas do casamento parecem ser especialmente protetoras da saúde para as mulheres,[20] embora isso possa estar mudando, devido aos recentes passos econômicos dados por elas. Muitos especialistas acreditam, e a ciência confirma, que as vantagens do casamento para a saúde se relacionam mais com o apoio social oferecido pelo cônjuge.

A socióloga Dra. Linda Waite, da Universidade de Chicago, especialista em casamento e apoio social, declarou:

"As pessoas casadas têm uma fonte embutida de apoio social. Quando o casamento é saudável, elas têm alguém ao lado, alguém com quem conversar, alguém que dá atenção. Ter esse tipo de presença conjugal, por sua vez, leva a outras vantagens, como a ajuda ao lidar com a tensão, na solução de problemas e em cuidar melhor de nós mesmos. Esse tipo de apoio conjugal faz [as pessoas] se sentirem melhores. E, como resultado disso, a saúde delas é melhor. O apoio social é um motivo-chave pelo qual as pessoas casadas vivem mais."

Quando se trata das vantagens do casamento, porém, existe um grande fosso de gênero. Descobriu-se que o casamento beneficia mais a saúde do homem do que a da mulher. Especificamente, embora os casados vivam mais que os não-casados, há um fosso maior na expectativa de vida entre homens casados e não-casados do que entre mulheres casadas e não-casadas. Por que a diferença? Ninguém sabe ao certo, mas pode ter alguma coisa a ver com o fato de que os homens relatam mais satisfação com seus casamentos do que as mulheres, em média. Os homens dão menos prioridade a ter relações interpessoais mais amplas do que as mulheres. Os homens casados, pode-se dizer, põem todos os seus ovos de apoio social numa só cesta — as esposas.

O papel saudável que as esposas exercem para os maridos foi ilustrado de forma impressionante há não muito tempo pelo treinador de basquete da Duke University, Michael Krzyzewsky ("Treinador K"). Eu acompanhei intensamente o sucesso dele e de seus times em quadra durante meus 14 anos como professor daquela instituição. Para alguns dos meus amigos, o fato de eu ter uma entrada para a temporada de basquete da Duke era mais importante do que ser professor da instituição. Assistir àqueles jogos no inimitável Cameron Indoor Stadium chega tão perto do nirvana quanto possível para muitos fãs do basquete universitário. Eu estava na Duke quando o Treinador K construiu o que se pode chamar de o maior programa de basquete universitário do país. Até 2001, seus times participaram de 17 torneios da Associação Atlética Universitária Nacional (NCAA, em inglês) e tiveram a mais alta porcentagem de vitórias na história da entidade. Participaram de dez campeonatos das Quatro Finais da NCAA, dos quais ganharam três. Ganharam os únicos campeonatos costa a costa da NCAA nos últimos 25 anos. O Treinador K é seis vezes Treinador do Ano Nacional e cinco vezes Treinador do Ano da Conferência da Costa Atlântica. A maioria de seus jogadores se forma no devido tempo. Com todo esse sucesso, seria fácil que a sua carreira lhe desse um completo prazer. Mas em seu livro, *Leading With the Heart*, ele diz que, em janeiro de 1995, no auge da carreira, estava disposto a renunciar. Estava emocionalmente exausto.[21]

Essa crise resultou de um doloroso problema que avançou de mal a pior. Tudo começou no verão de 1994, com uma dor na perna esquerda que ele julgou ser um problema menor, talvez um tendão distendido. Mas a coisa persistiu durante meses, até ele mal poder andar. Acabou sendo diagnosticado com uma ruptura de disco e marcou-se a cirurgia para outubro, pouco depois do início de uma nova temporada de treinos. Após uma operação bem-sucedida, o Treinador K optou por alguns dias de recuperação — em vez das dez semanas de atividade limitada recomendadas pelos médicos. Não foi uma boa decisão. Nos dois meses seguintes, o problema agravou-se. Ele ficou mais fraco e começou a perder peso, e a dor nas costas era pior do que nunca. Dois dias após suportar punitivas viagens de avião para e de Harvard para um torneio, mal podia se levantar da cama. Foi quando sua esposa, Mickie, interveio e quis marcar uma consulta com um médico imediatamente. Eis como o Treinador K descreve o que aconteceu então:

— Vou marcar uma consulta com o médico e você precisa estar lá — disse ela.

— Eu não posso. Tenho de ir para o treino. Tenho encontros com os jogadores. E depois vamos viajar para o jogo da Georgia Tech. Não tenho tempo.

— Você não tem a força necessária — disse ela, antes de deixar o quarto para chamar o médico.

Quando voltou, Mickie me informou que a consulta estava marcada para as duas e meia da tarde.

— Mas eu lhe disse que tenho treino às duas e meia!

— Michael — declarou ela —, eu jamais disse isso a você em toda a nossa vida de casados, mas agora sou eu ou o basquete. Se você não aparecer às duas e meia, saberei qual foi a sua escolha.

Não que fosse fácil para ele, mas, pela primeira vez em toda a sua carreira de treinador, o Treinador K faltou a um treino.

E ele admite que ir àquela consulta médica foi um momento decisivo em sua vida. Levou não apenas a um ano de afastamento do basquete para ficar bom, mas também a uma reorganização de suas prioridades e uma vida mais equilibrada.

O episódio da dor nas costas do Treinador K demonstra como os cônjuges, sobretudo as mulheres, podem intervir com uma espécie de amor duro em momentos críticos. Isto não quer dizer que esse apoio seja sempre fácil de aceitar. Nós nos expomos à vulnerabilidade quando somos obrigados a depender da assistência de outros — seja para falar de uma situação incômoda no trabalho, seja para ajudar alguém em uma tarefa específica. Eu tenho um amigo e colega cuja esposa me disse que ele vinha sofrendo fortes dores no peito, mas se recusava a consultar um médico, mesmo diante dos repetidos pedidos dela. Isso apesar de haver um histórico de doença cardíaca na família, uma vida sedentária e uma carreira no Centro de Controle e Prevenção de Doenças! Mandei a ele um *e-mail* censurando-o por não agir com mais juízo, ao que ele respondeu que os pedidos da esposa haviam funcionado — finalmente marcaria consulta com um médico.

Essas histórias ilustram o que eu chamo de padrão de apoio social do homem casado. Eles relatam que se sentem mais apoiados do que os solteiros. Por quê? Porque têm esposas! Estudos demonstraram que os homens casados obtêm quase todo o apoio emocional das esposas. Os homens sentem que recebem mais apoio das esposas do que vice-versa. A perda de um cônjuge tem um impacto mais negativo sobre a saúde de um marido do que sobre a de uma esposa num casamento. Os homens, com todo o seu apoio vindo das esposas, não tendem a ter muito a quem recorrer quando elas não estão mais ali. Assim, a boa notícia é que os homens casados em geral obtêm apoio social saudável das esposas. A não tão boa notícia é que eles não fazem muita coisa para complementar o apoio que recebem em casa.

Minha experiência de homem casado apóia perfeitamente a ciência. Antes de me casar, eu era muito autoconfiante, não buscava nem recebia muito apoio substancial, instrumental ou emocional. Tinha uns poucos amigos íntimos com os quais me comunicava raramente e inúmeras ligações frouxas com colegas e parceiros de basquete ao acaso. Em geral, não percebia que me faltava coisa alguma. Mas, após 15 anos de casamento, vejo tudo bem diferente. Há um conhecido ditado: "Eu fui rico e fui pobre, e rico é melhor." Bem, eu tive baixo e alto apoio, e alto é melhor. Elizabeth me oferece muito apoio instrumental, mostrando-me que não tenho de fazer tudo sozinho. Também me ensinou que me abrir mais com ela sobre assuntos emocionais não apenas me faz sentir melhor, mas também torna nossa relação mais forte. Devido ao seu encorajamento, meu estilo de vida é também mais saudável. Agora faço *checkups* com mais regularidade, tenho uma dieta mais saudável, tomo vitaminas, pratico ioga e tiro mais folgas no trabalho. Pelo exemplo dela, também vejo com mais clareza o valor da amizade.

Elizabeth está sempre disposta a oferecer ajuda e sabe na mesma hora quando alguma coisa me preocupa (às vezes, antes de eu mesmo saber). Aprendi que, embora *possa* cuidar de uma situação sem a ajuda ou o apoio dela, muitas vezes funciona *melhor* quando recorro ao apoio que ela oferece. Quando juntamos nossas cabeças para solucionar um problema, grande ou pequeno, o resultado em geral provavelmente não é aquele a que eu teria chegado sozinho. Não bastasse isso, sinto-me melhor depois de falar da questão com alguém que só pensa no que é bom para mim.

Tudo isso parece sensacional para os homens, mas onde deixa as mulheres? Felizmente, quando se trata da existência e do uso de laços sociais, as mulheres tendem a maiores redes sociais que os homens e recebem apoio de uma maior variedade de fontes. A rede de Elizabeth é um bom exemplo disso. Ela a descreveu para mim, a seguir:

A Rede Social de Elizabeth: Amor em Fuga

"Minha rede social se desenvolveu devagar, e suas características mudam constantemente. Minha personalidade apresenta uma espécie de dicotomia, porque fui criada como uma menina dolorosamente tímida, mas adoro ter amigos. Contudo, essa timidez inicial me deixou um déficit na categoria quantidade. Evoluí para uma adulta afetuosa e aberta, mas privada e cautelosa. Em conseqüência, tenho um pequeno círculo de amigos cuidadosamente cultivados.

Eu os amo muito, pois eles representam a pequena parte do mundo que me conhece e, ainda assim, me ama. Como os números são pequenos, uma redução nas fileiras tem efeitos estraçalhantes, como observou Norman.

"Minha melhor amiga, Brenda, começou como 'amiga de trabalho'. Raras vezes nos víamos socialmente, mas estávamos uma com a outra todo dia, falando sobre nossos problemas e tribulações de família nas folgas e saídas para o almoço. Nenhuma de nós vinha de famílias unidas, e começamos a preencher dimensões de apoio emocional uma para a outra. Na verdade, ela foi dama de honra quando eu e Norman nos casamos.

"Quando ela morreu de repente, fiquei arrasada. Senti-me como se minha *única* amiga me houvesse deixado. Senti-me sozinha, como o Pequeno Príncipe mostrado no desenho da capa daquela história infantil. Ninguém compreendia a profundidade e o grau da minha dor. Brenda fora a minha ligação com o mundo. Ela me justificava, cuidava de mim, me apoiava e ajudava muitas coisas a fazerem sentido. Sua morte me deixou sentindo-me alienada e desligada do mundo, e pensei muito seriamente que viveria o resto de minha vida sem outra amiga íntima. Sua morte foi como um terremoto emocional, teve tanto impacto em minha saúde física que minha menstruação parou durante seis meses. Como eu partilhava com ela uma amizade que não incluía nossas famílias, elas não entenderam o que me acontecia. Para piorar, durante vários anos após a sua morte eu me protegi contra novas amizades com outras mulheres, para evitar a dor de lembrá-la ou enfrentar outra perda.

"Acho que as mulheres dão grande valor às suas amigas, sobretudo aquelas cujas amigas se mostraram dignas de confiança, amorosas e solidárias em tempos difíceis, maus namorados e maus patrões. Nós oferecemos salva-vidas umas às outras apenas por estarmos juntas. Reconhecemos umas nas outras, e em nossas respectivas vidas, semelhanças que nos possibilitam enfrentar (ou aumentar o prazer de) nossas situações. Conheço mulheres mais velhas que brilham como uma luz no caminho para mim, e outras mais jovens que me mantêm ligada em minha juventude, permitindo-me ao mesmo tempo desenvolver meus próprios poderes de orientação. Minha opinião é que as mulheres não se dão bem por muito tempo sem suas amigas. Algumas de nós só compreendem isso após sofrerem uma perda como eu sofri, mas outras o sabem desde a escola. Fizemos amigas e nos agarramos a elas.

"Acabei desenvolvendo relações bem próximas com três outras mulheres, que também haviam perdido amigas. Elas fazem parte de um pequeno círculo de apoio, com dez amigas, que embora eu não veja regularmente são cada uma um componente essencial de minha rede social — e espero que eu seja o mesmo para elas. Amamos umas às outras de longe. Não saímos muito juntas por causa da distância, filhos, trabalho, ou outros compromissos, mas sabemos que podemos contar umas com as outras, e permanecemos juntas e em contato regularmente por *e-mail* e telefonemas interurbanos.

"Eu gostaria que nossa interação fosse mais freqüente, mas o melhor que podemos esperar é viver em tempos difíceis, correr atrás de sonhos e criar filhos. Nada substitui uma tarde com uma amiga íntima, para rir, contar segredos, dar conselhos, ganhar perspectiva e um abraço. Contudo, podemos assegurar nossa saúde física e emocional encontrando maneiras criativas e flexíveis de cultivar nossas amigas — e dar e receber o que precisamos."

As Irmãs Delany: Imunidade Social e Longevidade

As famosas irmãs Delany são uma perfeita ilustração da contínua imunidade social que oferece todo tipo de apoio imaginável. A relação entre Elizabeth (Bessie) e Sarah (Sadie) Delany pode ter ajudado a mantê-las vivas por mais de 100 anos. Nascidas numa família de irmãos muito unidos, elas formaram um laço ainda mais forte entre si, que as sustentou na travessia do racismo e sexismo do início da década de 1900. Com idades de 102 e 104 anos, fizeram a crônica de sua admirável relação no *best-seller Having Our Say*. Nessas memórias, Bessie escreveu: "Nós fomos as melhores amigas desde o primeiro dia."[22] O companheirismo que começou quando Sadie, a mais velha, tinha apenas dois anos proporcionou o apoio emocional que provavelmente contribuiu para a surpreendente longevidade das duas.

Viveram juntas a vida toda, evitando o casamento para seguir carreiras duramente conquistadas.

Não apenas viveram muito; viveram bem. Bessie foi a segunda negra licenciada para praticar odontologia no estado de Nova York. Sadie foi a primeira pessoa negra a ensinar ciência doméstica em ginásios da cidade de Nova York.

Toda a família se distinguiu por feitos notáveis. Cada irmão teve uma carreira profissional, que abrangeu os campos da odontologia, ciência, música e direito. Os laços que se criaram como crianças sem dúvida contribuíram para o sucesso deles no que só se pode descrever como um ambiente hostil e repressivo. No livro, Sadie explica: "Todos dependíamos uns dos outros. Durante todos os anos em que vivemos no Harlem, desde a Primeira Guerra Mundial até Bessie e eu nos mudarmos para o Bronx, após a Segunda Guerra Mundial, todos os irmãos e irmãs se viam pelo menos uma vez por dia."

A notável relação entre Bessie e Sadie deu-lhes uma vantagem que fez delas as únicas dos irmãos a chegarem à marca do século. A co-autora do livro, Amy Hill Hearth, explicou: "Elas pareceram ter vencido a velhice, ou chegado tão próximo quanto alguém chegará um dia. É claro que encontraram a fonte de sua vitalidade na companhia uma da outra..."

Bessie continuava subindo em árvores para colher ameixas aos 98 anos. Sadie foi autora de *On My Own at 107* [Sozinha aos 107 anos], após a morte de Bessie aos 104 anos. Em 1999, Sadie morreu e juntou-se mais uma vez a Bessie, aos 109 anos.

A Segurança nos Números

A neve caíra sobre a grande Washington, capital, ajudando a criar o clima do Natal, a apenas poucos dias da data. A festa natalina de nossa amiga Angie é uma terra de maravilhas mesmo sem a neve — abundam as decorações, os presentes, e realmente existe a efusiva "alegria da estação". O zunzum do Natal foi varado por um telefonema do avô à filha June, mãe de Angie, para dizer que sentia dores no peito.

"Provavelmente apenas uma indigestão", tinha certeza.

June chamou a filha para ir à sua casa imediatamente cuidar dos netos, que estavam de visita, para que ela pudesse ver o avô. Em vez disso, Angie foi direto ao velho e encontrou-o ainda se queixando de desconforto e atribuindo-o à indigestão. June, sua irmã Endia e a esposa do avô juntaram-se imediatamente a Angie. Perguntaram a ele sobre comidas que pudessem ter causado uma perturbação estomacal e avaliaram quaisquer sintomas que sugerissem algo mais sério. Embora ele parecesse melhor, as quatro parentes que tinham ido socorrê-lo se reuniram para decidir o que fazer. Apesar das alegações de indigestão, decidiram ligar para 911. Essa decisão coletiva salvou a vida dele. Menos de cinco minutos depois da chegada dos paramédicos do pronto-socorro, quando eles ainda tomavam seus sinais vitais, o avô revirou os olhos para trás e perdeu a consciência. Sofreu uma parada cardíaca. Durante os poucos minutos seguintes, a equipe do pronto-socorro trabalhou para trazê-lo de volta à vida, usando um desfibrilador e injeções de adrenalina para reavivar seu coração. A intervenção a tempo foi bem-sucedida, como o foi a cirurgia mais tarde, no mesmo dia. No dia de Natal, cinco após o ataque, o avô de Angie comemorou-o com cinco parentes e amigos, que apareceram no hospital para uma visita. Sua vida provavelmente foi salva pela bem desenvolvida rede de apoio familiar e a rápida decisão tomada. O avô tinha pessoas na vida que estavam à sua disposição em situações de crise e com as quais podia contar, nesse caso para uma decisão que lhe salvou a vida. Ter uma grande rede social pode fazer uma grande diferença para as pessoas que sofrem de doenças crônicas ou terminais, sobretudo as que necessitam de substancial assistência. As demandas de apoio instrumental nesses casos podem ser física e emocionalmente extenuantes, mesmo para os dedicados assistentes, que podem apagar depressa.

Lynn Mazur via que a família de sua amiga Karen Hills, que combatia um linfoma, precisava de descanso. Ela própria sobrevivente de um câncer, Karen conhecera Lynn num grupo de apoio e se inspirara no livro *Share the Care*[23] para organizar um grupo de 20 a 30 famílias e amigos que interviriam quando e como pudessem para ajudá-la. É uma espécie de visão comercial baseada num modelo de administração de projeto para criar o que os autores chamam de "famílias engraçadas" — substitutas das grandes famílias de outra era. O segredo é que ninguém tem de fazer tudo, mas todos podem ajudar um pouco. Os assistentes no grupo se valem do apoio e da compreensão uns dos outros, sentem-se menos impotentes por terem papéis definidos e aliviados por terem tarefas específicas para realizar em momentos específicos. Nas famílias engraçadas, as pessoas oferecem sua habilidade de acordo com o tempo de que dispõem, sabendo que suas contribuições, sobretudo quando acrescentadas às do grupo, fazem uma significativa diferença. Lynn reuniu pessoas, com base numa lista de Karen, que podiam limpar, fazer compras, pagar contas, ser mensageiras, ajudar com a fisioterapia da doente e levar o filho dela para atividades na escola e após a escola. Algumas pessoas ajudavam-na na escrita do diário, liam para ela, encontravam aparelhos que a deixaram mais confortável ou faziam qualquer outra coisa de que ela precisasse. Lynn dava todos os telefonemas, instalou uma mesa telefônica e estabeleceu "capitães de equipe", que entravam em contato com cada membro da família de Karen toda semana para determinar suas necessidades e atribuir tarefas. A família engraçada logo estava atuando suavemente e tornou-se "uma extensão funcional da casa [de Karen]". Infundia energia e possibilitava-lhe interagir mais com a família nos dias finais. Lynn sente uma profunda saudade da amiga, claro, e lamenta que ela jamais tivesse podido ver a rampa para cadeira de rodas que a família engraçada estava construindo. Sua satisfação é que a amiga "(...) pôde partir em seus próprios termos, sabendo muito bem que era amada". A família engraçada de Karen está disposta a entrar em ação de novo para oferecer apoio social essencial a mais alguém quando necessário. Uma das capitãs de equipe, Jackie St. Martin, disse:

"Faria isso de novo sem sequer pensar. Faria pela amiga de uma amiga. Faria até para um estranho."[24]

SENDAS PARA A SAÚDE: COMO SE ENTRANHA O APOIO SOCIAL?

Em 1994, Morrie Schwartz, que ficou famoso com o álbum-livro de Mitch Albom *Tuesdays With Morrie*, foi diagnosticado com o mal de Lou Gehrig ou, mais tecnicamente, esclerose lateral amiotrópica

(ALS, em inglês). A doença, que surgiu quando ele estava na casa dos 70 anos, começou a destruir lentamente seu sistema neurológico, acabando por deixá-lo incapaz de usar o corpo, embora a mente continuasse completamente alerta. Neste trecho do livro, Morrie explica o valor dos laços sociais:

> Digamos que eu fosse divorciado, ou vivesse sozinho, ou não tivesse filhos. Essa doença — o que estou passando — seria muito mais difícil. Não sei se conseguiria. Claro, as pessoas viriam me visitar, amigos, associados, mas não é o mesmo que ter alguém que não vai embora. Não é o mesmo que ter alguém que a gente sabe que está de olho na gente o tempo todo.
>
> Isto é parte do que é uma família, não apenas amor, mas deixar outros saberem que alguém vela por eles. É o que tanto me faltou quando minha mãe morreu [ele ainda criança] — o que eu chamo de "segurança espiritual" —, saber que a família estará ali velando pela gente. Nada mais nos dá isso. Nem dinheiro. Nem fama... nem trabalho.[25]

Agora que sabemos que o apoio social melhora a saúde, a questão é: Como? Por que saber que alguém "vela pela gente", como diz Morrie Schwartz, se traduz em benefício para a saúde? Uma das respostas é que as relações sociais afetam outros elementos da nova definição de saúde. As pessoas socialmente integradas, em virtude de suas relações, têm estilos de vida em geral mais saudáveis: é menos provável que consumam álcool em excesso, fumem ou vivam vidas sedentárias, e é mais provável que façam *checkups* e tomem os remédios prescritos. As pessoas com fortes relações têm menos probabilidade de ficar deprimidas e são menos susceptíveis aos desagradáveis efeitos da tensão.[26] A última pesquisa agora sugere que nossos relacionamentos têm um efeito direto sobre a biologia.

As Relações Mudam a Biologia

Para que as relações sociais afetem a doença e a longevidade, têm de, em algum ponto, influenciar a biologia. Mas que processos biológicos são afetados, e de que forma? É verdade mesmo que os laços sociais reduzem a resistência do hospedeiro de forma a aumentar a susceptibilidade a doenças? Apesar da gama de pesquisas que demonstra que o apoio social se relaciona com *resultados* de saúde, sua credibilidade no mundo médico como fator de risco repousa em grande parte em seus efeitos sobre *mecanismos* biológicos. Nas últimas décadas surgiram estudos que demonstram as generalizadas conseqüências para a biologia da existência ou não de laços sociais.[27] Relacionamos a seguir, algumas delas:

As relações prevêem a hipertensão. Uma das formas como o baixo nível de apoio social afeta a doença cardíaca é por seus efeitos na pressão sangüínea e na hipertensão. Num estudo de pesquisadores da Universidade da Carolina do Norte, avaliou-se o apoio instrumental e emocional em 2 mil afro-americanos e brancos, para determinar os efeitos na pressão sangüínea. Altos níveis de apoio instrumental relacionavam-se significativamente com baixa predominância de hipertensão em afro-americanos, grupo que se sabe ter alta susceptibilidade a essa desordem.[28]

As relações prevêem arteriosclerose. No estudo de Risco Coronário Feminino de Estocolmo, 130 mulheres foram hospitalizadas após ataque cardíacos e receberam detalhados exames cardíacos, que incluíram uma angiografia coronária, teste usado para determinar o volume de bloqueio nas artérias coronárias. Após descontarem-se estatisticamente fumo, educação, *status* da menopausa, hipertensão, colesterol e massa sangüínea, os dados mostraram que as mulheres menos socialmente integradas tendiam a ter mais artérias bloqueadas e significativamente mais bloqueios sérios do que as mais socialmente integradas. Artérias bloqueadas são sérios precursores de ataques cardíacos.[29]

As relações afetam o *status* do sistema imunológico. Pesquisadores da Universidade do Estado de Ohio descobriram que, em comparação com as pessoas que não prestam assistência, os indivíduos que cuidam de membros da família com a doença de Alzheimer relatam altos níveis de tensão crônica e têm respostas imunológicas prejudicadas. Isso inclui volumes mais baixos de células matadoras naturais, as células B e T, e menores respostas a vacinas. O apoio social, porém, reduz esses efeitos indesejados. Embora os assistentes mostrem um certo declínio no funcionamento imunológico, os que têm níveis mais altos de apoio emocional apresentam declínios menores que os com menos apoio emocional.[30]

Vários estudos também constataram que o apoio social ajuda a reforçar o sistema imunológico em pessoas soropositivas. Num dos estudos, acompanhou-se a saúde de homens contaminados com HIV durante cinco anos. No primeiro ano, os homens com alto e baixo apoios social e emocional não diferiam em contagens de CD4, um medidor-chave do sistema imunológico. Após quatro anos, os que tinham alto apoio mostraram um declínio de 24% na contagem de CD4, em comparação com um declínio de 46% nos de baixo apoio. Após cinco anos, a contagem de CD4 no grupo de alto apoio declinara 37%, e no de baixo, 46%.[31]

As relações prevêem níveis de hormônio de tensão. Como parte do estudo MacArthur de Velhice Bem-sucedida, a Dra. Teresa Seeman e seus auxiliares mediram hormônios de tensão em homens e mulheres relativamente mais velhos.[32] Após descontarem idade, doença crônica, peso, cigarro e uso de remédios, descobriram que, em comparação com os homens de mais baixo apoio emocional, os de alto apoio tinham menores níveis de cortisol, norepinefrina e epinefrina — hormônios produzidos pela tensão.

As relações prevêem respostas cardiovasculares à tensão. Uma fascinante linha de pesquisa sobre a biologia do apoio social é a manipulação experimental desse apoio em estudos de laboratório. Nesses estudos, pediu-se a voluntários que realizassem desafiadoras tarefas mentais — como resolver problemas matemáticos de cabeça, fazer discursos improvisados ou participar de debates —, enquanto os pesquisadores mediam sua atividade fisiológica. Alguns dos voluntários realizaram a tarefa sozinhos, e outros receberam alguma forma de apoio social. O tipo de apoio social dispensado variou consideravelmente durante os estudos. Em alguns estudos, foi a silenciosa presença de um amigo enquanto o voluntário executava a tarefa. Em outros, foi um estranho que dava um estímulo quando o voluntário trabalhava. Independente de como se manipulou o apoio social, a meta era a mesma: determinar se a presença (ou ausência) de uma pessoa apoiando muda a magnitude das respostas cardiovasculares à tensão. A maioria dos estudos, mas não todos, constata que sim. É importante demonstrar os efeitos do apoio social em respostas cardiovasculares, uma vez que respostas desse tipo podem aumentar o risco de doença cardíaca.[33]

Em um desses estudos, na Faculdade de Medicina de Cornell, havia universitários homens e mulheres participando de um debate sobre um tema polêmico, como o aborto, com ou sem a presença de apoio social. Na condição sem apoio, os participando tinham de defender suas posições sobre o aborto enquanto dois estranhos atacavam suas opiniões e um terceiro observava passivamente. Na condição com apoio, o terceiro estranho fazia comentários e gestos de apoio quando os participantes defendiam seus pontos de vista. Os participantes que não recebiam apoio tinham maiores aumentos na pressão sangüínea sistólica e diastólica e nas batidas cardíacas que os que recebiam.

Está claro, por esses tipos de estudos, que as relações sociais determinam nossa saúde por meio de várias sendas: afetam o comportamento de nossa saúde, nossas emoções e nossa susceptibilidade à doença. Mas todos sabemos que laços sociais íntimos não são sempre positivos. Vamos dar uma olhada no lado potencial negativo de amigos e da família.

Capítulo 7

Bênçãos Complexas: A Complexidade dos Relacionamentos Sociais

Apesar dos aspectos positivos, benéficos à saúde e à vida, as ligações sociais apresentam um paradoxo. Podem servir como nossa maior fonte de alegria e gênese de grande parte de nosso desespero. São rotas para piques e sendas emocionais que levam ao abismo psíquico. Ao mesmo tempo, aliviam e produzem tensão.

Em seu livro, *Love and Survival*, o Dr. Dean Ornish fornece aos leitores um vislumbre dos enigmas das relações. Sobre as relações com seus pais, ele escreve:

> Criado em minha família, como em muitas outras, a mensagem tácita de meus pais era: "Você não existe como uma pessoa separada; é uma extensão de nós. Portanto, tem uma grande capacidade de nos causar alegria ou dor. Aja direito e teremos muito orgulho de você. Se realmente bagunçar tudo, nós *realmente* sofreremos — e se sofrermos o bastante, morreremos e o deixaremos inteiramente só. Como você não existe separado de nós, se morrermos, você também morrerá. E será culpa sua."

O Dr. Ornish diz a seguir que, ao saber da sua decisão de tirar um ano da faculdade de medicina para fazer pesquisa, os pais lhe disseram: "Mas não é irônico? Você quer largar a faculdade de medicina para fazer pesquisa sobre a tensão e o coração, e está nos causando ataques cardíacos!"

Segundo a Dra. Lisa Berkman: "O apoio não é sempre um final feliz, uma questão do que se pode obter; importa mais estar encaixado em todo o sistema social — numa sociedade, numa comunidade, em relações. Isso pode ser um verdadeiro fardo, mas ninguém disse que o fardo não é o que interessa de fato. Porque esse *é* o sentido da ligação. Trata-se de uma inter-relação de dar e receber, que é o que é o amor, o que é a intimidade. Não se trata apenas de conseguir apoio; trata-se de saber que se pode contar com alguém e que alguém pode contar com a gente."[1] Para isso, às vezes pode-se pôr à disposição quando não é conveniente.

Relações Sociais Insalubres

Os laços sociais também podem ser tóxicos. Quando uma relação reforça opções de vida insalubres, é tudo, menos salutar. Nossas relações servem como fontes de informação e normas culturais, papéis-modelo que formam o contexto social de nosso comportamento. As pessoas mais inclinadas a comportamentos insalubres, como fumar, tomar drogas ilícitas, excesso de álcool ou comer demais, muitas vezes formam laços sociais que exacerbam seus problemas. Por exemplo, um dos maiores determinantes da iniciação do uso de cigarro pelos adolescentes é se seus pares fumam.[2]

Do mesmo modo, a maioria de nós teve a experiência de alguém da família ou amigos bem-intencionados nos dando conselhos quando não os queríamos nem necessitávamos, ou era o conselho certo na hora errada, ou era dado de uma forma que aumentava nosso fardo, em vez de diminuí-lo. Laços sociais estreitos podem ser estimulantes, mas também podem abrir a porta para a crítica destrutiva e as cobranças excessivas. Em sua abrangente análise da literatura científica sobre esta questão, os Drs. Matt Burg, da Universidade de Yale, e Teresa Seeman, da UCLA, relatam estudos de pacientes de câncer e pessoas enlutadas que sentem os esforços de outros como inúteis ou angustiantes. De vez em quando, essa ajuda pode levar a sentimentos de culpa e angústia, pela incapacidade de retribuir; a pessoa sente que deve dar alguma coisa em troca, mas não pode. Os pacientes de câncer, em particular, podem ter sentimentos de dependência ou impotência quando recebem ajuda. A pesquisa também descobriu que receber apoio social pode estar associado a maiores sentimentos de depressão. Por outro lado, alguns pacientes de câncer ficam mais angustiados quando não têm o apoio que esperavam de amigos.[3]

Um recente trabalho do Estudo MacArthur de Velhice Bem-sucedida descobriu que pessoas mais velhas com maiores níveis iniciais de auxílio instrumental corriam maior risco de contrair novas invalidezes num período de dois anos.[4] Não se tratava de as pessoas mais inválidas exigirem mais assistência, o que muitas vezes acontece: era que *altos níveis de assistência precediam e eram um previsor-chave da comunicação de novas invalidezes por elas.*

Por que esse tipo de apoio instrumental estaria relacionado com maiores invalidezes com o tempo? A Dra. Teresa Seeman acredita que pode haver explicações psicológicas e fisiológicas. Diz que, "como já há um estereótipo social de que envelhecer está inevitavelmente associado a maior invalidez e reduções de funcionamento, o recebimento de assistência engendra a crença na pessoa velha de que precisa realmente de ajuda e de que não pode fazer certas coisas sozinha, como se idade fosse igual à enfermidade por definição. E lembre-se, nós medimos a invalidez *comunicada pela própria pessoa*, de modo que isso se baseia mais nas crenças [das pessoas] que [em] capacidades objetivas. Talvez seja verdade que grande parte do apoio instrumental, embora bem-intencionado, haja solapado seu senso de auto-eficácia para fazer certas coisas por si mesmas. É quase como se os pacientes dissessem: 'Bem, eles acham que eu preciso desta ajuda, logo eu acho que preciso mesmo.'"

Lisa também acha que pode haver uma explicação fisiológica para o apoio estar associado com uma maior incapacidade.

"Quando os adultos mais velhos recebem mais ajuda instrumental, não são obrigados a fazer muitas coisas por si mesmos, o que leva a menos esforço físico real. Se um maior apoio instrumental resulta em menos atividade dos beneficiários, eles podem na verdade perder algumas capacidades funcionais, devido a [o fato de] que estão usando menos seus músculos. A pesquisa com adultos mais velhos indica que, se os músculos não são usados, na verdade pode-se perdê-los."

A Perda da Ligação: Quando os Casamentos Fracassam

Talvez não haja mais clara expressão da complexidade das relações sociais que o laço conjugal. O casamento, como já observei, traz significativas vantagens à saúde de ambos os cônjuges. Mas não é de jeito nenhum uma panacéia. Pode introduzir fatores bastante prejudiciais à saúde. Na verdade, o conflito conjugal — separação, divórcio e viuvez — pode ter um efeito devastador sobre o bem-estar emocional e se classifica entre os fatos mais estressantes da vida. Quando os pais se divorciam, os filhos podem ser colhidos no meio, o que muitas vezes tem conseqüências emocionais e para a saúde que duram a vida inteira.

O Dr. Howard Friedman e colegas da Universidade da Califórnia, em Riverside, ofereceram algumas das mais claras provas dos efeitos a longo prazo do divórcio nos filhos e das conseqüências do nosso próprio divórcio.[5] A equipe de Friedman estudou dados do famoso Estudo do Ciclo de Vida Terman, com talentosos meninos e meninas pré-adolescentes quando se tornavam adultos. *As crianças com menos de 21 anos quando os pais se divorciaram tinham uma porcentagem 30% mais alta de risco de morte* do que as pessoas cujos pais permaneceram casados. Quando se projetaram essas descobertas por todo o período de vida, *os homens e mulheres cujos pais se divorciaram quando eles eram crianças viveriam uma média de quatro anos menos* do que aqueles cujos pais continuaram casados.

Isso já é em si espantoso, mas o que acontece à saúde quando casamentos se dissolvem? Para responder a esta pergunta, Friedman e seus auxiliares classificaram os "cupins" que haviam alcançado os 40 anos ou mais em quatro grupos:

1. Os firmemente casados.
2. Os inconsistentemente casados (isto é, casados, mas não no primeiro casamento).
3. Os que nunca se casaram.
4. Os separados, enviuvados ou divorciados (embora houvesse muito poucos viúvos no grupo).

De modo não muito surpreendente, os firmemente casados tinham as mais baixas taxas de morte prematura. É interessante salientar que aqueles que jamais se casaram tinham um perfil de mortalidade semelhante, *se* tinham uma rede social para compensar. As conseqüências do divórcio eram impressionantes. *As mulheres divorciadas tinham 80% mais probabilidades de ter morrido, enquanto os homens divorciados tinham um gritante aumento de 120% de risco de morte, em comparação com os homens casados.* Como as mulheres têm mais alternativas para dar e receber apoio, os estudos mostram que a perda de um marido é menos deletéria ao seu bem-estar emocional e físico.[6]

Por mais impressionantes que sejam tais estudos, o que realmente surpreendeu foi o que aconteceu com os inconsistentemente casados. Embora tornassem a se casar, os homens e mulheres desse grupo tinham *um risco de morte 40% maior* do que aqueles de casamentos estáveis. Parecia que as conseqüências negativas do divórcio eram trazidas, sem ser canceladas, para o novo casamento. Segundo os autores: "Essa descoberta sugere que pode não ser o efeito do casamento como um amortecedor contra a tensão que importa sempre. Em vez disso, parece haver um efeito prejudicial do divórcio anterior que não é eliminado quando o indivíduo torna a se casar."

Claro, o contexto do divórcio é mais complicado do que apenas a perda de apoio social. Nem tudo é cor-de-rosa dentro de um casamento no tempo que leva à separação ou ao divórcio. O conflito prevalece, e os sentimentos negativos imperam. A tensão do conflito conjugal pode causar profundas reduções na atividade do sistema imunológico, o que abre portas à susceptibilidade à doença. Pesquisadores da Universidade do Estado de Ohio, chefiados pelos Drs. Janice Kiecolt-Glaser e Ronald Glaser, vêm estudando os efeitos biológicos do conflito conjugal há quase 20 anos. Em seus estudos, os casais casados são admitidos na unidade de pesquisa de um hospital por 24 horas, passam por testes psicológicos e recebem questionários de avaliação de satisfação conjugal e humor. Na parte laboratorial do estudo, fazem-se discretamente medidas biológicas (por exemplo, usando cateteres para tirar continuamente amostras de sangue) dos casais empenhados em 30 minutos de conflito conjugal. Quer dizer, com base em entrevistas anteriores e nas respostas dos questionários dos casais. Os pesquisadores pedem-lhes que discutam e tentem resolver duas ou três questões julgadas causadoras de mais conflito. As interações são gravadas em videoteipe e classificadas segundo um sistema de código chamado de Sistema de Código de Interação Conjugal (MICS, em inglês). O MICS mede o grau de hostilidade e os comportamentos negativos exibidos, que incluem coisas como críticas, interrupções, esbregues, negação de responsabilidade, desculpas e desaprovações. Uma das descobertas mais consistentes é que, quanto mais os casais exibem esses comportamentos negativos e hostis, maiores os níveis de hormônio da tensão e menores as respostas do sistema imunológico.[7] Seja maior tensão ou falta de apoio emocional, a verdade é que estar num casamento ou em qualquer relação interpessoal íntima pode trazer riscos à saúde, e não apenas vantagens.

ESTAMOS NOS DESLIGANDO?

Por mais importantes que sejam as relações sociais para a nossa saúde, é espantoso que estejamos cada vez *menos* ligados uns aos outros. Tornamo-nos cada vez mais uma sociedade isolada e solitária, como provam as impressionantes quedas nas últimas duas ou três décadas em atividades como envolvimento cívico, voluntariado, filantropia e participação religiosa, e em nossa visão a respeito dos outros como confiáveis e honestos. Nossa participação em atividades familiares e reuniões sociais com amigos também caiu muito. Gastamos cada vez mais nosso tempo em atividades solitárias, em vez de interpessoais. Vejam essas estatísticas de *Bowling Alone*, do professor Dr. Robert Putnam, de Harvard.[8]

- Nas últimas duas décadas houve uma queda de 45% na freqüência à casa de amigos ou em visitas mútuas em suas casas.
- Entre 1981 e 1999, houve uma queda de 90% na freqüência média a jogos de baralho entre adultos americanos, uma atividade intrinsecamente social.

- O envolvimento em atividades religiosas e a freqüência à igreja caíram entre 25 e 50% nas últimas quatro décadas, praticamente eliminando a explosão de participação religiosa imediatamente após a Segunda Guerra Mundial.
- Nas últimas duas décadas, a porcentagem de famílias que jantam regularmente juntas caiu em aproximadamente um terço, de 50 para 34%.
- A participação em organizações cívicas, de voluntariado e relacionadas ao trabalho (isto é, sociedades profissionais, sindicatos) caiu significativamente nas décadas recentes.
- Outrora padrão na vida social americana, até a liga de boliche começa a desaparecer. Entre 1980 e 1993, a participação em ligas de boliche diminuiu mais de 40%. Contudo, o boliche individual cresceu 10% no mesmo período.
- Entre 1960 e 1999 houve uma queda de 20% no número de pessoas que admitiam que "se pode confiar na maioria das pessoas", com quedas comparáveis nos que diziam "a maioria das pessoas é honesta".

Estes e outros índices de envolvimento e visão comunitários e sociais formam o que os cientistas sociais chamam de "capital social". Como se pode ver pelas estatísticas acima, o capital social tem declinado. Os cientistas não sabem precisamente o motivo, mas acreditam que é atribuível a uma combinação de fatores, como gente passando mais tempo na Internet, aumento na audiência à televisão, pressões econômicas, que exigem mais tempo no trabalho e mais casas com duas carreiras, e menos envolvimento social entre as novas gerações. A queda na ligação social é mais do que sociologia interessante — exerce grande influência no funcionamento de nossa sociedade. Para começar, as comunidades de maior capital tendem a ser melhores lugares de moradia para todos os seus cidadãos. Como exemplo, oferecem mais oportunidades e melhores resultados para crianças em várias medidas de seu bem-estar, bairros mais seguros e produtivos, melhor prosperidade econômica e engendram mais conforto para os que vivem lá. Mais importante ainda, as comunidades de alto capital social são também mais saudáveis.[9]

União, Confiança e Longevidade

O Dr. Ichiro Kawachi, da Escola de Saúde Pública de Harvard, é a principal autoridade em aspectos médicos do capital social. Em dois estudos pioneiros, ele e seus colegas examinaram se medidas em âmbito estadual de envolvimento e confiança cívicos se relacionam com a saúde física e a longevidade. Os estudos trataram de uma questão-chave relacionada à ligação social: os moradores de estados de mais alta "sociabilidade" e confiança vivem mais que os de outros estados? Os pesquisadores analisaram dados de 30 estados que faziam parte das enormes Pesquisas Sociais Gerais (GSS, em inglês), feitas pelo Centro Nacional de Pesquisa de Opiniões e pelo Sistema de Vigilância do Fator de Risco Comportamental (BRFSS, em inglês), do Centro de Controle e Prevenção de Doenças. Para tratar da questão da sociabilidade, Kawachi usou os dados do GSS para classificar cada estado na medida em que seus moradores, em base *per capita*, entravam em organizações cívicas, incluindo grupos esportivos e religiosos, sindicatos operários, fraternidades e sociedades, e grupos de *hobby*, entre outros. O envolvimento comunitário foi do mais baixo no Arkansas, 1,2 grupo *per capita*, ao mais alto em Dakota do Norte, 3,5 grupos. Os pesquisadores descobriram que, em 1990, o envolvimento comunitário era inversamente relacionado à mortalidade. Quanto maior a filiação *per capita* em grupos, menor o número de mortes em âmbito estadual por todas as causas combinadas e mortes por doenças cardíacas, câncer e mortalidade infantil, quando examinados separadamente. Surpreendentemente, cada aumento de uma unidade em filiação em grupo *per capita* estava associado a 66 menos mortes para cada 100 mil pessoas.[10]

Do mesmo modo, usando dados do BRFSS, que envolveram 167 mil participantes, os pesquisadores descobriram que os indivíduos de estados de capital social mais baixo tinham significativamente mais probabilidade de classificar sua saúde como "ruim ou mais ou menos" do que os de estados de capital social mais alto.[11]

No estudo do GSS, Kawachi e seus colegas também procuraram determinar se a confiança em âmbito estadual previa a morte. Para avaliar a confiança, perguntou-se aos participantes se acreditavam que avaliações como aquela eram autênticas: "Pode-se confiar na maioria das pessoas", "Todo cuidado é pouco ao tratar com as pessoas", "A maioria das pessoas tentaria tirar vantagem de você se pudesse". O nível de confiança social previa fortemente a mortalidade. Como mostra a Figura 7, os estados com porcentagens mais altas de pessoas acreditando que "A maioria das pessoas tentaria tirar vantagem de você se pudesse" eram também estados com a mais alta

Figura 7: Capital Social e Mortalidade (adaptado de Kawachi et al., 1999)

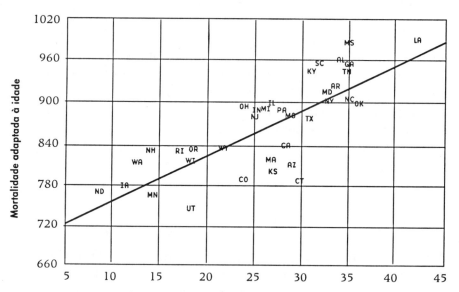

Resposta Percentual: A maioria das pessoas tentaria tirar vantagem de você se pudesse.

AL - Alabama, AK - Alaska, AZ - Arizona, AR - Arkansas, CA - Califórnia, CO - Colorado, CT - Connecticut, DE - Delaware, FL - Flórida, GA - Geórgia, AI - Havaí, ID - Idaho, IL - Illinois, IN - Indiana, IA - Iowa, KS - Kansas, KY - Kentucky, LA - Louisiana, ME - Maine, MD - Maryland, MA - Massachusetts, MI - Michigan, MN - Minesota, MS - Mississípi, MO - Missouri, MT - Montana, NE - Nebraska, NV - Nevada, NH - New Hampshire, NJ - Nova Jersey, NM - Novo México, NC - Carolina do Norte, ND - Dakota do Norte, NY - Nova York, OH - Ohio, OK - Oklahoma, OR - Oregon, PA - Pensilvânia, RI - Rhode Island, SC - Carolina do Sul, SD - Dakota do Sul, TN - Tennessee, TX - Texas, UT - Utah, VT - Vermont, VA - Virgínia, WA - Washington, WV - West Virgínia, WI - Wisconsin, WY - Wyoming.

mortalidade. Como acontece com o envolvimento comunitário, os maiores níveis de confiança social se relacionavam com menos mortes por todas as causas combinadas, e por causas individuais como doença cardíaca, câncer, derrame, homicídio e mortalidade infantil.[12]

Kawachi acredita que coisas como capital social contam para a saúde porque pode ser um análogo em nível comunitário a conceitos como apoio e ligação social. Quer dizer, é possível caracterizar as *comunidades* como tendo redes mais densas de ligação social, ou mais altos níveis de coesão e solidariedade, exatamente como é possível caracterizar os *indivíduos* como socialmente isolados ou bem relacionados. Embora seja possível traçar paralelos entre apoio social em níveis individual e comunitário, Kawachi acredita que o capital social tem um efeito separado e independente sobre a saúde das pessoas — acima e além de seus níveis individuais de sociabilidade. Ele declara que "o indivíduo pode ser socialmente isolado, mas, ainda assim, beneficiar-se do nível de ligação social entre os vizinhos, porque os vizinhos vigiam as casas uns dos outros para impedir crimes, ou porque podem dar uma ajuda na limpeza de calçadas cobertas de neve, ou organizar-se para melhorar a qualidade das escolas, impedir que se instalem lanchonetes no bairro, ou fazer pressão contra o fechamento de um posto do corpo de bombeiros local".

Conclusão da Parte III

Quando se trata de saúde, as relações realmente contam. Contudo, esta afirmação de um fato científico não nos diz o que devemos fazer, que medidas devemos tomar para melhorar ou prevenir a doença. Eu me vi recentemente diante desse dilema quando trabalhava num serviço de alto-falantes para uma proposta campanha de televisão sobre relações sociais e saúde. Meus colegas e eu queríamos comunicar a uma vasta audiência os efeitos benéficos à saúde dos laços sociais, mas lutávamos com a amplitude de nossa mensagem: que formas específicas de laços sociais se devem defender? Devemos dizer às pessoas que façam novos amigos, arranjem um confidente, tornem-se menos isoladas socialmente, casem-se, fiquem casadas, passem mais tempo com a família ou dêem e se abram mais para receber a ajuda dos outros? Debatemos cada uma das opções cientificamente válidas, mas percebemos que cada uma delas não se aplicava a todos os indivíduos o tempo todo. Por exemplo, e as pessoas socialmente isoladas por doença ou invalidez? Dizer-lhes que se tornassem menos socialmente isoladas por sua saúde podia pôr um fardo indevido em seus ombros. As pessoas casadas em média têm melhor saúde e vivem mais do que as solteiras, mas os maus casamentos com muitos conflitos são biologicamente tóxicos — também aqui, porém, o divórcio pode ter conseqüências negativas para a saúde. Ter uma grande rede social em geral é bom sob a perspectiva da saúde, mas estar encaixado numa grande rede também pode ser incômodo e uma fonte de tensão. O que fazer?

Quando se trata de relações sociais, talvez seja melhor reconhecer seus bem conhecidos benefícios sociais, ao mesmo tempo apoiando-se naquele velho ditado da década de 1960: "Se parece bom, vá fundo." Com isso, não estou sugerindo que caiamos no hedonismo, mas que sejamos sensíveis ao valor intrínseco e à natureza emocionalmente compensadora das relações, além do seu efeito sobre a saúde. Muito simplesmente, ocorre um fio comum de experiência quando estamos com pessoas com as quais queremos partilhar experiências. Esse fio comum são as sensações de ligação, proximidade, amor, altruísmo, segurança e senso de que ali é nosso lugar. É provável que o subproduto dessas sensações beneficie a saúde e a longevidade.

Temos muito mais a aprender cientificamente sobre relações sociais e saúde. A questão realmente importante parece ser a seguinte: se você ensinar às pessoas de poucas relações sociais maneiras de aumentá-las, isso melhorará sua saúde no longo prazo? Parece que a resposta óbvia é sim, e há alguns indícios em pesquisas com pacientes de câncer no sentido de que intervenções de grupos de apoio podem de fato aumentar a longevidade.[13] Mas as pesquisas sobre os efeitos no longo prazo das intervenções de grupos de apoio em grandes estudos nacionais aleatórios apenas começam a evoluir.

A próxima parte deste livro descreve outro determinante da saúde que se encaixa sob a rubrica maior de "fatores sociais". Especificamente, trata de uma das mais antigas e intrigantes descobertas em epidemiologia: a de que a posição de uma pessoa na escala econômica está entre os mais fortes determinantes de sua saúde.

PARTE IV

REALIZAÇÃO PESSOAL E IGUALDADE: APRENDER, GANHAR E SOBREVIVER

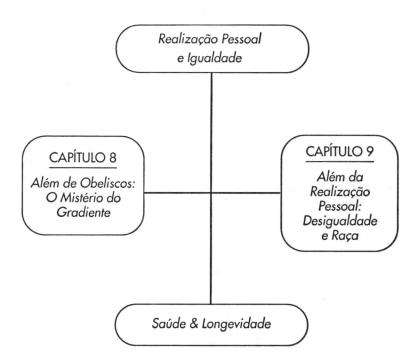

Aprender é (...) um refúgio na adversidade e uma provisão na velhice.
— Aristóteles

Nossa desigualdade materializa nossa classe alta, vulgariza nossa classe média, brutaliza nossa classe baixa.
— Matthew Arnold

A foto de um antigo cemitério localizado nos arredores da Necrópole da Catedral, na Escócia, foi motivo de um incomum e cuidadoso estudo, que destaca em termos brutos um dos mais poderosos determinantes de nossa saúde hoje — a riqueza.

O estudo foi feito no início da década de 1990 pelo pesquisador escocês Dr. George Davey Smith, que usou o cemitério para responder a uma pergunta simples mas estranha: O tamanho das lápides, em forma de obelisco, pode revelar algo sobre a longevidade do falecido? Para responder a esta pergunta, ele comparou a altura de cada lápide com a idade da pessoa enterrada quando morreu. O que descobriu foi uma impressionante correlação entre a altura das lápides e as idades na morte. Quanto mais alta a lápide, mais longa a vida. Homens e mulheres lembrados nas lápides mais altas tinham vivido significativamente mais do que os de lápides menores. Os homens tinham vivido mais de três anos e as mulheres, cerca de sete anos.

A altura das lápides vitorianas teria alguma coisa a ver de fato com longevidade, ou se trata de uma dessas correlações de feliz coincidência que na verdade não significam nada? Obviamente, não ligação de causa/efeito entre lápides mortuárias e morte. A altura das lápides não causou as mortes. Os pesquisadores interessavam-se não pelas lápides em si, mas por um fenômeno mais profundo. Buscavam um corolário histórico, de uma das mais consistentes, generalizadas e menos entendidas descobertas da ciência médica: *a riqueza (ou ausência de riqueza) afeta a saúde e a longevidade.* Por meio de documentos históricos, Davey Smith ficou sabendo que havia uma ordem bastante hierárquica quando se tratava de obeliscos. As lápides eram um sinal de prestígio e riqueza familiares, com os mais altos simbolizando mais das duas coisas. Os preços dos obeliscos subiam exponencialmente com sua altura, portanto só as famílias mais ricas podiam investir nos mais altos. A hipótese de que a riqueza da família aumentava a longevidade foi confirmada naquele cemitério: em média, os ricos vivem mais. Viviam aquela época, e vivem agora.[1]

Uma Posição Saudável

Os dois capítulos seguintes são diferentes dos outros neste livro, porque têm menos a ver com você e suas relações pessoais, e mais com sua posição no universo econômico em comparação com a dos outros. Nos Estados Unidos, e em muitos outros países desenvolvidos, dá-se grande valor ao igualitarismo e à igualdade. Agrada-nos pensar que somos igualmente avaliados e dignos de tudo que a vida tem a oferecer. Mas há uma espécie de contradição. Nossos princípios igualitários coexistem numa sociedade fundamentalmente hierárquica. Nós nos ordenamos e classificamos com base em nossa renda, nível educacional e até no *status* do nosso trabalho — condições que compõem o que os cientistas chamam de posição socioeconômica (SEP, em inglês). Sua posição no universo econômico estabelece os limites para grandes e pequenas decisões, como onde você compra roupas, onde mora e onde seus filhos vão à escola. Seu SEP diz onde você está na escada socioeconômica em relação aos outros. No Capítulo 8, você verá que sua posição na hierarquia socioeconômica — alta ou baixa, classe média confortável ou na cúspide da riqueza — afeta sua saúde.

Os motivos pelos quais os fatores econômicos influenciam a saúde estão longe de ser indiscutíveis. Há muito debate entre os cientistas sobre como a SEP "penetra na gente" e afeta nossa longevidade. Será porque os mais ricos têm melhor assistência médica, menos tensão, melhor dieta? Fazem mais exercício e moram em bairros mais seguros? Claro que sim. Mas esses "suspeitos de sempre", como eu os chamo, explicam apenas parte da história. Há mais coisas no efeito SEP do que assistência médica, estilo ou condições de vida.

Exatamente o que, não está completamente claro. Apesar de não sabermos por que o SEP exerce tão poderosos efeitos na saúde, temos opções para minimizar os efeitos desagradáveis.

Esta parte do livro trata também de outra contradição em nossos princípios igualitários: o impacto na saúde do crescente fosso entre os que se situam nos extremos da riqueza e da pobreza, os que se acham no topo da escada econômica e os que estão embaixo. Se você não está em nenhum dos extremos, como acontece com a maioria de nós, pode pensar que a distância entre esses dois grupos diametralmente opostos não tem nenhuma relação com você. Contudo, como discuto no Capítulo 9, quando o fosso entre os ricos e os pobres é grande, sofre a saúde de todos, incluindo a da grande maioria de nós, que se encontra no meio.

Eu usei antes histórias de pessoas de verdade para ilustrar e dar uma face pessoal aos conceitos que eram descritos. Agora me afasto dessa prática em favor do uso de estatísticas de pesquisas representativas do público americano para dar a você um instantâneo nacional, e não individual, de nosso bem-estar econômico geral.[2] Chamo esses instantâneos de "Vida ao Longo da Escada Econômica". Segue-se o primeiro:

VIDA AO LONGO DA ESCADA ECONÔMICA

17 por cento — aqueles de nós que enfrentamos tempos difíceis quando não sabíamos de onde viria nossa próxima refeição, ou da família.

25 por cento — aqueles de nós que tivemos de cortar alguns artigos importantes da comida, como cereais, frutas frescas ou legumes, por causa dos custos.

34 por cento — aqueles de nós que tivemos de fazer horas extras ou pegar um trabalho extra para equilibrar o orçamento.

40 por cento — aqueles de nós que às vezes acham difícil pagar aluguel, hipoteca ou serviços, por causa da pressão de outras necessidades.

56 por cento — aqueles de nós que tivemos de cortar férias ou saídas à noite por causa de outras necessidades.

71 por cento — aqueles de nós que acreditamos que é muito difícil, ou muito duro, a pessoa média prover a si mesma ou a suas famílias.

Adaptado de Miringoff *et al.* (2001).

Capítulo 8
Além de Obeliscos:
O Mistério do Gradiente

Como se determina o SEP, e qual a prova atual de que ele é importante para a sua saúde? A maioria dos cientistas calcula o SEP com base em uma de três medidas: (1) realização educacional, em geral avaliada pelos anos de educação formal, (2) renda individual ou da família ou (3) *status* ocupacional ou prestígio. O estudo do SEP tem uma longa tradição nas ciências sociais, mas está tendo um renascimento, após a descoberta de que a ligação entre SEP e longevidade é mais generalizada e complexa do que se imaginou algum dia. Não apenas há uma linha de demarcação entre os ricos e os pobres, mas também uma escala corrediça de *status* de saúde que se estende dos mais pobres e educados no topo aos mais pobres e menos educados no fundo. A cada degrau abaixo na escada econômica, a longevidade é comprometida e aumentam os problemas de saúde. Acredite você ou não, as disparidades de saúde existem, pelo menos estatisticamente, mesmo entre os extremamente ricos Gates do mundo e os simplesmente ultra-ricos, tipo Donald Trump. O fenômeno chama-se SEP/gradiente de saúde. O dicionário *Webster's* define gradiente como descendo ou subindo uma encosta uniforme.[1] Neste caso, isto quer dizer que, quanto mais alto você estiver na escada SEP, melhores são as suas chances de saúde e longevidade. A Figura 8 mostra uma representação do SEP/gradiente de saúde. O gradiente aplica-se a quase todas as causas de morte, todas as doenças e todo tipo de invalidez.

O gradiente não discrimina: afeta homens e mulheres, pessoas de todos os grupos étnicos e sociais e qualquer um que viva num país industrial.[2] Na verdade, o SEP é talvez o mais forte e ubíquo fator de risco de doença e morte no mundo. Nada provoca mais as doenças ou toca tantos de nós quanto o SEP. Os benefícios do SEP para a saúde independem de outros fatores de risco como cigarro, raça, idade e sexo.[3] Além disso, entre pessoas que já sofrem de doenças como as cardíacas, o SEP é um previsor de quem sobrevive.[4] O estudo do gradiente de saúde SEP é uma das áreas mais desafiantes da nova ciência da saúde. Como o SEP abrange muitas dimensões de nossa saúde, incluindo relações, emoções, comportamento e biologia, tem atraído cientistas de muitas disciplinas que hoje trabalham juntos para revelar seus mistérios. Eis alguns motivos específicos pelos quais o SEP é hoje levado tão a sério por tantos pesquisadores:

Figura 8: Representação do Gradiente SEP/Saúde

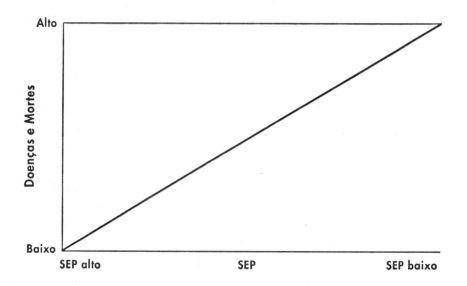

O SEP prevê mortalidade e morbidez. De todos os estudos de SEP e saúde, talvez o mais famoso seja o de Whitehall. Começou em fins da década de 1960, como uma abrangente exploração da origem de problemas de saúde em mais de 18 mil funcionários públicos homens britânicos (empregados do governo).[5] Chefiado por *Sir* Michael Marmot, o estudo era ideal para examinar relações entre

SEP e saúde. Primeiro, tinha um grande número de participantes, que podiam ser acompanhados no correr de vários anos para avaliar doenças e mortes. Segundo, como os participantes eram funcionários públicos, dispunha-se de detalhada informação sobre sua "categoria" ocupacional. Essas categorias — ou "graus", como são chamados no vernáculo do governo — iam dos administradores do topo aos trabalhos braçais não-qualificados. Terceiro, além das próprias doenças, o estudo avaliou fatores de risco de doenças como o cigarro, alta pressão sangüínea, excesso de peso, colesterol alto e níveis de hormônios elevados.

A Figura 9 mostra taxas de mortalidade após dez anos dos participantes do estudo de Whitehall em três categorias: (1) de todas as causas, (2) de doenças da artéria coronária (CHD, em inglês) apenas e (3) de outras doenças além de CHD.[6] Os participantes nos trabalhos de mais baixa categoria e outros (por exemplo, mensageiros e

Figura 9: Posição Socioeconômica e Mortalidade em Funcionários Públicos Britânicos (adaptado de Marmot et al., 1964, Rose e Marmot, 1981, e Kaplan e Kell, 1992)

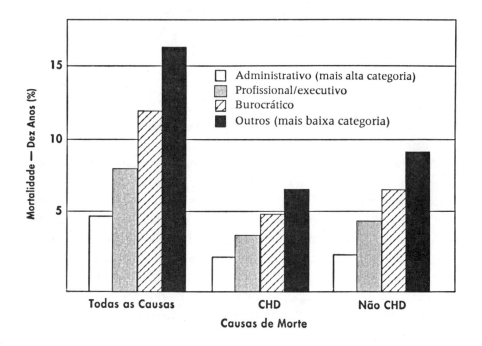

trabalhadores não-qualificados) e funcionários burocráticos tiveram uma taxa de mortalidade substancialmente mais alta durante a avaliação de dez anos do que aqueles em posições mais altas, executivas e administrativas. Esse gradiente SEP de mortalidade permaneceu forte no acompanhamento de 25 anos.[7]

No total, as pessoas em empregos de mais baixo grau tiveram uma taxa de mortalidade *212 vezes maior que as nos empregos de alto grau*. Um dos motivos pelos quais as descobertas do estudo de Whitehal são tão impressionantes é que nenhum dos participantes se achava em abjeta pobreza, e todos tinham acesso à assistência médica, por meio do Serviço Nacional de Saúde britânico. Em conseqüência, o gradiente não podia ser explicado simplesmente com base no acesso à assistência médica, que é a explicação típica. Embora trabalhadores mais ricos pudessem ter complementado sua cobertura médica com fontes privadas e recebido uma assistência de melhor qualidade, não havia indícios de que a doença fosse subtratada na ponta de baixo do SEP.[8] Na verdade, outra pesquisa demonstrou que o SEP é igualmente previsor de doenças que levam a cuidados médicos e as que não.[9]

Outro estudo que mostra o gradiente de mortalidade SEP é o Estudo Longitudinal de Mortalidade americano que acompanhou mais de um milhão de pessoas durante seis anos, examinando a ligação entre educação, renda e mortalidade. Descobriu-se que a realização educacional era um forte determinante de mortalidade. Por exemplo, homens e mulheres brancos e negros que não haviam concluído o ensino fundamental tinham entre *44 e 78% mais probabilidade de morrer* (dependendo de com quais grupos eram comparados) durante esses seis anos do que os com cinco ou mais anos de escola.[10] Tendências semelhantes ocorreram por níveis de renda. Quanto mais alta a renda do participante, mais baixa a probabilidade de morte durante o estudo. Isso se aplicava a brancos e negros.

O Estudo Longitudinal de Mortalidade americano são apenas dois dos muitos que mostraram uma significativa associação entre SEP e mortalidade.[11] Em vista dos generalizados efeitos sobre a mortalidade, não surpreende que o SEP seja um poderoso determinante de doenças específicas. A Tabela 1 mostra alguns dos problemas de saúde que se tornam mais predominantes com mais baixas posições na escada SEP. Descobre-se o gradiente para todos os tipos de doenças crônicas, incluindo cardiovasculares, gastrointestinais, musculoesqueletais, neoplásticas, psiquiátricas, pulmonares e renais.[12]

O SEP prevê a sobrevivência em pessoas sob tratamento médico. Assim que se diagnostica um problema de saúde e tem início o tratamento, parece, teoricamente, que o SEP se tornaria irrelevante. O tratamento médico deve ser o grande equalizador, beneficiando a todos da mesma forma, mas vários estudos mostraram que a resposta ao tratamento médico não está isento da influência do SEP. Redford Williams e colegas no Centro Médico da Duke University estudaram mais de 1.300 pacientes que faziam tratamento por sério bloqueio de pelo menos uma artéria.[13] Descobriu-se que o SEP aqui medido por renda era fortemente relacionado com a sobrevivência. As pessoas de mais altas rendas sobreviviam mais tempo. Durante cinco anos, *descobriu-se que pacientes com rendas familiares anuais abaixo de 10 mil dólares tinham quase duas vezes mais probabilidades de morrer do que os de renda de 40 mil ou mais.*

Tabela 1

EXEMPLOS DOS PROBLEMAS DE SAÚDE LIGADOS AO SEP

Doença cardíaca	Artrite	Dores nas costas
Doença da bexiga/fígado	Epilepsia	Câncer
Derrame	Ferimentos não-intencionais	Síndrome de morte infantil súbita
Diabetes	Doenças mentais	Retardamento mental
Baixo peso ao nascer	Problemas auditivos	Avanço da Aids e sobrevivência
Enfisema	Úlceras estomacais	Cegueira
Mortalidade infantil	Doenças dos rins	Hipertensão

O SEP afeta os processos biológicos. Para o SEP, ter efeitos tão profundos e generalizados sobre a saúde e a sobrevivência é razoável supor que deve afetar de algum modo os sistemas biológicos do corpo. Assim, recentemente, muito esforço se dedicou a compreender como ele afeta a biologia. Como se esperava, os cientistas confirmaram uma interligação entre o SEP e a biologia que poderia levar a uma variedade de doenças. Quanto mais baixo o SEP, mais alto o perfil de risco biológico. O SEP mais baixo relaciona-se com mudanças biológicas que aumentam o risco de uma legião de doenças, incluindo cardíacas, diabetes e outras relacionadas na Tabela 1. Por exemplo, o baixo SEP está ligado a:

- pressão sangüínea mais alta;
- níveis mais altos de mau colesterol (lipoproteínas de baixa densidade);
- triglicerídios mais altos no soro;
- menor tolerância à glucose;
- maior resistência à insulina;
- maior possibilidade de bloqueio de artérias coronárias;
- mais alto fibrinogênio no sangue;
- maiores respostas cardiovasculares à tensão;
- maiores contagens da carga alostática;
- avanço mais rápido da infecção da Aids.[14]

Por exemplo, dois estudos, um nos Estados Unidos e um no Reino Unido, ilustram o impacto do SEP na biologia, mesmo antes da presença de doenças diagnosticáveis. As Dras. Linda Gallo e Karen Matthews e seus colegas da Universidade de Pittsburgh fizeram uma análise de dados de Estudo de Mulheres Saudáveis, uma perspectiva nas mudanças nos fatores de risco biológicos e comportamentais associados à menopausa.[15] A equipe de Pittsburgh queria saber se a formação educacional estava ligada ao grau de calcificação nas artérias coronárias e na aorta. A calcificação é uma de várias medidas biológicas do grau em que os vasos sangüíneos da pessoa estão bloqueados devido à arteriosclerose. A medição da calcificação permite uma avaliação da doença cardíaca em estágio inicial. A realização educacional estava fortemente associada à calcificação da aorta e moderadamente à calcificação coronariana. As descobertas sobre a calcificação da aorta são mostradas na Figura 10.

Figura 10: SEP e Grave Calcificação da Aorta (adaptado de Gallo *et al.*, 2001)

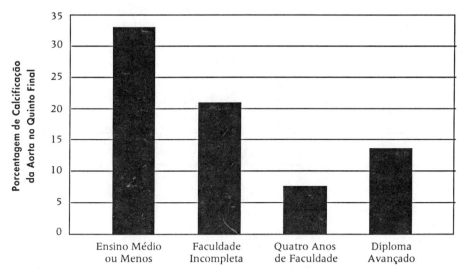

Ocorreu grave calcificação da aorta em duas vezes mais pessoas com baixa formação educacional em comparação com os de mais alta educação. Descobriu-se que menos de 15% das pessoas com diplomas universitários tinham séria calcificação da aorta: contudo, *ocorreu calcificação em mais de 30% daqueles com formação até o ensino médio.* A ligação do SEP com a calcificação pode ser conseqüência de seus efeitos em muitos dos fatores biológicos relacionados na Tabela 1, além de outros.

Em Londres, os pesquisadores Drs. Eric Brunner, Michael Marmot e colegas examinaram dados do estudo de Marmot para investigar uma possível ligação entre a SEP, definida por grau de emprego, e a síndrome metabólica.[16] A síndrome metabólica é um grupo de fatores de risco de doença cardíaca e envolve pelo menos três ou mais dos seguintes: baixa tolerância à glucose, alta pressão sistólica no sangue, altos triglicerídios de jejum, baixo colesterol HDL (bom) ou baixa taxa de quadril para cintura (indicando alta obesidade central). *As possibilidades de ter síndrome metabólica eram mais de duas vezes mais altas para as pessoas com baixo nível de emprego,* em comparação com as de mais alto. Isso se aplicava a homens e mulheres.

COMO O SEP SE ENTRANHA NA GENTE?

Embora os cientistas ficassem sabendo muito sobre o gradiente, a grande pergunta permanece: por que é importante para a nossa saúde até onde se progrediu na escola, quanto dinheiro se ganha ou o *status* de nosso emprego? Como o SEP se entranha na gente e afeta nossa longevidade? Nesta parte, eu examino algumas das intrigantes hipóteses sobre os porquês e comos do gradiente.

A VIDA AO LONGO DA ESCADA ECONÔMICA

31 por cento — aqueles de nós que às vezes receiam não poder cobrir os custos de assistência médica em caso de doença

> *16 por cento* — aqueles que ganham mais de 50 mil por ano e que se sentem assim

> *40 por cento* — aqueles que ganham menos de 50 mil por ano e que se sentem assim

31 por cento — aqueles de nós que receiam não poder pagar os custos dos medicamentos

> *19 por cento* — aqueles que ganham mais de 50 mil por ano e têm essas preocupações

> *39 por cento* — aqueles que ganham menos de 50 mil por ano e têm essas preocupações

52 por cento — aqueles que às vezes se sentem tocados às pressas nas consultas médicas, como se o médico estivesse de olho no relógio

> *43 por cento* — aqueles que são universitários e que se sentem assim

> *56 por cento* — aqueles com formação até o ensino médio e que se sentem assim

Adaptado de Miringoff *et al.* (2001).

Os Suspeitos de Sempre

Uma das primeiras coisas que os cientistas fazem quando tentam compreender um novo fator de risco é determinar se está relacionado a qualquer dos fatores de riscos conhecidos. A lógica aqui é que o novo fator de risco pode estar afetando a saúde pelo impacto em um dos fatores de risco que já entendemos. Esses fatores de risco conhecidos incluem cigarro, inatividade física, falta de acesso à assistência médica, consumo excessivo de álcool e dieta insalubre (isto é, baixa absorção de frutas e legumes, alta ingestão de gordura e sal). As pessoas com baixo nível na escada do SEP, em média, tendem a ter mais esses fatores de risco do que as de alto.[17] A Tabela 2 mostra descobertas do estudo de Whitehal que comparam comportamentos saudáveis nos mais altos e mais baixos graus de emprego. Notem que homens e mulheres nos mais baixos graus tinham taxas significantemente mais altas de tabagismo, taxas mais baixas de exercício, baixo

Tabela 2

COMPORTAMENTOS SAUDÁVEIS POR GRAU DE EMPREGO NO ESTUDO DE WHITEHALL

Comportamentos Saudáveis	Grau Mais Baixo		Grau Mais Alto	
	Homens	Mulheres	Homens	Mulheres
Porcentagem de atuais fumantes	33	27	8	18
Porcentagem dos que relatam nenhum exercício	30	31	5	12
Porcentagem dos que tomam leite desnatado ou semidesnatado	21	34	44	39
Porcentagem dos que comem pão integral	32	35	47	57
Porcentagem dos que não comem frutas nem legumes diariamente	61	43	34	17

consumo de leite, menos uso de pães integrais (ou de grão integral) e menos consumo de frutas e legumes.[18]

Pode ocorrer-lhe que a maioria dos riscos reflete "escolhas" comportamentais que fazemos. Ninguém nos diz que temos de fumar, comer comidas não-saudáveis ou ser sedentários. Mas por que os que estão no pé da escada do SEP fazem escolhas insalubres com mais freqüência? O motivo talvez seja que têm menos conhecimento dos fatores de estilo de vida e saúde que os mais altos no SEP. Isso, porém, também pode demonstrar o incrível poder do contexto social na formação de nossas escolhas. Por exemplo, pessoas embaixo no SEP podem ter menos acesso a comidas saudáveis, seja por não as terem estocadas por lojas do bairro ou porque seus preços são proibitivos.[19] Do mesmo modo, a publicidade de álcool e cigarro predomina mais e as instalações de ginástica menos nas áreas mais baixas do SEP.[20] Assim, não surpreende o maior número de fatores de risco e taxas mais altas de morte e doença neste grupo.

É razoável que, se aqueles de nós que estão nas profissões médicas às vezes ajudassem pessoas na ponta de baixo do SEP a ter o mesmo perfil de risco das do topo, a saúde de todos seria igual e desapareceria o gradiente. Infelizmente, não. Claro, uma igualização de fatores de risco como fumar e inatividade física nos grupos certamente tornaria o gradiente menos inclinado, e essa é uma boa meta, mas ainda existiria a relação linear entre SEP e saúde. Estudos após estudos mostram que, mesmo quando todos os fatores de risco tradicionais são levados em consideração, o gradiente é reduzido, mas permanece forte.

Alguns estudiosos afirmam que não é tanto o seu SEP que o põe em risco em relação aos outros. É a renda que você perde quando fica doente. Quer dizer, a doença conduz a uma "deriva para baixo" do seu SEP. Assim, parte do motivo para a relação entre SEP e doença é que a doença conduz à perda de SEP, em vez de o SEP conduzir à doença. E se você tem uma doença crônica, talvez seja mais difícil subir a escada do SEP. Claro, análises rigorosas têm mostrado que a doença crônica leva à redução de ganhos e poupanças para muitos e responde por parte do gradiente renda/saúde.[21] Isso se aplica em especial a famílias que já estão economicamente sobrecarregadas e sem seguro-saúde; uma doença séria pode ter conseqüências financeiras devastadoras. A esquizofrenia é um caso assim — o início dos sintomas ocasiona um padrão econômico em degeneração, em vez de ao contrário. Contudo, a deriva para baixo não explica a maioria dos efeitos do SEP na saúde. Em muitos estudos, a renda ou educação de pessoas saudáveis prevê sua saúde anos adiante. Assim, na cadeia causal de acontecimentos, o nível de saúde e educação vinha antes da doença. Tome a educação como um exemplo específico. Nós completamos nossa educação formal, tipicamente, quando somos mais jovens e saudáveis. Esse nível de educação posteriormente prevê nossa saúde futura e, claro, a educação não diminui quando ficamos doentes. Assim, embora a deriva para baixo seja uma realidade, não explica todos os aspectos do gradiente.

A Segurança Econômica como Administração de Tensão

Sem dúvida, a tensão é uma característica destacada de quase toda teoria de como o SEP exerce seus efeitos na saúde. Há não muito tempo, tive um vislumbre pessoal do motivo. Estava programado para fazer a palestra que daria o tom numa conferência perante cerca de 800 pessoas. Era uma grande apresentação, por isso dediquei muito esforço à preparação. Eu crio os *slides* de minhas apresentações no computador.

Depois, envio o arquivo ao meu auxiliar, que manda fazer os *slides*. Desta vez, eu me atrasei um pouco no preparo da apresentação e, como resultado, os prazos ficaram apertados. Eu esperava uma entrega dos *slides* no sábado à tarde em casa, para tê-los comigo no vôo de domingo para Nova York e a apresentação na segunda.

Às quatro e meia da tarde de sábado, percebi que os *slides* não haviam chegado. Não me lembrara deles até então, porque meu auxiliar é muito confiável e já mandara pacotes para minha casa antes. Mas era claro que alguma coisa dera errado esta vez. Para complicar o problema, eu não tinha o número do telefone de casa do meu auxiliar, um número de localização, nem mesmo o nome específico do serviço de entrega noturna usado. Liguei para todos, mas não encontraram pacote algum para mim.

> ## A VIDA AO LONGO DA ESCADA ECONÔMICA
>
> *22 por cento* — aqueles de nós que não saem à noite devido a preocupações com segurança
>
> > *26 por cento* — aqueles que ganham menos de 50 mil por ano e têm essas preocupações
> >
> > *16 por cento* — aqueles que ganham mais de 50 mil por ano e têm tais preocupações
>
> *45 por cento* — aqueles de nós que se preocupam com o impacto de dificuldades financeiras sobre a saúde
>
> > *58 por cento* — aqueles que ganham menos de 35 mil por ano e têm tais preocupações
> >
> > *31 por cento* — aqueles que ganham mais de 75 mil por ano e têm essas preocupações
>
> *57 por cento* — aqueles de nós que sentem tensão grande parte do tempo
>
> > *62 por cento* — aqueles que ganham menos de 50 mil por ano e se sentem assim
> >
> > *56 por cento* — aqueles que ganham mais de 50 mil por ano e se sentem assim
>
> *88 por cento* — aqueles de nós que têm amigos com os quais podem discutir um sério problema pessoal ou de família
>
> > *84 por cento* — aqueles que têm formação até o ensino médio e tais amigos
> >
> > *93 por cento* — aqueles que têm educação universitária e tais amigos
>
> Adaptado de Miringoff *et al.* (2001).

Para alguns oradores, esta situação não seria nenhum deus-nos-acuda. Simplesmente usariam transparências, fariam uma apresentação com base no programa Power Point ou falariam a partir de notas. A natureza da minha apresentação excluía qualquer dessas opções. Eu não podia falar a partir de notas — porque não as tinha! Eu falo exclusiva e extemporaneamente a partir dos pontos oferecidos por meus *slides*, alguns dos quais são capas de revistas ou fotos, difíceis de duplicar. Sou o primeiro a admitir que *sou* um tanto obsessivo quando se trata de minhas apresentações. Assim, naquela tarde de sábado simplesmente não aceitava a idéia de que não faria o tipo de apresentação para o qual me preparara com afinco. O palco estava montado para uma grande reação à tensão (ver Parte VI para detalhes das reações à tensão). Enquanto pensava mais sobre minha apresentação e via as opções diminuindo a cada minuto, meu coração começou a dirigir-se para o norte, e tenho certeza de que minha pressão sangüínea e meus hormônios não ficaram muito atrás. Minhas emoções os acompanhavam: eu sentia todo o espectro de ansiedade, frustração e os inícios de uma depressão.

Minha esposa, que de nada suspeitava e acabara de acordar de um cochilo induzido por um resfriado, entrou em meu gabinete por volta das cinco da tarde e me encontrou num ligeiro pânico. Partimos juntos para encontrar alguém que fizesse *slides* sábado à noite e os entregasse no domingo de manhã. Via Internet, Elizabeth encontrou alguém em Cleveland que podia não só fazer os *slides*, mas levá-los de carro ao aeroporto da cidade e enviá-los por avião para Nova York, onde eu poderia pegá-los depois que o meu aterrissasse.

Os serviços, claro, não eram grátis. Na verdade, sair daquela encrenca iria me custar um bocado — o bastante para doer. Mas eu estava disposto a fazê-lo. A questão, contudo, não é que eu estivesse simplesmente *disposto* a pagar do próprio bolso para solucionar o problema, que no esquema maior das minhas experiências infelizes de vida não era de modo algum catastrófico. A questão era que eu tinha a felicidade de ter um cartão de crédito que tornava possível fazê-lo — e cortar minha reação à tensão em andamento.

Mas e se tudo fosse diferente? E se eu *não* tivesse os recursos para sair dessa pequena encrenca de admitida relatividade? Eu haveria sobrevivido e melhorado a apresentação. Mas o resíduo emocional teria permanecido enquanto não terminasse a palestra. Ter a capacidade de cobrir o custo me proporcionou uma providencial saída emocional. Ajudou-me a cortar a cascata de acontecimentos que levava às reações negativas e suas conseqüências biológicas.

Quando pensamos na riqueza, tendemos a imaginar multimilionários. Mas pode-se definir a riqueza simplesmente como a quantidade de dinheiro que se tem à disposição de imediato. Riqueza pode ser 1 dólar ou 1 bilhão. Determina que tipo de rede de segurança econômica líquida temos. Quanto mais dinheiro, mais cerrada a teia dessa rede de segurança. Com pouca riqueza, a rede de segurança é frouxa e menos segura, e uma crise pode nos fazer despencar.

Naturalmente, quando descemos a escada econômica, as dificuldades de dinheiro e as crises financeiras sobem. Atualmente, enquanto mais de 50% das pessoas nos Estados Unidos que ganham menos de 50 mil dólares acham difícil em algum momento pagar aluguel, hipoteca ou serviços por causa da pressão de outras necessidades, apenas 23% dos americanos que ganham mais de 50 mil dólares por ano se sentem assim.[22] Não surpreende, pois, que, quanto mais baixo se está na hierarquia SEP, menos probabilidade se tem de "pagar" nossa saída das imprevisíveis crises da vida, muito mais importantes que o episódio dos *slides*. Como quando uma criança cai doente e um dos pais tem de decidir se fica em casa e se arrisca a perder o emprego, porque não há férias nem ausência por motivo de doença. Como quando a conta do aquecimento sobe e não há dinheiro sobrando. Como quando um adolescente quer ir para uma faculdade particular cara, mas uma estadual é mais condizente com o orçamento. Não se está sugerindo que os motivos de tensão crônica são menores para os de cima na escada SEP, mas a capacidade financeira para enfrentá-los é melhor.[23] Há, claro, muitos métodos para enfrentar as tensões e os estresses da vida que nada têm a ver com a economia. Durante o episódio dos *slides*, eu podia ter usado qualquer número de técnicas de controle de tensão para reduzir minha ansiedade. Mas a questão é que, devido a recursos econômicos limitados, as pessoas na ponta de baixo do SEP se vêem com mais freqüência diante de circunstâncias estressantes que simplesmente não afetam as outras. Com o tempo, isso cobra um preço.

E o Vencedor É... A Ordem Social das Coisas

Em 2001, pesquisadores de Toronto publicaram um provocativo estudo sobre a expectativa de vida de atores e atrizes indicados para um Prêmio da Academia.[24] Esse grupo foi comparado (1) com os que haviam ganho um Prêmio da Academia, (2) os indicados que não ganharam e (3) membros do elenco não-indicados, do mesmo sexo e idade, que trabalhavam nos mesmos filmes que os ganhadores nos grupos um e dois. Surpreendentemente, descobriu-se que os ganhadores viviam significativamente mais que os indicados que não ganharam, assim como os não-indicados. Comparando-se os atores indicados com os não-indicados, *os Ganhadores de Prêmios da Academia viviam em média quatro anos mais.*[25] Ganhar o prêmio muitas vezes estava associado a uma longevidade ainda maior. Para pôr essas descobertas em perspectiva, nós teríamos de curar e erradicar todas as formas de câncer em todo o globo para conseguir um ganho geral semelhante em expectativa de vida.[26]

Por que diabos ganhar um Prêmio da Academia conferiria vantagens em longevidade? É difícil dizer ao certo, mas o motivo talvez envolva a *ordenação social*, uma das mais quentes teorias sobre o SEP. Em essência, a ordenação social é a idéia de que há alguma coisa inerentemente insalubre em se estar abaixo no totem social e econômico do que seu grupo pessoal de referência — as pessoas com as quais você muitas vezes se compara quando mapeia seu progresso na vida. A Dra. Nancy Adler, da Universidade da Califórnia, em San Francisco, explica que a ordenação social "é o *status* relativo da pessoa num grupo ou população em qualquer dimensão de destaque. Ao contrário dos animais não-humanos, onde há uma única hierarquia de dominação, os seres humanos se comparam uns com os outros em várias dimensões e atividades. Índices de SEP como renda e educação são maneiras que usamos para nos colocar e aos outros numa hierarquia social. Onde nos vemos naquelas ou em outras hierarquias talvez seja o que mais conta para a nossa saúde".[27]

A ordenação social é um conceito inovador por ser comum a cada uma das principais medições de SEP — renda, educação e *status* ocupacional são meios de avaliar em que posição nos situamos em relação aos outros. Portanto, tem de fato a ver com o modo como vemos nossa posição social em relação àqueles com os quais nos comparamos.[28]

A ordenação social é um conceito provocativo também porque oferece uma única explicação para o motivo de pessoas ostensivamente ricas terem probabilidade, em média, de levar vidas quatro vezes mais curtas e mais problemas de saúde do que as mais ricas e porque diplomados em universidades tendem a viver mais que aqueles com menos formação. Quanto mais alto as pessoas estão na escada da renda ou educação, mais oportunidades têm de comparações favoráveis com outras em certas dimensões. Mesmo conquistas profissionais podem ser vistas como outra maneira de ordenar as pessoas. O estudo do Prêmio da Academia talvez seja um indício disso. Ser indicado para o prêmio é inquestionavelmente uma tremenda honra. Por um lado, a indicação põe o indicado mais alto na hierarquia hollywoodiana que os não-indicados. Ao mesmo tempo, ser indicado mas perder significa que, de repente, você está na ponta de baixo de outra ordem hierárquica. Se seu principal grupo de comparação é o dos vencedores da Academia, sua simples indicação lamentavelmente fica aquém.

Eu tive um gostinho de uma ordem hierárquica logo após concluir meu mestrado. Era sensacional ter acabado o curso universitário e ter chegado ao topo da escada educacional. Meus amigos, a família e os membros da igreja de meus pais manifestaram suas sinceras congratulações e seu orgulho com o meu feito. Mas essa grande sensação logo se desbotou quando eu comecei a trabalhar na academia, primeiro como bolsista de pesquisa e depois como jovem professor. Nesse mundo, ter um grau de doutor não era grande coisa, pois *todos* tinham um ou qualquer outro diploma doutoral. E o que é mais, com o recém-cunhado doutor em filosofia, eu estava na ponta de baixo da ordem hierárquica. Lembro-me do fato de que me senti um pouco por baixo um dia, com a idéia de que, após todos aqueles anos de universidade, eu chegara ao topo de uma escada apenas para me ver no fundo de outra. Se me senti exaltado por haver conseguido o diploma de doutor ou desinflado por estar na ponta de baixo da escada do doutorado, dependia inteiramente de se me comparava com a população como um todo ou com meus colegas mais elevados. Em muitos aspectos, o SEP talvez tenha menos a ver com a nossa posição *de fato* em alguma ordem hierárquica e mais com nossa *visão* de nossa posição.

Estudos com seres humanos e animais indicam que a posição social é um poderoso determinante da saúde.[29] A chamada hipertensão dos colarinhos-brancos é um caso em questão. Cerca de 20% dos pacientes que apesentam pressão sangüínea elevada quando o médico a mede numa clínica têm medidas normais fora dali. Teoricamente, as elevações são causadas pelo ambiente clínico ou por ter a pressão sangüínea medida por um indivíduo visto como tendo elevados *status* e poder, que podem produzir ansiedade.[30, 31]

Indícios mais recentes da importância da ordenação social vêm da pesquisa sobre *status* social subjetivo. Dois estudos da equipe de Nancy Adler em San Francisco indicam que a classificação que nos damos em relação aos outros pode ser ainda mais importante do que nossa educação e nossa renda. Para determinar como os participantes do estudo se viam, os pesquisadores mostram-lhes um desenho de uma escada com dez degraus, e pede-lhes o seguinte:

> Pensem nesta escada como representando onde as pessoas estão nos Estados Unidos. No topo, ficam as pessoas mais ricas — as que têm mais dinheiro, mais educação e trabalhos mais respeitados. No fundo, as de pior condição — com menos dinheiro, educação e os trabalhos menos respeitados, ou não têm qualquer emprego. Quanto mais alto se está nesta escada, mais perto se está das pessoas no topo, e quanto mais baixo, mais perto das do fundo. Onde você se colocaria nesta escada?[32]

Os participantes colocaram então um X no degrau para indicar seu *status* em relação a outros nos Estados Unidos, e a isso se chamou de "*status* social subjetivo".

Num dos estudos, que envolveu 157 mulheres brancas ostensivamente saudáveis, o *status* social mais baixo se relacionava com autoclassificação de má saúde, emoções negativas como depressão e ansiedade e mais tensão e pessimismo crônicos. De maneira especial, o *status* social mais baixo também se relacionava mais fortemente com o *status* social *objetivo* mais baixo, medido por uma combinação de educação, renda e ocupação. Os efeitos do *status* social subjetivo ocorriam acima e além dos efeitos do *status* social objetivo.[33] Em essência, esse estudo sugere que o lugar onde nos colocamos na escada pode afetar nossa saúde emocional e física ainda mais do que nosso SEP subjetivo.

No outro estudo, a equipe de Nancy examinou o impacto na saúde do *status* social subjetivo num grupo etnicamente diferente de mulheres grávidas.[34] Mais uma vez, o *status* social subjetivo previu autoclassificação da saúde, mas havia outras diferenças de grupo étnico. Entre as sino-americanas, o *status* objetivo era um mais potente previsor de saúde que da renda. Entre as afro-americanas e latinas, a renda era um determinante mais importante que o *status* social objetivo. Por quê? Segundo os autores, as latino e afro-americanas têm rendas muito mais baixas que as brancas e sino-americanas. Especularam que a renda talvez seja mais importante para a saúde porque a posição social subjetiva se situa na ponta de baixo do espectro de renda. Isso talvez se deva ao fato de que conseguir uma renda adequada é a meta crítica das pessoas que lutam financeiramente. Mas, quando se sobe na renda, e nossa visibilidade econômica é mais segura, a visão de nossa posição social relativa se torna mais destacada. Assim, a ordenação social pode operar diferentemente para os que têm níveis variados de renda.

Nancy observa: "O SEP subjetivo permite aos indivíduos determinarem para si mesmos quais aspectos de suas vidas são fundamentais para sua posição social. Para uma pessoa, a educação pode ser fundamental para seu senso de posição social e, para outra, o mais importante pode ser o emprego." Isso pode ajudá-la a explicar por que algumas pessoas mais altas em educação ou renda morrem muito mais cedo do que seria de se esperar com base em seus SEPs objetivos, enquanto muitas de baixo SEP objetivo levam vidas extremamente longas. Muito disso depende dos critérios que usamos para determinar nossa posição social. Aspectos da vida de algumas pessoas que pouco ou nada têm a ver com os mundos do trabalho, renda ou educação podem ser fundamentais para como elas vêem a si mesmas. O homem de baixo nível de educação que trabalha num emprego de *status* inferior pode, ainda assim, ver-se como alto na posição social geral por ser diácono em sua igreja. Em muitas comunidades, ser diácono proporciona grande respeito e posição. Teria tal pessoa uma probabilidade estatística de viver mais do que alguém cujo *status* social objetivo se baseasse numa origem semelhante (e relativamente baixa). Nancy observa que é cedo demais para fazer tais previsões, mas uma coisa é certa — as idéias de ordenação social e posição social subjetiva ampliaram a procura das causas do gradiente SEP-saúde.

A VIDA AO LONGO DA ESCADA ECONÔMICA

49 por cento — aqueles de nós que muitas vezes se vêem de olho no relógio, à espera de que termine o dia de trabalho

58 por cento — aqueles que ganham menos de 35 mil por ano e ficam de olho no relógio

30 por cento — aqueles que ganham mais de 75 mil por ano e ficam de olho no relógio

42 por cento — aqueles de nós que dizem trabalhar apenas por dinheiro

50 por cento — aqueles que ganham menos de 35 mil por ano e dizem isso

34 por cento — aqueles que ganham mais de 35 mil e dizem isso

37 por cento — aqueles de nós que se preocupam com o impacto da tensão ou condições do trabalho na saúde

37 por cento — aqueles que ganham menos de 35 mil por ano e dizem isso

43 por cento — aqueles que ganham mais de 75 mil por ano e dizem isso

Adaptado de Miringoff *et al.* (2001).

Uma Questão de Escolha e Controle

Como já observei, o SEP desempenha um papel enorme, talvez dominante, nas opções de que dispomos e nas decisões que tomamos. O SEP, sobretudo a renda, coloca a principal limitação à liberdade de escolha — todas opções e escolhas estão à nossa disposição se pudermos permiti-las. Essa restrição e essa natureza expansiva do SEP sobre nossas escolhas me foram objetivamente ilustradas durante minha breve carreira como jogador de basquete universitário. Fiz uma estreita amizade com um dos colegas de equipe, Ron (pseudônimo). Ele e eu tínhamos uma série de interesses comuns, do estudo da psicologia e da sociologia e a discussão de fatos atuais da época até nosso objetivo comum de conseguir o doutorado.

Também conversávamos muito sobre nossa frustração com as exigências do basquete universitário — os treinos diários, alguns às cinco e meia da manhã, as freqüentes e extensas viagens de ônibus para jogos, as aulas perdidas e a falta de tempo para nós mesmos. De outubro a março, a temporada de basquete dominava nossas vidas, e a preparação para a temporada seguinte dominava o resto do ano. A emoção inicial de jogar foi aos poucos suplantada pelo desejo de experimentar mais vida. Eu queria me concentrar nos estudos, aprender meditação transcendental, retomar as ligações com os amigos e simplesmente ser mais espontâneo e gozar a vida universitária. O ponto baixo para mim ocorria no início dos treinos para a nova temporada no meu segundo ano. Lembro-me muito vividamente de um momento. Estávamos num treino fazendo uma ginástica de condicionamento na qual subíamos e descíamos correndo a escada de nosso salão de ginástica. Os jogadores de basquete, dos estudantes aos profissionais, fazem esse treinamento o tempo todo; é parte da cultura do basquete. Mas, para mim, quando chegava ao topo da escada, parecia insuportavelmente monótono. Olhei por acaso pela janela o sol batendo nas folhas vermelhas e amarelas de um brilhante dia de outono. O contraste entre a intimidante beleza lá fora e a luz fria e gélida do ginásio com seus degraus de concreto cinza disparou uma epifania. Meus dias de cestas na universidade estavam contados. Poucos dias depois, eu dei um basta, dizendo adeus ao basquete universitário. Embora fosse claro que eu precisava tomar essa decisão, não foi fácil. Senti uma grande tristeza por encerrar uma atividade que desde cedo fizera parte da minha vida. Quando criança, eu me sentia destinado a jogar basquete profissional — até minhas iniciais, NBA, abreviação da National Basketball Association, pareciam-me auspiciosas! Seriamente, eu sabia que ia sentir falta de meus camaradas, os aplausos na universidade, os uniformes e a intensa competição. Mas a perspectiva de liberdade de ter uma vida mais redondinha sombreava minha nostalgia. O basquete ficara no passado, e o futuro se aproximava cheio de possibilidades.

Ron queria desesperadamente sair também, mas achava que não podia desistir porque freqüentava a faculdade com uma bolsa de basquete. Se saísse, não poderia ficar na escola, pois sua família não tinha os recursos para pagar seus estudos. O basquete era seu ingresso para uma educação. Claro, poderia ter feito empréstimos ou trabalhado, mas, para ele, não era atraente fazer dívidas, e trabalhar num emprego não seria melhor do que jogar basquete, atividade que pelo menos cobria todas as suas despesas na faculdade. Eu, por outro lado, tinha a felicidade de meus pais poderem pagar. Embora eles estivessem longe de ser ricos, sua posição econômica me dava o privilégio de optar por sair de uma experiência que não mais me realizava. Depois que saí, o jogo continuou sendo apenas isso, um "jogo" que eu podia jogar por diversão ou para manter a forma. Para Ron, tornara-se um trabalho sem prazer, simplesmente um meio para chegar a um fim.

As aparentes diferenças nos SEPs de nossas famílias resultaram em nossas diferentes capacidades de fazer escolhas. Eu não sei o que aconteceu com Ron. Ele bem pode ter alcançado as metas com que sonhávamos, mas estou convencido de que, em meu caso, a possibilidade de sair do basquete à vontade para me concentrar nos estudos refletiu em grande parte na possibilidade última de ir para a universidade e fazer uma carreira satisfatória como psicólogo. Era um ponto de decisão fundamental para mim.

Sem dúvida, escolha, flexibilidade e controle de importantes aspectos da vida variam com o SEP. Quanto mais alto o seu SEP, mais opções você tem; quanto mais flexibilidade você tem em como gasta o seu tempo, maior o seu senso de controle sobre a sua vida em geral.[35] Esse controle e esse ganho de poder podem ser especificamente importantes para a sua saúde, já que os estudos sugerem que a falta de poder pode ser mortal. Um desses estudos pesquisou homens e mulheres adultos em todos os Estados Unidos, para determinar o senso de controle e poder que julgavam ter sobre suas vidas. Perguntaram-lhes o grau em que declarações como esta se aplicavam a eles: "Muitas vezes eu acho que tenho pouca influência sobre as coisas que me acontecem." Dezenas desses tipos de perguntas foram usadas para prever a saúde e a mortalidade nos cinco anos seguintes. *As pessoas que sentiam menos poder e controle sobre suas vidas tinham uma probabilidade 30 vezes maior de morrer* durante os cinco anos do que os que sentiam maior senso de poder e controle. A impotência também foi associada à deterioração da saúde (por exemplo, doença e invalidez) entre os que sobreviveram.[36]

Os efeitos da falta de controle são impressionantes no cenário do trabalho. Pessoas em empregos muito exigentes ou extenuantes e pouco controle correm maior risco de doença cardíaca e mortalidade. Pesquisa recente indica que o elemento realmente tóxico dessa tensão no trabalho não é a alta exigência sofrida neles, é o baixo nível de controle de emprego, que se revela o ingrediente mortal.[37] Uma colega em Harvard, Dra. Jody Heymann, concentrou-se num tipo de escolha de local de trabalho disponível para uns e não para outros — tempo de folga para cuidar de parentes doentes. Em seu livro *The Widening Gap: Why America's Working Families Are in Jeopardy — and What Can Be Done About It* Jody documenta o número de famílias colhidas entre a necessidade de cuidar de crianças e pais velhos e as exigências da vida profissional. As famílias operárias de baixa e média rendas tendem a ter empregos que não oferecem auxílio-doença nem férias, trabalhos nos quais os empregados não podem escolher horários flexíveis para iniciar ou encerrar o dia, e nos quais os empregados não podem tirar folga para cuidar de membros doentes da família.[38] Infelizmente, são essas mesmas famílias que muitas vezes têm mais responsabilidades pelo cuidado dos pais velhos, parentes afins e crianças doentes. O motivo para isso, como eu já comentei, é que as famílias mais pobres sofrem doenças mais agudas e crônicas, com menos recursos para pagar pela assistência. Contudo, devido à falta de recursos financeiros e flexibilidade no trabalho, os membros da família que trabalham muitas vezes têm de escolher entre cuidar dos parentes ou ganhar a vida.

Num dos mais notáveis e clássicos estudos dos efeitos do controle na saúde, as Dras. Ellen Langer e Judith Rodin fizeram uma intervenção num asilo de velhos para ver se, aumentando a visão do controle, melhoravam-se a saúde e o bem-estar.[39] Como o asilo tinha muitos andares e pouca interação entre os residentes, Ellen e Judith puderam escolher aleatoriamente um andar para receber a intervenção e outro para servir como comparação. Na superfície, a intervenção parecia muito simples. Um administrador da casa fez uma apresentação para os residentes do andar sob intervenção, enfatizando o quanto eles poderiam influenciar suas vidas na instituição. Disselhes, por exemplo, que podiam decidir como arrumar seu quarto pessoal, escolher onde na instalação receber amigos e escolher atividades das quais participar, como ver televisão, ler ou planejar eventos sociais. Também decidiram qual de duas noites seria destinada a exibições especiais de cinema. Finalmente, foi-lhes oferecida uma plantinha como presente da instalação, que eles tinham liberdade de aceitar ou não. Se a aceitassem, podiam decidir como cuidar dela. Na realidade, nada mudou na instituição — tudo que disseram aos residentes já estava em seu poder. O administrador simplesmente deu mais destaque às escolhas e ao controle deles.

No andar de comparação, fez-se uma apresentação para os residentes, mas a ênfase foi maior no que eles *podiam* fazer do que no que podiam *preferir* fazer. *Permitiam-lhes* visitar outros residentes, seus quartos eram arrumados para seu conforto *pela equipe*, deram-lhes uma planta (sem opção de recusa) que seria *cuidada pelos enfermeiros* e *disseram-lhes* qual noite seria a do cinema.

Após apenas três semanas, os residentes que tinham escolhas comunicaram que estavam significativamente mais satisfeitos e mais ativos, e foram classificados pelos enfermeiros como tal — embora os enfermeiros não soubessem da sutil intervenção ocorrida. O que ocorreu após um ano e meio foi espantoso. Antes da intervenção, a taxa de mortalidade em toda a instituição era de 25% num período de um ano e meio. Mas no ano e meio depois, *apenas 15% dos residentes do andar da intervenção haviam morrido em relação a 30% dos do andar de comparação.*

Como se pode ver, ter um senso de controle, poder escolher e ter opções e flexibilidade são, sem dúvida, dimensões críticas de nossa felicidade e saúde. Como esses tipos de opções são mais disponíveis para pessoas nos degraus de cima do SEP, respondem elas pelo gradiente SEP/saúde? A ciência ainda não ofereceu uma resposta. Mas é uma possibilidade intrigante, pois o estudo do asilo de velhos sugere que mesmo pequenas mudanças em nossas visões de controle podem ajudar.

Rumo a um Mau Começo?

A maior parte da pesquisa sobre SEP e saúde se concentra na posição econômica dos adultos, quando os cientistas determinam como o *atual* nível de educação, renda ou *status* ocupacional deles se relaciona com doença ou morte. Contudo, é possível que os efeitos do SEP comecem na infância? Pode a adversidade econômica vivenciada na infância, ou pelo menos nos primeiros anos, montar o palco para problemas de saúde na idade adulta? Em caso positivo, pode a eliminação de privação econômica na idade adulta conter ou reverter as seqüelas negativas das desvantagens na infância?

Uma das mais novas teorias sugere que grande parte do efeito do gradiente na saúde adulta ocorre porque os adultos menos ricos foram também menos ricos quando crianças. O Dr. Clyde Hertzman, da Universidade da Colúmbia Britânica, é um dos cientistas que afirmam que o material inicial ou a privação psicossocial contribuem para a posterior má saúde no adulto. Muitos indícios sustentam essa idéia. Primeiro, e sem surpresas, os cientistas sabem que as crianças de baixas origens SEP sofrem mais doenças e problemas emocionais e comportamentais do que as de SEP mais alto.[40] Segundo, alguns estudos mostram que as crianças criadas na pobreza correm mais riscos de problemas como doença cardíaca quando adultas, independente do SEP adulto.[41] Finalmente, os efeitos negativos da desvantagem econômica na infância podem ser cumulativos. Saúde adversa mais tarde na vida é mais provável quanto mais a criança continuar em desvantagem.[42] O pesquisador britânico Dr. David Barker e auxiliares chegaram a especular que a assistência pré-natal desigual, mas predominante entre os pobres, pode afetar negativamente o desenvolvimento do feto, de modo a influenciar a saúde do adulto décadas depois.[43]

> ## A VIDA AO LONGO DA ESCADA ECONÔMICA
>
> **37 por cento** — aqueles de nós que se preocupam com o fato de os professores serem demasiado duros ou constrangedores para os alunos
>
> > *44 por cento* — aqueles com formação até o ensino médio que se preocupam com isso
> >
> > *23 por cento* — aqueles que têm diplomas universitários e se preocupam com isso
>
> **43 por cento** — aqueles de nós que receiam que os filhos não estejam suficientemente preparados para a série seguinte
>
> > *50 por cento* — aqueles com formação até o ensino médio que se preocupam com isso
> >
> > *34 por cento* — aqueles com diploma universitário que se preocupam com isso
>
> **60 por cento** — aqueles de nós que receiam que os filhos estejam adquirindo hábitos e comportamentos contrários a seus valores
>
> > *70 por cento* — aqueles com formação até o ensino médio que se preocupam com isso
> >
> > *51 por cento* — aqueles com diplomas universitários que se preocupam com isso
>
> Adaptado de Miringoff *et al.* (2001).

Os Drs. Carol Ryff e Burt Singer ilustram como as desvantagens cumulativas no correr do ciclo de vida podem ter conseqüências biológicas, e como os recursos sociais podem compensar os efeitos da desvantagem. Usando dados do Estudo Longitudinal de Wisconsin,[44] categorizaram as pessoas como "relativamente donas de vantagens" ou "sem vantagens" economicamente em dois pontos de suas vidas: primeiro, aos 18 anos, em 1957, e depois aos 52 ou 53, em 1992 ou 1993. A relativa vantagem/desvantagem econômica nos anos de juventude era definida pelo fato de os pais estarem acima ou abaixo da renda média para o estado de Wisconsin em 1957. A relativa vantagem/desvantagem dos participantes como adultos foi definida pelo fato de eles próprios estarem acima ou abaixo da renda média do grupo no estado.

Os investigadores buscaram determinar se um índice-chave de funcionamento biológico — *a carga alostática* — era significativamente afetado pela desvantagem cumulativa.[45] A carga alostática é uma medida de *status* de composto biológico que inclui fatores como alta pressão sangüínea, excesso de massa corpórea e altos níveis de hormônios como cortisol e catecolaminas. Altos graus de carga alostática indicam prejuízo biológico mais potencialmente prejudicial à saúde. No estudo de Carol Ryff e Burt Singer, a carga alostática variou em conseqüência do *status* econômico na infância e na idade adulta. Foram identificadas altas cargas alostáticas nos participantes que sofreram desvantagens econômicas na infância *e* quando adultos, com os mais baixos níveis naqueles relativamente privilegiados na infância e como adultos. Descobriu-se que o apoio social contrabalançava os efeitos da desvantagem na infância. Os participantes que comunicaram fortes relações e laços estreitos com os pais tinham mais baixos graus de carga alostática. Entre as pessoas desprivilegiadas quando crianças e adultos, as que relataram laços sociais negativos com os pais tinham três vezes mais a carga alostática do que as que relatavam fortes relações com os pais.

Até agora, concentrei-me em riscos individuais de doença e morte atribuíveis ao SEP. Mas há outro indicador de bem-estar econômico que é igualmente importante e mortal. É o grau de desigualdade econômica que existe entre os que estão nos extremos do SEP — os mais ricos membros de nossa sociedade e os menos. Este é o foco do próximo capítulo.

Capítulo 9

Além da Realização Pessoal: Desigualdade e Raça

A VIDA AO LONGO DA ESCADA ECONÔMICA

74 por cento — aqueles de nós que consideram a lacuna entre os ricos e os pobres grande demais

13 por cento — aqueles de nós que consideram a lacuna entre os ricos e os pobres mais ou menos correta

6 por cento — aqueles de nós que consideram a lacuna entre os ricos e os pobres pequena demais

Adaptado de Miringoff et al. (2001).

Na maioria dos países, incluindo os Estados Unidos, há um substancial fosso econômico entre os mais e os menos ricos. Isso não surpreende, já que, por definição, estamos olhando os extremos da posição econômica. Mas o que se reconhece menos é que o tamanho da lacuna varia consideravelmente entre países. Por exemplo, a distância entre os mais e os menos ricos é muito menor no Canadá, na Noruega e na Suécia do que nos Estados Unidos, porém maior na Alemanha Ocidental. A população dos Estados Unidos sempre foi dominada, ao menos numericamente, por famílias de média e baixa rendas. A maioria de nós se encaixa em algum ponto dentro desse grande alcance do SEP. Mas a maioria da riqueza se concentra dentro do grupo relativamente pequeno de indivíduos e famílias no topo da escada do SE. E a parte desse grupo na riqueza torna-se cada vez maior. Durante boa parte do século XX, os 20% de famílias mais ricas ficaram com cerca de 40% da renda total ganha por todas as famílias. Os 60% do meio ficaram com cerca de 54%, deixando 6% de renda para os 20% de baixo. Mas nos últimos 20 anos, mais ou menos, as coisas começaram a mudar. Os 20% mais ricos de famílias agora ficam com 50% da renda total das famílias. Os 60% de famílias no meio tiveram uma redução de sua parte, caindo para 49% do total. O resto da renda, como está, vai para os 20% de baixo. As coisas ficaram ainda melhores para o 1% no topo de rendas de família durante o mercado altista da década de 1990. Esse grupo viu sua parte do total saltar de 11% em 1990 para quase 18% em 1999.[1]

Será isto realmente um problema? E daí se os ricos ficam cada vez mais ricos? Não é sempre assim numa economia de livre mercado? A despeito de razões humanitárias e morais, há uma razão mais concreta pela qual essa lacuna em expansão seja de fato um problema: a desigualdade é ruim porque afeta negativamente a saúde de todos. *Quando a lacuna entre os ricos e os pobres é grande, sofre a saúde de todos.* Eis o que a ciência descobriu sobre a desigualdade.

A desigualdade prevê a expectativa de vida. Em países onde a lacuna entre os ricos e os pobres é maior, a expectativa média de vida para todos é mais curta. Na Alemanha Ocidental e nos Estados Unidos, onde a lacuna é relativamente larga, a expectativa de vida em 1981 era de cerca de 73 (Alemanha Ocidental) e 74 anos (Estados Unidos). Mas, na Suécia e na Noruega, onde era muito menor, a expectativa de vida ficava em torno de 77 anos.[2]

Nos Estados Unidos, a desigualdade prevê mortalidade. Os efeitos sobre a saúde provocados pela desigualdade de renda podem ser vistos nos EUA comparando-se estados com diferentes lacunas de renda e usando-se uma coisa chamada Índice Robin Hood para medir a desigualdade.[3] Como Robin Hood roubava dos ricos e dava aos pobres, o índice com seu nome calcula exatamente quanta renda dos prósperos teria de ser dada aos pobres para equalizar suas rendas. A Figura 11 mostra a relação entre o Índice Robin Hood e a mortalidade nos Estados Unidos. Após levar em conta diferenças de pobreza entre estados, a mortalidade é mais alta naqueles onde o

Figura 11: Relação de Desigualdade de Renda (calculada pelo Índice Robin Hood) e Taxas de Mortalidade Totais por Faixa Etária nos 50 Estados Norte-americanos

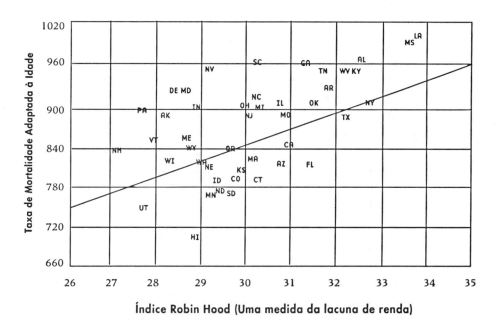

Índice Robin Hood (Uma medida da lacuna de renda)

AL - Alabama, AK - Alaska, AZ - Arizona, AR - Arkansas, CA - Califórnia, CO - Colorado, CT - Connecticut, DE - Delaware, FL - Flórida, GA - Geórgia, AI - Havaí, ID - Idaho, IL - Illinois, IN - Indiana, IA - Iowa, KS - Kansas, KY - Kentucky, LA - Louisiana, ME - Maine, MD - Maryland, MA - Massachusetts, MI - Michigan, MN - Minesota, MS - Mississípi, MO - Missouri, MT - Montana, NE - Nebraska, NV - Nevada, NH - New Hampshire, NJ - Nova Jersey, NM - Novo México, NC - Carolina do Norte, ND - Dakota do Norte, NY - Nova York, OH - Ohio, OK - Oklahoma, OR - Oregon, PA - Pensilvânia, RI - Rhode Island, SC - Carolina do Sul, SD - Dakota do Sul, TN - Tennessee, TX - Texas, UT - Utah, VT - Vermont, VA - Virgínia, WA - Washington, WV - West Virgínia, WI - Wisconsin, WY - Wyoming.

fosso de renda é maior (como Louisiana, Mississípi e Nova York) do que em estados onde é menor (como New Hampshire, Utah e Wisconsin). Pode-se reconhecer que esses estados diferem em mais aspectos do que o Índice Robin Hood e a mortalidade. Em particular, os estados menos equitativos são os que têm mais alta porcentagem de afro-americanos, que, como grupo, têm uma taxa de mortalidade mais alta do que os brancos. Assim, os efeitos podem dever-se mais às diferenças étnicas entre os estados do que ao Índice Robin

Hood. Mas, como observam os pesquisadores, o efeito Robin Hood era o mesmo *dentro* das comunidades negra e branca, quando olhados separadamente. Assim, não é causado por diferenças raciais nas populações dos estados.

Mudanças na desigualdades prevêem mudanças na expectativa de vida. Se a desigualdade de renda contribui para encurtar as expectativas de vida, seria de se esperar que mudanças na desigualdade numa região alterassem a longevidade dos moradores. É exatamente o que ocorre. Em países onde a porcentagem de pessoas que vivem na pobreza aumenta num determinado número de anos, a expectativa de vida decresce no mesmo período.[4] Em países onde as rendas se tornam mais iguais com o tempo, há um correspondente aumento em geral na expectativa de vida no mesmo período.[5]

Como a desigualdade mata? Infelizmente, estamos muito longe de responder a esta pergunta com qualquer grau de certeza. Mas o Dr. Ichiro Kawachi, da Escola de Saúde Pública de Harvard, que realizou grande parte dessa pesquisa, tem algumas idéias. Ele diz:

"A desigualdade prejudica a saúde em parte por seus efeitos deletérios na coesão social. Como os ricos se afastam dos pobres, e a distância social aumenta entre o topo e o pé da distribuição de renda, os ricos começam a separar-se de todas as esferas da vida cívica. Para começar, mudam-se para comunidades exclusivas nos subúrbios, em alguns casos para comunidades trancadas com portões. Também começam a tirar seus filhos das escolas públicas, e a desaparecer de associações cívicas. Quando os ricos se separam da vida cívica assim, duas coisas acontecem. Primeiro, a base de impostos das comunidades diminui quando os mais ricos se mudam para longe, o que tende a uma degradação dos bens públicos, como a qualidade das escolas públicas, das amenidades e das associações. Segundo, os ricos que ficam têm uma voz desproporcionalmente forte na política local, e muitas vezes defendem com vigor cortes de impostos que financiam bens públicos, agravando mais ainda o problema. Em outras palavras, a desigualdade rasga o tecido social."

Como apoio a suas idéias, Kawachi demonstrou uma forte correlação entre a crescente desigualdade e o declínio no capital social — quer dizer, os estados que toleram vastas desigualdades econômicas são aqueles que também têm alto grau de desconfiança cívica.[6]

A Cor da Desigualdade

Raça e etnia são questões que surgem freqüentemente quando se discutem o SEP e a desigualdade. Historicamente, usar raça e etnia definidas como negros, brancos, latinos, índios americanos, ásio-americanos e ilhéus do Pacífico é uma das principais formas como nos categorizamos e agrupamos uns aos outros nos Estados Unidos e fazemos julgamentos sociais.[7]

Quase 40 anos depois da histórica legislação dos direitos civis, muita gente ainda usa raça e etnia para determinar tudo, desde de onde eles vivem, a igreja que freqüentam, com quem se casam, até que loja funerária usam para seus entes queridos.[8]

Não apenas moldam a raça e a etnia muitas das experiências de nossa vida, como podem ser poderosos prognósticos de longevidade. Embora muitas diferenças em saúde e longevidade sejam evidentes entre grupos raciais e étnicos, talvez o exemplo mais impressionante seja a diferença de saúde entre negros e brancos. Em comparação com os brancos, os negros têm mais altas taxas de quase todas as doenças, incluindo as cardíacas, câncer, diabetes, cirrose hepática e HIV/Aids, além de homicídio.[9]

Uma pergunta-chave, assim, é: Por quê? Por que a raça da gente teria tão profundos efeitos sobre a longevidade? Esta questão provocou uma intensa investigação científica em todo o país e transformou uma prioridade de agências de saúde do governo os Institutos Nacionais de Saúde e os Centros de Controle e Prevenção de Doenças. Assim, que sabemos? Sabemos, pelo enorme Projeto de Genoma Humano do governo e outras e outras pesquisas genéticas, que é improvável os genes serem uma fonte das diferenças. Quando se trata de genética, somos essencialmente os mesmos. Segundo o Instituto Nacional de Pesquisa do Genoma, todos os seres humanos partilham cerca de 99% de seus genes, e os geneticistas há muito acreditam que as diferenças genéticas entre *indivíduos* é muito mais significativa que a diferença entre grupos.[10]

Julga-se que a diferença entre negros e brancos no desempenho de comportamentos que se relacionam com a saúde — como fumar, praticar atividade física e fazer dieta — desempenha um papel relevante nas diferenças de saúde. O SEP é, sem dúvida, um réu-chave, em vista da grande lacuna econômica entre os grupos. Embora essa lacuna econômica venha-se fechando nos últimos anos, os negros ainda têm, em média, níveis econômicos e educacionais mais baixos que os brancos.[11]

Em razão das diferenças no SEP entre negros e brancos, pode-se suspeitar que o SEP explique o fosso de saúde entre esses grupos. E de fato explica. Para algumas doenças, se se descontam estatisticamente as diferenças de grupos no SEP, a lacuna raça/saúde reduz-se bastante e, em alguns casos, é completamente eliminada. Um estudo dos Centros de Controle e Prevenção de Doenças é um caso em pauta. Num grande estudo de adultos brancos e negros, cerca de 38% da lacuna em mortes entre os grupos deveram-se a diferenças de grupo no SEP. Outros 31% da lacuna deveram-se a conhecidos fatores de risco como inatividade física, cigarro, alta pressão sangüínea, colesterol alto e excessivo peso corpóreo. Os restantes 31% da diferença não puderam ser explicados.[12]

Assim, o SEP é parte importante do fosso de saúde branco/negro, mas que dizer daqueles 31% que não puderam ser explicados? Poderia isso ter alguma coisa a ver com o SEP também? Acho que sim, mas talvez não tenha a ver com o SEP *individual*. Há algum indício de que, mesmo quando os SEPs individuais são iguais, os negros se dão pior que os brancos em termos de saúde, sobretudo negros da ponta de baixo do espectro econômico. Quer dizer, a população negra mais pobre tende a ter taxas de mortalidade mais altas que os brancos pobres.[13]

O que pode estar acontecendo? O SEP ainda pode estar desempenhando um papel, mas talvez não tanto o individual quanto o coletivo dos bairros onde moram os negros mais pobres. Estes e os brancos mais pobres em geral vivem em tipos fundamentalmente diferentes de bairros. Os negros pobres tendem a morar em bairros onde a maioria dos vizinhos também é pobre, enquanto os brancos pobres moram em áreas onde os pobres não são maioria.[14] Em outras palavras, os brancos mais pobres são mais economicamente integrados com outros.

Por que isso contaria para explicar diferenças de saúde entre negros e brancos pobres? Conta porque os bairros onde moram mais indivíduos pobres são, o que não surpreende, também bairros com as mais altas taxas de mortalidade. O que *surpreende*, porém, é que esses bairros são insalubres *mesmo para os não-pobres que lá moram*.[15] As mortes por todas as causas são mais elevadas nesses bairros, não apenas por causas tipicamente associadas aos pobres em risco — uma pessoa de classe média que mora num bairro pobre corre maior risco de morte que uma pessoa de classe média que mora numa área de não-pobres. Não sabemos ainda por que é assim, mas, qualquer que seja o motivo, os negros estão mais expostos a isso que os brancos.

Em suma, está claro que o SEP é uma grande parte do enigma raça/saúde e pode exercer sua influência de alguns modos surpreendentes. Mas, além da questão de raça, um aspecto importante é que o SEP não trata apenas de indivíduos e de sua educação, renda e conquistas. Trata também do SEP coletivo dos bairros e comunidades nos quais vivemos. Quando o bem-estar econômico geral das comunidades é baixo, todos sofremos, independente de nosso SEP pessoal.

Conclusão da Parte IV

Quando estava no NIH, atuei num comitê que criava um plano para aumentar o financiamento de pesquisa sobre disparidades de saúde, que ofereceria informação para melhor entender e eliminar as diferenças raciais e econômicas na saúde. Numa das reuniões, alguém observou que talvez o SEP não justificasse esse interesse, e que o NIH devia concentrar-se em coisas que a ciência pode estudar e fazer de fato alguma coisa a respeito. Essa pessoa não sabia que o NIH, na verdade, financia muitas pesquisas sobre o SEP e a saúde. E espero que, a partir deste capítulo, fique evidente que os efeitos do SEP sobre a saúde podem ser estudados usando-se métodos científicos padrão. O que está menos claro é o que se deve fazer em resposta às descobertas. Em vista do que sabemos sobre o SEP, que medidas se devem tomar para aumentar a longevidade?

A natureza das influências econômicas na saúde suscitam questões nos níveis individual e social. No nível individual, devemos lutar para obter mais educação, ganhar mais dinheiro ou procurar empregos que permitam mais controle e capacidade de decidir, pelos benefícios que possam advir? Quer dizer, devemos trabalhar para diminuir o impacto do gradiente, melhorando nossas posições nele? Em muitos aspectos, as respostas a estas perguntas para muitos de nós seria sim, mesmo que o gradiente SEP/saúde não existisse. Subir um ou dois degraus na escada do SEP e deixar a nós mesmos e às nossas famílias com mais segurança financeira é uma grande meta em nossa sociedade. Há um valor intrínseco em obter mais educação ou um emprego que ofereça mais flexibilidade, controle e remuneração. O fato de que conseguir maior segurança econômica ou educação traz consigo um benefício à saúde é a glace do bolo, não necessariamente a influência motivadora.

Um desafio mais complexo suscitado pelo gradiente é que nos obriga a ver, além de nós mesmos e às nossas necessidades individuais — afastando-nos da *"minha* saúde e bem-estar" —, as necessidades de saúde da sociedade como um todo, com ênfase em *"nossa* saúde e bem-estar". As questões mais prementes suscitadas quando penso em "nossa saúde" da perspectiva do gradiente SEP/saúde são os efeitos sobre a saúde da desigualdade econômica e o desproporcional fardo de riqueza sentido por aqueles na ponta de baixo do SEP. Nossa saúde coletiva está em grande parte atada à distância econômica entre os mais ricos e os mais pobres em nossa sociedade. O tremendo fardo de doença suportado pelos menos ricos entre nós não combina com os princípios de igualdade e justiça a que aspira a sociedade. Portanto, a meta de reduzir o impacto da desigualdade econômica e baixar o SEP combina interesse próprio esclarecido e altruísmo. Mas só podemos agir até um determinado ponto, como indivíduos, para alcançar essa meta. Fazem-se necessárias mudanças nas políticas de saúde. Isso significa que líderes locais, nos governos estaduais e nacionais, deviam interessar-se pelo gradiente SEP-saúde e as desigualdades sociais? Não, em absoluto. Pense a respeito. Se os pesquisadores biológicos descobrissem um vírus ligado a quase todas as causas de morte e invalidez, resultando em indizível sofrimento e custos médicos, alterar esse vírus seria uma prioridade nacional de saúde. A desigualdade econômica e o baixo SEP são os equivalentes sociais desse vírus hipotético, e alterar o impacto *deles* deveria ser uma prioridade nacional. Podemos decidir melhorar as vidas da maioria dos mais negativamente afetados pelo gradiente — as famílias e os indivíduos da classe operária do mais baixo SEP. Embora o SEP também afete as classes média e alta, pessoas de baixo SEP ficam com o peso todo — assistência médica de má qualidade ou ausente, bairros insalubres, fatores que promovem comportamentos não-saudáveis e tensões crônicas, para darmos apenas alguns exemplos. Também podemos agir para reduzir a lacuna econômica entre os do topo e os de baixo do SEP. Quando esse fosso é pequeno, todos nos beneficiamos. Surpreendentemente, as mudanças de políticas públicas exigidas para alcançar esses fins não significariam afastamentos da norma, mas apenas uma mudança de ênfase e prioridades. Um comunicado recente intitulado "Melhorando a Saúde: Não é Preciso uma Revolução",[16] esboça modestas medidas que podemos tomar como sociedade para alterar os efeitos do gradiente SEP. Eis algumas:

- Investir na infância com políticas que reconheçam explicitamente como o desenvolvimento infantil é importante influencia toda a vida, tais como melhor preparação dos pais, educação pré-escolar e programas de nutrição.
- Oferecer serviços e oportunidades que busquem fechar a lacuna entre os prósperos e os menos prósperos, incluindo melhor habitação de baixa renda, educação comunitária, nutrição, formação profissional e programas de prevenção de doenças; e melhor acesso a uma assistência médica de qualidade.
- Melhorar ambientes de trabalho envolvendo-se os empregados nas tomadas de decisão, oferecer políticas de folgas e horários de trabalho flexíveis e maiores oportunidades de treinamento profissional.
- Oferecer forte apoio aos esforços comunitários visando facilitar o desenvolvimento econômico e o poder, aumentar a participação cívica e construir redes sociais mais fortes para conter os efeitos do baixo SEP.
- Reduzir as desigualdades econômicas por meio de políticas de impostos, transferência e emprego. Os exemplos incluem aumentar o Crédito de Imposto de Renda Ganho (que reduz o fardo fiscal sobre os trabalhadores com rendas muito baixas), o salário mínimo e a compensação por desemprego.
- Avaliar o impacto na saúde das políticas financeiras e sociais. Por exemplo, quais são as implicações para a saúde de um substancial

decréscimo do fardo de impostos sobre os 5% dos americanos mais ricos (como fizemos em anos recentes)? Isso aumenta ou reduz as desigualdades? Qual é o impacto sobre a saúde de nosso país como um todo?

Não temos de iniciar uma revolução social ou abandonar nossa economia de livre mercado para fazer o que é certo e reduzir as disparidades de saúde. Com o tempo, mudanças graduais podem render grandes dividendos de saúde.

PARTE V

FÉ E SIGNIFICADO: DIMENSÕES EXISTENCIAIS, RELIGIOSAS E ESPIRITUAIS DA SAÚDE

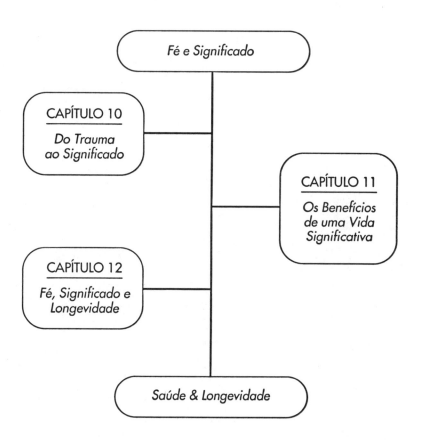

> (...) *arrisco-me a dizer que não existe nada no mundo que ajudaria mais efetivamente alguém a sobreviver mesmo nas piores condições que o conhecimento de que há um significado em sua vida.*
>
> — Viktor Frankl, *Man's Search for Meaning*[1]

O Holocausto situa-se na história do mundo como entre os mais odiosos tratamentos de um povo por outro. Os sobreviventes, "refugiados da repressão", como William B. Helmreich se refere a eles em *Against All Odds*, sofreram constante e sistemática tortura.[2] Milhões morreram. Helmreich passou seis anos estudando a vida dos 140 mil refugiados judeus que se espalharam por todos os Estados Unidos em 1953, e sua aplaudidíssima obra é abrangente e reveladora. Ele realizou 170 entrevistas pessoais para descobrir como as pessoas que haviam sobrevivido aos "fatos cataclísmicos" do Holocausto juntaram os cacos de suas vidas para seguir em frente. As histórias de como os sobreviventes passaram a viver após a guerra são tão individuais quanto suas vidas antes do Holocausto. Muitos conseguiram sucesso financeiro e pessoal, envolvendo-se na vida familiar e comunitária. Helmreich descobriu dez atributos comuns entre os sobreviventes que foram em frente e "viveram vidas positivas e úteis depois da guerra", e dá a seus leitores uma grande intuição de como eles se impuseram. Curiosamente, duas das dez características que ele observou foram discutidas em capítulos anteriores: otimismo e apoio social. Uma terceira é o foco desta parte do livro — descobrir significado. Helmreich explicou que, após aceitar que haviam sobrevivido de algum modo quando outros não, um importante aspecto para chegar a um senso de bem-estar foi a capacidade dos sobreviventes de traduzir sua "boa sorte num motivo concreto para seguir em frente". Em essência, os sobreviventes que se adaptaram bem puderam interpretar sua sobrevivência de uma forma que deu propósito ao resto de suas vidas.

Os desafios que enfrentamos, obviamente, não se comparam com a brutalidade no longo prazo do Holocausto, mas os nossos, ainda assim, nos parecem arrasadoramente dolorosos. E temos de algum modo de reunir nossos recursos para seguir em frente. Como, porém? Como chegamos a termos com experiências tão devastadoras que ameaçam destruir nossas vidas, pondo-nos num caminho que nem previmos nem desejávamos? Fatos que destroem crenças há muito sustentadas? Fatos de tal magnitude que ameaçam mesmo o estilo explicativo mais otimista — como receber uma diagnose médica terminal, assistir à morte de uma criança, ser mantido em cativeiro durante o Holocausto e escravidão, ou perder um ente querido durante os pavorosos ataques terroristas de 11 de setembro de 2001. Esses fatos simplesmente nos transportam para além de querer identificar as causas do que aconteceu, além de desejar atribuir responsabilidade a alguém ou alguma coisa. São circunstâncias que nos levam a fazer a mais existencial pergunta *por quê?* "Porque aconteceu isso?" ou, mais objetivamente, "Por que isso aconteceu *a mim ou a um ente querido?*". Todo dia alguém levanta esses tipos de questões sob diferentes formas: "Por que minha esposa tinha de morrer?", "Por que meu filho tinha de morrer?", "Por que meu casamento tinha de acabar?", "Por que eu peguei câncer?".

Nos capítulos seguintes, examino pesquisas e histórias pessoais sobre a pergunta *por quê*, que em essência é uma busca de sentido. Encontrar significado é o processo de adquirir uma compreensão ou uma percepção mais profundas de fatos inquestionavelmente adversos. Mas encontrar sentido é mais que adquirir compreensão. Envolve também descobrir benefícios, sentir crescimento, ou mesmo prosperar após os reveses da vida. Escolhi a área da descoberta de significado como um exemplo do aspecto existencial/religioso/espiritual da saúde porque, como vocês vão ver, abrange efetivamente muitos temas importantes.

Reynolds Price é uma daquelas pessoas que sofreram um desastre mas que acabou podendo extrair sentido dele. O premiado autor e renomado professor da Duke University estava no auge de sua carreira literária quando, em 1984, foi diagnosticado com um tumor maligno espinhal. Ele sobreviveu e, embora confinado a uma cadeira de rodas, escreveu em seu livro *A Whole New Life*:

Então é o *desastre*, sim, para mim, por algum tempo — grandes fatias de nossos anos. *Catástrofe*, sem dúvida, uma vida literalmente de cabeça para baixo, com todas as partes espalhadas e algumas das mais urgentes perdidas para sempre, dentro e fora. Mas, se me chamassem para avaliar honestamente minha vida atual ao lado do meu passado — os anos de 1933 a 1984, em comparação com os posteriores —, eu teria de dizer que, apesar de uns prazerosos 50 anos iniciais, estes últimos desde a plena catástrofe passaram ainda melhor. Trouxeram mais para dentro e botaram mais para fora — mais amor e atenção, mais conhecimento e paciência, mais trabalho em menos tempo.

Price enfatiza as palavras "desastre" e "catástrofe", sem dúvida para ilustrar, em termos inequívocos, a magnitude do impacto que a doença teve em sua vida. Mas do estrago do câncer e da invalidez surge uma vida nova, que ele diz ter "passado ainda melhor" que os 50 anos anteriores. Ele alude aqui, e em outras partes do livro, a melhoras em suas relações e em sua produtividade no trabalho. Sua história ilumina, numa única experiência, o que os cientistas estão documentando em escala maior: as pessoas muitas vezes recebem uma impressionante e inesperada reviravolta da adversidade e do trauma.

A pesquisa sobre a descoberta de sentido após uma crise não é nova, mas apenas começa a florir. Para mim, é um dos mais intrigantes aspectos da nova ciência médica, porque se relaciona com uma compreensão secular — o sentido do sofrimento. Líderes espirituais e religiosos têm tratado disso há séculos. Na verdade, a religião e a espiritualidade são rotas-chave para muita gente encontrar sentido, e os cientistas estudam agora sistematicamente até onde práticas religiosas são de fato efetivas durante provações e tribulações.

Na verdade, como algumas pesquisas vêm demonstrando, esse torvelinho emocional é apenas parte da experiência da adversidade. Para a maioria de nós, a adversidade pode ter um valor paradoxal, imprevisto, mas inegável — contribui para o bem-estar físico e, muitas vezes, para uma vida mais longa.

Capítulo 10

Do Trauma ao Significado

O Trauma e o Sentido Maior das Coisas

Em outubro de 2000, Carol Muske-Dukes estava pronta para publicar seu último romance, *Life After Death*, que o *Los Angeles Times* depois descreveria como uma história "sobre o destino de um jovem casal quando o marido morre inesperadamente num jogo de tênis. A essência do romance gira em torno do diálogo que continua entre dois amantes mesmo depois que um deles morre".[1] Em 9 de outubro, o clichê de que a arte imita a vida se tornou demasiado real para Carol. O marido com quem estava casada havia 17 anos, um ator de 55 anos, morreu de ataque cardíaco numa viagem de negócios — quando jogava tênis. Não tinha histórico de doença cardíaca.

"Não houve dor, doença, nenhum sinal de qualquer coisa errada", lembra Carol. "Com a morte súbita, o mundo dela virou de cabeça para baixo." Ela prossegue: "De repente, a pessoa que definiu sua galáxia se vai. O sistema solar muda. Você não está mais no mesmo lugar em relação ao Sol. Sua bússola não aponta mais para o norte. Está girando."[2]

Para ela, e para milhares de outras pessoas, a tragédia de uma perda devastadora é realmente um fato transformador. Muitos sobreviventes de tragédias dividem suas vidas em duas partes — antes e depois. Os traumas desafiam nossas crenças há muito sustentadas, muitas vezes a vida inteira sobre o mundo. No capítulo sobre expectativas e explicações, discuti como nossas crenças ou visões de mundo centrais determinam se interpretamos os fatos de uma maneira otimista ou pessimista. Mas nossas suposições e teorias sobre o mundo têm uma qualidade existencial que vai além de estilos otimistas ou pessimistas. Como observou o psicólogo Dr. C. Murray Parkes, nosso "mundo assumido é composto de um conjunto fortemente estabelecido de suposições sobre o mundo e o eu, confiantemente mantido e usado como meio de reconhecer, planejar e agir".[3] A pesquisa demonstra que a tragédia — uma virada indesejada e inesperada dos fatos — despedaça nosso mundo assumido, deixando-nos numa espécie de vácuo existencial. Nosso sucesso ou fracasso na reconstrução de uma nova visão do mundo — que torne compreensível o fato desagradável — desempenha um papel importante na determinação de nosso futuro bem-estar.

Com experiências extremamente traumáticas, o que acontece à maioria de nós é análogo ao processo de aprendizado sobre o mundo quando ainda bebês e crianças. Os psicólogos sabem que os muito novos aprendem sobre o mundo por dois processos: *assimilação* e *acomodação*. Com a assimilação, eles tentam encaixar as novas experiências em categorias, ou "esquemas cognitivos", que já existem. Imagine que os novos esquemas cognitivos são pequenas pastas de arquivos que temos na cabeça para categorizar o que conhecemos. Quando diante de um novo estímulo, tentamos arquivá-lo — isto é, assimilá-lo — dentro de um esquema existente. Para uma criança com esquemas limitados, um avião pode ser um "pássaro", um homem estranho, "um papai", e um ônibus, um "carro". Quando as novas experiências não se fundem facilmente com os esquemas existentes, e quando ocorre um novo aprendizado, começa a acomodação. Com a acomodação, a criança aprende a desenvolver outros esquemas, como um novo para "homem", diferente do de "papai". Para os muito jovens, a acomodação é uma experiência transformadora, mudando e expandindo permanentemente sua visão de mundo e oferecendo novas informações com as quais interpretar as experiências.

Como as crianças, os adultos têm esquemas cognitivos. Muitos psicólogos acreditam que os esquemas adultos incluem nossas crenças, suposições, explicações e teorias sobre o mundo.[4] Na verdade, os esquemas adultos incluem tudo o que conhecemos, acreditamos, supomos ou pensamos que é importante sobre um determinado tema. Os esquemas nos ajudam a peneirar a barragem de informação a que somos constantemente expostos. Como as crianças, os adultos também precisam determinar se uma nova informação pode ser assimilada em esquemas existentes ou ser acomodada pela mudança de esquema ou criação de um novo.

Nós, inconscientemente, perguntamos: "Essa nova informação combina com o que eu sei dessa categoria ou não?", "Essa nova informação exige que eu mude?". O importante a lembrar sobre os esquemas é que eles *não* mudam com muita facilidade. A assimilação é a regra, e evita-se a acomodação por meio de novos esquemas. Rejeitaremos e esqueceremos rapidamente uma informação que contradiga nossos esquemas, mas aceitaremos à velocidade do raio e lembraremos palavra por palavra a informação que apóia nossas crenças entranhadas. Queremos continuar acreditando no que já acreditamos.[5] Por exemplo, digamos que você tenha um esquema sobre aviões que inclui a teoria de que eles não são seguros. É provável que dê pouca atenção ao fato de que milhares de aviões decolam e pousam em segurança todo dia, no mundo todo. Ignora isso porque não bate com seu esquema sobre aviões. Mas, se há um acidente, seu esquema tem os dados que precisa para justificar sua existência. "A-ha!", você pensará. "Eu sabia que os aviões não são seguros!"

Por que nos agarramos a nossas suposições e crenças mesmo em face de informações que as contradizem? Segundo o psicólogo Dr. Ronnie Janoff-Bullman, da Universidade de Massachusetts, autor de *Shattered Assumptions: Towards a New Psychology of Trauma*:[6] "Nosso conservadorismo na manutenção de esquemas resulta de uma necessidade fundamental de estabilidade e coerência em nossos sistemas conceituais. Em geral, nossos esquemas nos servem bem. São construídos e solidificados com os anos de experiência e, como estruturas estáveis, proporcionam-nos o equilíbrio necessário para funcionarmos num mundo complexo e em mudança."[7] Janoff-Bullman acredita que o motivo de os acontecimentos traumáticos serem tão difíceis para nós é que contestam e ameaçam nossos esquemas sobre o mundo. Nós supomos que o mundo é em geral um bom lugar, e embora aconteçam coisas ruins, supomos que não vão acontecer a nós.[8] Acreditamos que o mundo é justo e tem sentido, que coisas boas e ruins se distribuem com justiça. E embora tenhamos bastantes provas do contrário (por exemplo, atos de violência aleatórios, mortes e invalidezes de crianças, famílias com mais que seu justo quinhão de dificuldades), queremos acreditar que as pessoas em geral recebem o que merecem, o que os psicólogos chamam "Teoria do Mundo Justo".[9]

Mas também o impensável acontece. Contraímos câncer, sofremos um acidente sério, perdemos um filho ou um cônjuge, ou somos vítimas de um crime. Vemo-nos diante de provas incontroversas de que nossas suposições básicas sobre nós mesmos e o mundo são incorretas. Quando o marido morreu inesperadamente, Carol Muske-Dukes teve de assimilar a experiência em seu estabelecido esquema sobre si mesma, seu parceiro e a vida que haviam planejado juntos. Esse processo de mudança de esquema é extraordinariamente difícil. Um cônjuge sobrevivente não pode assimilar facilmente a nova e trágica experiência, mas é demasiado visível, demasiado implacável para se descartar. Pedi a Carol que explicasse por que é tão difícil assimilar fatos que violam nossas suposições. Ela disse:

"Os fatos traumáticos são demasiado fortes emocionalmente para serem descartados ou ignorados. Desafiam dramaticamente as suposições mesmas que possibilitaram às vítimas ver suas vidas diárias com um senso de segurança e estabilidade. Resistimos geralmente a mudar nossos esquemas, sobretudo nossas mais fundamentais teorias sobre o mundo e nós mesmos, pois formam a base sobre a qual se erguem as outras crenças. Mudanças nesse nível ameaçam romper todo o sistema, como grandes rachaduras na base de uma casa põem em perigo a estabilidade de toda a estrutura. Mas as vítimas, de repente, têm demasiada consciência de que suas velhas e confortáveis teorias não explicam sua experiência traumática. A tarefa de enfrentamento inicial é monumental, quando elas lutam para manter a coerência de seu mundo psicológico trabalhando para integrar a poderosa e adversa experiência. No fim, as vítimas de traumas lutam para reconstruir e remodelar seu mundo interno para que as novas crenças fundamentais reconheçam a realidade de seus fatos traumáticos, mas ofereçam uma visão do mundo não inteiramente ameaçadora. Em termos psicológicos, isso é incrivelmente difícil."

Algumas vítimas da tensão criada pela incongruência entre o trauma e suas suposições são levadas a mudar completamente as suposições há muito mantidas sobre a benevolência do mundo e mesmo de seu próprio valor.[10] Para fazer a experiência traumática encaixar-se, têm de supor que o mundo não é um lugar justo e benévolo, ou que elas, de algum modo, não merecem uma vida prazerosa. Essa reavaliação pode levar a uma espiral descendente de pessimismo e cinismo e, potencialmente, a uma má saúde. Mas a pesquisa está descobrindo que, para muitos outros, a reconciliação do conflito entre suposições e realidade não tem de seguir esse curso mais negativo. Muitos sobreviventes descobriram outra forma de sair do dilema cognitivo — encontram significado e crescem com a adversidade.

O que Significa Tudo Isso?

Ao discutir a súbita morte do marido, Carol Muske-Dukes manifestou pesar e uma nova perspectiva de vida:

"Nós nos movíamos tão rápido que parece que jamais tivemos uma chance de realmente celebrar a extraordinária riqueza de nossas vidas juntos. Quer dizer, celebramos, sim, mas de uma maneira muito casual. É uma grande lição para mim hoje... Percebo que devo parar para apreciar o que está imediatamente à minha frente num determinado momento."[11]

É um sentimento partilhado por Linda Ellerbee. Vocês sabem, pelos capítulos anteriores, que essa destacada jornalista é uma sobrevivente de longa data do câncer. Ela também me falou do novo sentido que tomou forma em sua vida por causa da diagnose.

Um bom amigo soropositivo de Linda disse a ela que boas coisas lhe viriam por ter uma doença que ameaçava sua vida. Ela disse que pensou alguma coisa tipo "Ééé, certo", mas depois compreendeu como o amigo tinha razão.

"Vieram-me boas coisas", disse. "Um melhor senso de proporção sobre minha vida, toda a coisa difícil... a gente leva mais tempo para sentir o cheiro das flores, mas tem de continuar lembrando de si mesmo." Como muitos sobreviventes, Linda encontra sentido em simplesmente estar viva. "Desde que tive câncer, todo verão, no meu aniversário, em agosto, eu encho a mochila e saio para uma semana sozinha no mato. Essa semana é um tempo para eu me trancar e escutar. Ver a beleza numa flor ou ouvir a beleza no vento e nas árvores, ou sentir a beleza de dormir sob as estrelas à noite, e ser agradecida pelo ano que acabo de ter. Ser agradecida por estar acordada, viva e saudável no topo de uma montanha, ter sobrevivido ao câncer para comemorar meu aniversário."

É óbvio que nem Carol nem Linda desejavam a adversidade. Nenhum de nós a deseja. Ela chega como um hóspede indesejado, não bem-vindo, invade nosso espaço vital e drena nossos recursos emocionais e físicos. Como se pode voltar e impedir que os reveses da vida reclamem completa vitória? Uma chave para a recuperação é nossa capacidade de encontrar sentido no fato. Isso implica descobrir uma resposta aceitável para a pergunta *por quê*. Como já expliquei, encontrar sentido pode envolver a assimilação do fato em nossos esquemas existentes, criando novas visões de mundo para acomodá-lo ou mesmo redefinir quem nós somos.[12]

Reynolds Price, por exemplo, descreveu em termos crus como foi essencial para ele aceitar suas novas circunstâncias, como teria sido benéfico se ele se houvesse redefinido mais rapidamente, mesmo após o câncer que o deixou inválido:

> A coisa mais bondosa que alguém poderia ter feito por mim, assim que acabei as cinco semanas de radiação, teria sido me olhar direto nos olhos e dizer claramente: "Reynolds Price morreu. Quem será você agora? Quem você *pode* ser e como *pode* chegar lá, em ritmo acelerado?" Por mais cruel e inútil que isso parecesse na esteira do trauma, acho que essa verdade haveria calado fundo em mim e acabaria por chamar minha atenção muito mais cedo do que eu consegui descobrir por mim mesmo.[13]

"Reynolds Price morreu. Quem será você agora?" Estas palavras que Price disse que poderiam tê-lo ajudado durante sua fase mais crítica são chocantes, mas, de fato, revelam um grande passo para a descoberta de sentido que pode necessitar soltar um velho eu ou velhas suposições e recriar e redefinir quem você é agora. Algumas pessoas realmente atravessam uma experiência traumática com a visão de que suas vidas se beneficiaram com ela, que aspectos de suas vidas estão não apenas diferentes, mas de algum modo melhores como resultado da adversidade. Estima-se, por exemplo, que até 50% de pessoas que passaram por crises da vida relatam alguns benefícios extraídos delas.[14]

O deputado Tom Osborne é uma dessas pessoas. Habitante de quarta geração de Nebraska, tomou posse como membro da Câmara dos Deputados americana em janeiro de 2001. Após formar-se na universidade, jogou três temporadas na Liga Nacional de Futebol Americano, antes que um ferimento encerrasse sua carreira. Ele me disse: "Na época, foi difícil ver, mas, quando olho para trás, foi provavelmente a melhor coisa que já me aconteceu."

Sem o ferimento, ele disse que poderia ter tido mais dez anos com a Liga. Mas o futebol profissional não era uma profissão tão lucrativa quando ele jogava. Acrescentou que, na certa, teria chegado à aposentadoria aos trinta e poucos anos, sem um plano. Por causa do ferimento, voltou à Universidade de Nebraska, onde conheceu a esposa e ganhou um diploma de bacharel e um doutorado em psicologia educacional. Trabalhou como assistente universitário para a equipe de treinadores de futebol americano, o que o levou a uma carreira de treinador. Treinou os Cornhuskers de 1972 a 1997, conduzindo-os a três campeonatos nacionais. Osborne provavelmente não teria imaginado um resultado tão maravilhoso daquele ferimento. Ele resume um sentimento comum:

"A adversidade não é sempre nossa inimiga. Em muitos aspectos, é nossa amiga, e muito crescimento e progresso se dão por circunstâncias adversas. Depende de nossa orientação."[15]

Matt Vayne, o jovem de Columbine de quem falei no capítulo sobre revelação, aprendeu da maneira mais difícil a incluir a descoberta de sentido em sua visão da cura. Parte dessa "cura para trás" foi tentar ajudar os outros a encontrarem sentido antes de examinar seus próprios sentimentos, para entender o que as tragédias significavam para ele. Disse:

"Eu fiquei extremamente ocupado e, assim, não tive tempo de compreender quais eram meus próprios sentimentos." O suicídio de seu amigo Greg obrigou-o a reavaliar o que acontecia à sua volta, para manter o pé no chão. "Não era saudável para mim simplesmente me manter ocupado o tempo todo. Quando Greg se matou, tudo isso explodiu direto na minha cara, e tive de recomeçar tudo."

Agora, ele sabe que "eu quero tornar a perda [dos alunos de Columbine] significativa para minha vida, e fazer isso falando em público e continuando o legado deles".

Lembrando o companheiro de basquete, ele diz que quer usar seu talento para falar, que se manifestou após a tragédia de Columbine, para alertar outras pessoas sobre a ameaça do suicídio. Finalmente, encontrou sentido no que aconteceu e uma âncora para seu próprio futuro como resultado disso. Varney diz orgulhar-se de ser um recurso de esperança para outras pessoas.

A Dra. Crystal Park, da Universidade de Connecticut, especialista em pesquisa sobre descoberta de sentido, descreve-a como um processo, em grande parte como sugeririam as experiências de Varney, Price e outros. Ela me disse:

"Encontrar sentido envolve a tentativa ativa, mas não necessariamente deliberada, de reavaliar ou ver a experiência estressante sob um ângulo diferente, para que se torne menos discrepante com nossas visões sobre como o mundo funciona ou seus desejos sobre o que você *queria* que acontecesse. Esse processo de reavaliação pode tornar o fato menos ameaçador para nossas queridas crenças e metas."

Crystal adverte, porém, que essa reavaliação nem sempre é eficaz, sobretudo de fatos tão dramáticos que obrigam as pessoas a alterar crenças e metas há muito mantidas. Mas isso não é sempre ruim.

"Usar a experiência como um catalisador de mudanças positivas em nossa vida é uma das estratégias mais adaptadoras que uma pessoa pode escolher para fazer sentido", disse.

A Dra. Shelley Taylor, da Universidade da Califórnia, em Los Angeles, tem escrito extensamente sobre a experiência de encontrar sentido em fatos traumáticos, o que ela acredita ser um componente-chave do que chama de "processamento cognitivo". Isso envolve várias fases, incluindo pensar e ruminar ativamente sobre o fato traumático, prestar atenção aos pensamentos e sentimentos que surgem e avaliar as implicações do fato para a vida e o futuro.[16] Embora no capítulo sobre revelação eu tenha falado em ruminação numa luz negativa, na verdade é a primeira fase para aceitar a adversidade. Só é um problema se continua firme e não se empreende nenhuma ação para superá-lo. Temas novos e mais estimulantes podem surgir quando vamos além da ruminação e avaliamos a implicação do fato para nosso futuro.

Crystal descobriu que um número suficientemente alto das 78 mulheres em seu estudo de câncer no seio relatou resultados positivos com suas doenças. Muitas fizeram comentários como:[17]

> "Sinto-me como se estivesse, pela primeira vez, realmente consciente."
>
> "Tenho muito mais prazer a cada dia, cada momento. Não estou tão preocupada com o que é ou não é ou o que eu desejo que fosse. Todas essas coisas com que a gente se enrola agora não parecem fazer parte da minha vida."
>
> "Damos uma longa olhada na vida e percebemos que muitas coisas que julgávamos importantes são totalmente insignificantes. Essa foi provavelmente a maior mudança em minha vida. O que a gente faz é pôr as coisas em perspectiva. Descobre que todas as coisas, como as relações, são realmente as coisas mais importantes que a gente tem, as pessoas que a gente conhece e a família, tudo mais está mais abaixo na linha. É muito estranho que seja preciso ocorrer uma coisa tão séria para fazer a gente perceber isso."

Os pacientes de Crystal não são únicos nessa experiência. A pesquisa já documentou essa notável capacidade de descobrir significado em benefícios na adversidade entre muitas pessoas que vivenciam doenças ameaçadoras, luto, divórcio, desastres naturais e até exposição à guerra.

Câncer. Os cientistas documentaram que muitos pacientes de câncer relatam uma nova e mais positiva perspectiva da vida como resultado da doença. Num resumo de estudos sobre esse tema, chegou-se à seguinte conclusão: "Embora associado com intensa crise, o câncer ao mesmo tempo gera significativos ganhos em apreciação que surgem do confronto com a mortalidade, a doença e a luta pela saúde. Não apenas os sobreviventes parecem mais satisfeitos com suas vidas como um todo, mas passam a aceitar mais a si mesmos, e muitas vezes encontram renovado interesse pela religião, enquanto refletem acerca de uma melhor qualidade de vida no presente".[18] No capítulo sobre revelação, falei de Margie Levine, a mal-humorada mulher com aquela rara forma de câncer no pulmão. Ela explica que a espiritualidade desempenhou um grande papel em sua cura.

"Sempre digo às pessoas que se a gente é diagnosticado e não tem uma ligação espiritual, logo vai criar uma, porque isso realmente abre a gente. Abre a gente completamente."

Derrame. Em um estudo de pacientes que haviam sofrido derrame e seus acompanhantes na família, *50% deles e 45% dos parentes puderam encontrar um sentido* na experiência. Muitos dos pacientes comunicaram que após o derrame puderam apreciar mais a vida, aprenderam a diminuir a marcha, tornaram-se mais compadecidos e apreciaram mais a família e os amigos. A mais freqüente resposta entre os acompanhantes foi que passaram a apreciar mais o paciente.[19]

Transplante da medula óssea. O transplante de medula óssea é potencialmente um salva-vidas para muitos pacientes com cânceres malignos, mas também um tratamento muito agressivo, que pode ser emocionalmente extenuante, fisicamente exigente e associado com alto risco de morte.[20] Mas, após esse procedimento, os pacientes relatam efeitos positivos, que ocorrem junto com os sintomas negativos. Um estudo descobriu que entre 90 pacientes de transplante de medula óssea,

- 59% relataram haver adotado uma nova filosofia de vida
- 47% relataram uma maior valorização da vida
- 71% relataram que fizeram mudanças em características e atributos pessoais, como se tornar menos egoístas e mais abertos
- 52% relataram melhores relacionamentos com a família
- 39% relataram a descoberta de ajuda e apoio de amigos

HIV/Aids. Pesquisa recente com pessoas soropositivas ou com Aids demonstra que o crescimento percentual pode acompanhar o progresso concomitante da infecção.[21] Num estudo em Nova York de 54 mulheres etnicamente diferentes com HIV/Aids, *83% comunicaram pelo menos uma mudança positiva em suas vidas que atribuíram à doença*.[22] Essas mudanças positivas incluíam as relacionadas abaixo:

- Estilo de vida mais saudável — sobretudo desistindo da droga ou do álcool, cigarro e comportamento sexualmente arriscado — e prática uma dieta também mais sadia.
- Ganho de força com fé religiosa e espiritual.
- Melhora nas relações interpessoais com os filhos, outras famílias e amigos.
- Visão de si mesmo como mais forte, mais atencioso com os outros e mais responsável.
- Maior apreciação das pequenas coisas em suas vidas e maior valor para a vida em geral.
- Aumento das ações dirigidas a metas, incluindo a busca de educação, envolvimento com a defesa dos aidéticos ou assistência a outros, e busca de um diferente tipo de trabalho, ou abandono do atual para seguir interesses mais permanentes.

Parto prematuro. No livro *Infants in Crisis: How Parents Cope with Newborn Intensive Care and Its Aftermath*,[23] os Drs. Glenn Affleck, Howard Tenen e seus colegas descrevem com impressionantes detalhes os desafios psicológicos e sociais que os pais enfrentam quando um bebê nasce prematuro. Muitos desses pais manifestam sentimentos de vitimização e desespero, mas isso é só uma parte de sua experiência. Cerca de três quartos das mães admitiram haver perguntado: "Por que eu?" Dessas, 42% declararam que criaram uma resposta, que variava, mas a mais freqüente se relacionava com a vontade de Deus (por exemplo: "Deus me escolheu para cuidar deste bebê especial" ou "Esta é provavelmente a coisa mais importante que Deus me pedirá"). Ainda mais impressionante foi que *quase 75% das mães citaram pelo menos uma vantagem do parto prematuro*, incluindo empatia, melhores relações com a família e os amigos, e a sensação de que a criança lhes era agora mais preciosa.

As doenças não são os únicos fatos adversos da vida dos quais as pessoas extraem sentido ou benefícios. Após desastres naturais como os furacões Andrew e Hugo, descobriu-se que as crianças se aproximaram mais dos pais, dos irmãos, de membros da família e vizinhos, e mostravam maior preocupação e atenção para com os outros.[24] Muitas mulheres que passaram por separação conjugal mostram mais auto-estima, maiores sentimentos de liberdade e controle e maiores redes de apoio social que as casadas.[25]

As histórias pessoais e as descobertas de pesquisas descritas neste capítulo indicam que embora a tragédia possa ser debilitante, também pode criar uma oportunidade de crescimento e descoberta de sentido. Embora isto em si já seja um fim importante, não indica necessariamente que os que encontram sentido são ou têm o potencial para se tornar mais saudáveis do que aqueles que não encontram. A descoberta de significado resulta em benefícios emocionais e físicos para a saúde? O próximo capítulo examinará esta questão.

Capítulo 11
Os Benefícios de uma Vida Significativa

A pesquisa indica que encontrar significado após sofrer adversidade pode ser uma coisa valiosa, sobretudo se nos ajuda a assimilar a tensão e o trauma e ir em frente. Mas os benefícios da descoberta de significado vai além do senso de coerência. Pesquisas hoje sugerem que as pessoas que encontram significado podem se ajustar melhor à adversidade no longo prazo, como indicam seus níveis mais baixos de depressão, ansiedade, menor risco de certas doenças e maior longevidade.

A descoberta de significado leva a melhor adaptação após participação em combate. A Dra. Carolyn Aldwin e seus colegas da Universidade da Califórnia em Davis estudaram os efeitos do combate em veteranos da Segunda Guerra Mundial e da Guerra da Coréia.[1] Ela se interessava em identificar fatores que determinavam se a participação em combate no início da idade adulta resultaria em sintomas de tensão pós-traumática mais adiante na vida. Descobriu que a maioria dos homens encarava a experiência militar e a participação no combate como tendo aspectos negativos e positivos. Mais de 90% disseram que o serviço militar os ajudara a trabalhar em equipe e a cooperar, que alargara suas perspectivas e lhes ensinara a enfrentar as adversidades. A maioria também reconhecia os efeitos indesejáveis, como estar separados dos entes queridos e a perturbação de suas vidas e carreiras. Curiosamente, porém, os homens que puderam encontrar os efeitos mais positivos do serviço nas forças armadas e passaram pelo combate eram os que tinham menos probabilidade de apresentar sintomas relacionados à tensão. Quanto mais encaravam sua experiência militar como indesejável, mais apresentavam sintomas de tensão. Essas descobertas permaneceram importantes após o desconto estatístico do grau de participação em combate.

A descoberta de significado leva a uma melhor adaptação ao luto. Pesquisadores da Universidade de Michigan fizeram um estudo de perspectiva extremamente rigoroso de pessoas que enfrentavam a perda de um membro da família.[2] Os participantes eram parentes de pacientes terminais recebendo serviços hospitalares. Os membros da família foram entrevistados numa média de cerca de três meses antes da morte do parente e de novo, periodicamente, por até um ano e meio após a perda. Fizeram-se avaliações de vários indicadores, incluindo depressão, ansiedade e tensão, para determinar como os participantes estavam se adaptando. Uma característica interessante do estudo foi o exame explícito de duas dimensões de significado: entender a perda e encontrar alguma coisa positiva na experiência. Para avaliar se entendiam a perda, perguntou-se a eles: "Você acha que conseguiu entender a morte?" Para garantir implicações positivas, os entrevistadores explicaram que, às vezes, as pessoas que perdiam um ente querido encontravam algum aspecto positivo na experiência. Davam exemplos, como o que algumas pessoas achavam que aprendiam alguma coisa sobre si mesmas ou os outros. Perguntavam: "Você encontrou alguma coisa positiva nesta experiência?"

À pergunta sobre "entender", duas das respostas foram as seguintes:

"Minha atitude básica em relação à vida era de que havia um princípio e um fim, e isso vai acontecer a um ou outro de nós mais cedo ou mais tarde, e a gente tem de enfrentar. Só isso. Não se pode fazer nada para impedir que essas coisas aconteçam. Fazem parte da vida."

"Acho que a doença do meu pai tinha de ser, era um plano de Deus..."

Em resposta à pergunta dos "benefícios", as respostas incluíam as seguintes:

"Sim, descobri um crescimento e uma liberdade para dar mais plena expressão aos meus sentimentos, ou para afirmar-me, fazer coisas que quero fazer."

"Eu aprendi e vi muitas coisas positivas nas pessoas — elas simplesmente fulgiam. Foi legal receber essa bênção disfarçada."

"Foi o fim do sofrimento dela."

As pessoas que puderam entender a perda e as que reconheceram benefícios mostraram melhor adaptação nos meses após a morte do que as menos capazes de encontrar sentido em sua perda. Mas as duas formas de sentido não foram iguais nos efeitos. Os efeitos de redução de tensão do entender pareceram menores cerca de um ano após a perda. Contudo, poder encontrar algum benefício após a perda teve efeitos mais duradouros e era mais fortemente associado a uma melhor adaptação um ano e meio depois da perda. As descobertas permaneceram importantes mesmo depois de se descontarem estatisticamente o otimismo/pessimismo e o nível de angústia antes da perda, a idade do morto e os sistemas de crença religiosa.

Descobrir significado ajuda a baixar os hormônios da tensão no câncer de mama. Na Universidade de Miami, pesquisadores fizeram o estudo de tratamento aleatório envolvendo treinamento de controle de tensão para mulheres com câncer de mama em primeiros estágios, destinadas a um grupo de tratamento imediato ou a uma lista de espera para futuro tratamento que servia como grupo de controle.[3] O tratamento envolvia dez sessões semanais de controle de tensão cognitivo-comportamental baseado no grupo, que consistia em ensinar à paciente técnicas de relaxamento, treinamento de assertividade, como controlar pensamentos negativos, controle de raiva, habilidades de utilização de apoio social e outras habilidades para enfrentar a tensão. As mulheres do grupo de tratamento mostraram níveis significativamente mais baixos de soro cortisol relacionado a hormônios do que as da lista de espera. As participantes do tratamento também relataram um aumento do número de benefícios que viam associados ao fato de terem câncer de mama. Tal mudança não houve no grupo de controle. Digno de nota é que outras análises estatísticas revelaram que a redução em níveis de cortisol no grupo de tratamento era *resultado direto* dos aumentos de descobertas de benefícios do câncer. Quer dizer, o tratamento levou a reduções no cortisol *porque* ajudou as participantes a descobrirem benefícios.

A descoberta de significado leva a menos risco de ataque cardíaco recorrente. Para examinar os efeitos da visão de benefícios durante a recuperação de um ataque cardíaco, pesquisadores da Faculdade de Medicina da Universidade de Connecticut entrevistaram 287 pacientes homens vítimas desses ataques aproximadamente dois meses e meio após sua ocorrência.[4] Alguns desses homens foram procurados de novo oito anos depois, para determinar se sofrera ou morrera de um segundo ataque cardíaco. As entrevistas de acompanhamento consistiam em perguntar aos sobreviventes, entre outras coisas, se viam algum benefício ou ganho na experiência. Durante as entrevistas dos dois meses e meio e dos oito anos, quase 60% dos sobreviventes relataram alguns ganhos ou benefícios do ataque cardíaco. Os três benefícios citados com mais freqüência foram os seguintes:

- Renovado compromisso com um estilo de vida mais saudável (isto é, exercício, abandono do cigarro).
- Aumento das atividades para aumentar o gozo da vida, como viver num ritmo menos frenético e tirar mais férias.
- Mudança de filosofia de vida, como valorizar mais a vida doméstica, contentar-se com seu quinhão na vida, viver um dia após o outro e renovada fé em Deus.

Os resultados mostraram que os pacientes capazes de encontrar benefícios do primeiro ataque cardíaco tinham muito menos probabilidades de ter um outro ataque ou outras doenças ou sintomas nos oito anos seguintes.

A descoberta de significado leva ao melhor funcionamento do sistema imunológico e a uma mais baixa taxa de mortalidade entre os enlutados. Como parte do Estudo Multicentro da Legião da Aids, os cientistas entrevistaram 40 homens soropositivos que haviam perdido recentemente um amigo íntimo ou parceiro em razão dessa doença.[5] Queriam determinar se o processamento cognitivo da morte e a descoberta de sentido relacionados com ela previam o funcionamento do sistema imunológico e a mortalidade no curso de três anos. O processamento cognitivo foi definido como:

- Pensar na morte ativa ou deliberadamente.
- Pensar na pessoa que morreu ou em sua relação com essa pessoa.
- Pensar em sua própria vida, mortalidade ou doença.
- Pensar em suas ações para com a pessoa antes da morte.

A descoberta de sentido foi definida como uma grande mudança de valores, prioridades ou perspectivas, em resposta à perda. Essas mudanças incluíam:

- Maior valorização dos entes queridos.
- Maior senso de viver no presente.
- Visão da vida como frágil e preciosa.
- Sentimento de obrigação de desfrutar a vida.
- Maior senso de espiritualidade ou fé.

As descobertas indicaram que 65% dos participantes foram classificados como altos em processamento cognitivo e 40% também podiam encontrar algum sentido na perda. A maioria dos homens que se dedicaram ao processamento cognitivo pôde encontrar sentido na perda. Os que descobriram tiveram melhor funcionamento do sistema imunológico e menor mortalidade durante o período de acompanhamento. Só os homens que podiam encontrar significado mantiveram o *status* imunológico (isto é, células CD4 T) em dois ou três anos do acompanhamento. Os que não encontraram sentido em seu luto, mesmo os altos em processamento cognitivo, mostraram declínios no sistema imunológico durante esse período. Surpreendentemente, entre os que descobriram sentido, só 18% morreram durante o intervalo de acompanhamento, enquanto *aproximadamente 50% dos que não encontraram morreram durante esse tempo.* As descobertas não foram explicadas pelo *status* imunológico inicial, sintomas de HIV, emoções como depressão ou solidão, ou comportamentos de saúde.

A descoberta de sentido leva a uma melhor adaptação entre mães de bebês prematuros. Eu descrevi antes um estudo de Affleck e seus colegas que avaliaram como 114 mães enfrentaram o fato de ter um bebê prematuro em cuidado intensivo.[6] Muitas delas encontraram sentido e descobriram benefícios de sua provação. Os pesquisadores se perguntaram se elas se adaptavam melhor mesmo muito depois de os bebês terem alta do hospital. As avaliações de angústia e outros fatores foram colhidas quando o bebê ganhava alta da unidade de terapia intensiva (UTI) e de novo seis meses e um ano e meio depois. Na alta, três quartos das mulheres buscaram conscientemente sentido na crise, 42% encontraram algum e 75% identificaram alguns benefícios. As mulheres que ficaram mais angustiadas no ano e meio seguinte após a dispensa tenderam a ser aquelas que não buscaram sentido, nem extraíram benefícios da crise. O mais fascinante é que a descoberta pela mãe de benefícios ajudava aos bebês. Os de mães que viam benefícios na crise mostraram um desenvolvimento mental significativamente mais rápido e outros comportamentos adaptivos em um ano e meio.

Por que a capacidade da mãe de achar sentido estaria ligada ao melhor desenvolvimento nesses bebês prematuros? Segundo Aflleck: "Um dos 'suspeitos' que provavelmente pode ser eliminado são as expectativas otimistas em relação ao resultado do bebê. Uma linha de raciocínio plausível é que as mães que encontraram benefícios na crise da UTI eram mais otimistas sobre o desenvolvimento de seus filhos. Esse otimismo, por sua vez, pode ter gerado maior atenção ao bebê, o que contribuiu para melhores resultados da criança. Mas nós descobrimos que, mesmo após levar em conta as expectativas das mães, a descoberta de benefícios previu os resultados do desenvolvimento dos bebês."

O colaborador de Affleck, Howard Tennen, afirma: "Também é razoável especular que amigos, vizinhos e membros da família possam achar mais fácil apoiar as mães que reconhecem os benefícios, porque elas parecem mais 'pra cima'. Esse apoio de outros, por sua vez, pode fornecer um importante recurso psicológico e tangível, que permite a essas mães cuidar de seus bebês com maior vigor. Na verdade, descobrimos que as mães que relataram benefícios na experiência da UTI eram menos socialmente isoladas. Mas o isolamento social delas não previu o desenvolvimento posterior de seus bebês. Em suma, temos menos pistas concretas em relação aos mecanismos que poderiam ligar a descoberta de benefícios pelas mães à sua adaptação emocional superior e ao desenvolvimento dos bebês um ano e meio após terem sido liberados da UTI."

A pesquisa descrita neste capítulo demonstra que a descoberta de sentido pode, de fato, levar a uma melhor saúde psicológica, emocional e física. Mas talvez a mais forte sugestão do impacto da descoberta de significado na saúde venha da pesquisa sobre fé religiosa e saúde. Como vocês verão no capítulo seguinte, a participação religiosa está inquestionavelmente ligada à saúde e à longevidade. Não surpreende, pois, que seja também uma das rotas mais predominantes para o crescimento e o sentido em muitos de nós.

Capítulo 12

Fé, Significado e Longevidade

Numa cálida manhã de domingo, no início da primavera, no coração da Carolina do Norte, meu pai estava onde sempre estivera quase todo domingo, durante quase 50 anos — no púlpito de sua igreja, fazendo um sermão tipicamente emocional e provocativo para uma congregação lotada. Como co-pastora, minha mãe achava-se em seu assento de sempre, atrás dele no púlpito, comandando o chamado e a resposta tão característicos de muitas igrejas afro-americanas. Perto do fim do sermão, como ele e a congregação estivessem no pico espiritual e emocional, ele se voltou para minha mãe, de costas para a platéia, tomou as mãos dela nas suas e olhou-a dentro dos olhos por alguns instantes, passando algo indizível. Tornou a se voltar para os bancos e desabou, vítima de um ataque cardíaco.

Cada um de nós tem de enfrentar nossa própria mortalidade e a dos entes queridos. Entendi o ataque cardíaco de meu pai com o intelecto, em razão de sua idade e dos fatores de risco para esse tipo de doença. Ele e eu, na verdade, havíamos conversado sobre a possibilidade inúmeras vezes. Conto esta história não pelo que aconteceu na igreja naquele domingo, mas pelo que aconteceu depois. Meu pai não morreu naquele domingo. Na verdade, viveu quase dois anos — mas num estado comatoso completamente vegetativo.

A última coisa que eu imaginara era que ele ficaria num coma duradouro, e aceitar isso foi uma de minhas experiências mais difíceis. De algum modo, eu não entendia, não assimilava plenamente todo o estado constante em que ele se achava, em algum ponto entre a vida e a morte. Ali estava aquele homem extrovertido de 115 quilos, que valorizava a vida da mente e as intensas trocas verbais, sempre no controle de cada situação, agora silenciado, imóvel, preso ao leito e, segundo seus eletroencefalogramas, sem consciência. Durante seu ano e meio de provação, eu lutei todo dia, e mesmo toda hora, com o sentido disso. Fazia-me constantemente a mesma pergunta: "Por que isso foi acontecer a um homem que levou sua vida a estimular os outros?" Embora tivesse plena consciência de que "chove sobre justos e injustos", era difícil entender sua doença. O coma de meu pai era ao mesmo tempo um desafio emocional e existencial para mim.

Às vezes, quando minhas emoções atingiam o pico, as palavras de minha mãe freqüentemente me levavam para o sentido. Durante esse tempo, ela muitas vezes me disse: "Temos de olhar além do que vemos no mundo físico e ver com os olhos do espírito. Lembre-se de que a vitória já foi conquistada."

Com "vitória" queria dizer que pela fé poderíamos vencer a adversidade no mundo físico. A visão de mundo de minha mãe era explicitamente espiritual e possibilitava-lhe enfrentar, entender e encontrar significado em quase qualquer coisa que a vida lhe jogasse pela frente. Na verdade, como ministra ela própria, provavelmente diria que a descrição de seu trabalho era ajudar as pessoas a encontrarem significado nas tribulações da vida. Às vezes, parecia que nossa casa era uma linha quente de pronto-socorro. Chegavam telefonemas a toda hora de membros da igreja em vários graus de angústia — enlutados, viúvos, cônjuges cujos parceiros combatiam o vício, pais de adolescentes perturbados, velhos desejando escapar da solidão e isolamento ou ex-membros da igreja que se haviam perdido no caminho. Às vezes, seu conselho precisava ser diretivo — eram necessárias ações para que o interlocutor superasse o dilema. Mas, na maioria das vezes, o que ela dava era uma perspectiva espiritual. Com uma mistura de amor e compaixão, sem condenação, condescendência ou julgamento, ela os ajudava a recalibrar suas bússolas espirituais e usar sua orientação religiosa para extrair conforto, força e, de vez em quando, respostas.

Tendo a perspectiva espiritual de minha mãe como modelo, comecei a depender mais de minha própria orientação religiosa e espiritual — meu esquema espiritual. Essa perspectiva se tornou mais forte durante o período de coma de meu pai e tornou-se a única que ajudou a aceitar a provação dele.

Em geral as questões espirituais não são discutidas — e muitas vezes são malvistas — nos círculos científicos. Em psicologia, o *zeitgeist* histórico é uma espécie de neutralidade sobre o tema religião e espiritualidade.[1] Sigmund Freud escreveu que a religião era "a neurose obsessiva universal da humanidade".[2] Em parte, tinha razão. As práticas religiosas e a espiritualidade são de fato universais e generalizadas. Recentes pesquisas Gallup indicaram que 90% dos americanos acreditam em Deus (94% de jovens e 97% de velhos). Mais de 90% dos americanos adultos são filiados a uma religião tradicional, com 40% freqüentando semanalmente os ofícios religiosos. Cerca de 67% são membros de um órgão religioso local e mais de 60% acham a religião "muito importante" em suas vidas.[3]

Apesar de Freud, a orientação religiosa ou espiritual pode ter um valor que vai além do que consideramos. Pesquisas sobre os efeitos saudáveis da religião e da espiritualidade foram aos poucos se acumulando nas duas últimas décadas. Devido à sua promessa como um campo de pesquisa científica, formei um comitê sobre religião e saúde logo após deixar os institutos do NIH, com representantes de cada um dos 24 Institutos (que tratam áreas tão distintas quanto câncer, doença cardíaca, alcoolismo e saúde mental). A meta do comitê era um consenso sobre o *status* da ciência da religião, da espiritualidade e da saúde. Eram estudos bem planejados? As descobertas eram significativas em termos científicos e médicos? Aquele era um campo de estudo ao qual o NIH deveria se dedicar? O comitê reuniu os principais cientistas de todo o país para avaliar rigorosamente a qualidade dos indícios da pesquisa. Não fomos os pioneiros nesse examinar minucioso, mas foi a primeira vez que o NIH o fez em todas as suas unidades. A validação do NIH para um determinado campo de estudo equivale a um Selo de Aprovação. A partir desse ponto, o comitê viabilizaria o desenvolvimento sem precedentes da pesquisa.[4]

De toda a avaliação, talvez nenhum cientista tenha sido associado a mais estudos que o Dr. Harold Koenig, da Faculdade de Medicina da Duke University. Conheci-o há alguns anos, quando eu era professor lá e ele, um pesquisador bolsista em início de carreira. Disse-me que, embora tivesse sido educado num lar religioso, a religião não fizera parte importante de sua vida durante a universidade e a faculdade de medicina. Independente disso, ainda lhe proporcionava algum grau de ajuda quando enfrentava várias provações da vida. Durante a residência psiquiátrica, seu interesse como cientista pela religião foi redespertado. Ele explicou: "Comecei a perguntar aos pacientes o que faziam para ajudá-los a enfrentar (...) suas doenças, e fiquei impressionado pelo fato de que muitos deles falaram em religião. Foi mais ou menos na mesma época em que descobri que a religião era uma fonte de conforto para mim mesmo, e simplesmente pensei: bem, não sou a única pessoa que tem essas experiências. Parecia haver muita gente usando a religião para ajudar no enfrentamento de suas doenças, e na verdade encontrando sentido na doença."[5]

Com o passar dos anos, Koenig tornou-se um dos verdadeiros astros da pesquisa sobre religião e saúde. Seu livro recente, *The Healing Power of Faith*, oferece uma história acessível mas cientificamente precisa do que se aprendeu nesse campo, e coerente com as descobertas do comitê de UTI do NIH. Eis o que sabemos de fé e saúde:

A participação religiosa prevê a longevidade. Uma das mais fascinantes áreas de pesquisa sobre a religião refere-se à sua influência na longevidade. Em 2000, o Dr. Michael McCullough e seus colegas publicaram um abrangente exame da ciência da religião e mortalidade.[6] Usaram uma sofisticada técnica estatística chamada meta-análise, um método matemático para extrair conclusões de um grande número de estudos sobre um único tema. A análise deles baseou-se em 29 estudos, que coletivamente envolveram mais de 125 mil participantes. Os resultados para a saúde dos participantes desses vários estudos foram acompanhados por vários períodos de tempo, de erca de dois meses num estudo de doentes terminais a mais de 20 em outro, de uma população saudável. Para avaliar a participação religiosa, faziam-se aos pacientes perguntas sobre a freqüência aos ofícios religiosos, até onde se sentiam religiosos, o papel da fé em suas vidas ou sua participação em atividades privadas de caráter religioso (por exemplo, rezando ou assistindo a programas religiosos de TV).

Resumindo muitos estudos, os pesquisadores concluíram que as pessoas com mais pontos em medições de envolvimento religioso *tinham quase 30% menos probabilidade de haver morrido no período representado pelo estudo* que os de poucos pontos em medições de religião. A maior longevidade entre os mais envolvidos com religião era verdadeira mesmo depois de se descontarem estatisticamente saúde física e mental, sexo, raça, comportamento de saúde e apoio social.

Um dos estudos incluídos no exame de McCullough foi um projeto do Dr. William Strawbridge e colegas.[7] Ele analisou a relação entre freqüência à igreja e morte num período de 20 anos, num estudo com 5.200 moradores de Alameda County, Califórnia. A freqüência à igreja foi definida como ir uma ou duas vezes por mês ou menos. Durante esse tempo, a freqüência (ou não) foi bastante consistente — as pessoas freqüentes ou infreqüentes na igreja no início do estudo em 1965 assim continuavam no fim do estudo em 1994.

O risco de morrer em quase três décadas foi 36% menor para os freqüentadores do que para os que não iam à igreja. A significativa diferença entre os dois grupos continuou após o ajuste estatístico por idade, *status* de saúde, ligações sociais e práticas de saúde. Alguns críticos da pesquisa sobre religião e saúde afirmaram que os estudos não levaram em conta o fato de que as pessoas já fisicamente comprometidas provavelmente assistiriam menos aos ofícios, e que a taxa de mortalidade desses ausentes se deve à doença preexistente, não à falta de freqüência à igreja. De forma interessante, Strawbridge não apenas explicou estatisticamente essa possibilidade, mas descobriu que os freqüentadores habituais eram de algum modo *mais* debilitados que os infreqüentes, mas viviam mais tempo. Na verdade, um recente grande estudo de oito anos, com mais de 20 mil pessoas, descobriu uma relação de dose-resposta entre os participantes religiosos e a saúde. Durante os oito anos, comparando-se pessoas que freqüentaram a igreja mais de uma vez por semana, *as que freqüentaram apenas uma vez por semana tinham uma taxa de mortalidade 15% mais alta, as que freqüentaram mais de uma vez, 31%, e as que jamais freqüentaram, 87%.* A ligação entre freqüência à igreja e morte permaneceu significativa mesmo depois de se descontarem estatisticamente *status* de saúde, fatores econômicos, idade, raça, sexo e região do país.

Esse tipo de cuidadosa atenção ao rigor metodológico é característico de muitos estudos nesse campo, cujas descobertas são resumidas a seguir. As medidas nesses estudos incluem fatores como freqüência à igreja, visão de Deus próximo, filiação religiosa, uso da prece privada, profundeza da fé religiosa, freqüência a estudos da Bíblia e uso da religião para enfrentar a tensão.

A participação religiosa prevê a doença. Vários estudos têm relacionado medidas de crenças e práticas religiosas a doenças específicas como alta pressão sangüínea, doença da artéria coronariana e invalidez.[8] Por exemplo, um estudo descobriu que as pessoas muito ativas em religião tinham 40% menos probabilidades de ter hipertensão do que as pessoas que participavam com menos freqüência dessas atividades.[9] A maior participação religiosa se relaciona ao aparecimento de menos doenças com o tempo, mesmo naquelas inicialmente saudáveis.

A participação religiosa prevê bem-estar emocional. As pessoas que freqüentam regularmente a igreja relatam mais satisfação com suas vidas, mais bem-estar emocional e níveis mais baixos de depressão do que outras.[10]

A participação religiosa prevê *status* imunológico. Em estudos na Universidade de Miami envolvendo 106 homossexuais soropositivos[11] e na Duke University envolvendo 1.700 velhos,[12] associaram-se a participação e a crença religiosa a um melhor funcionamento do sistema imunológico.

A participação religiosa prevê o uso de serviços hospitalares. Uma pesquisa na Duke University descobriu que, quanto mais alto o nível de participação religiosa, mais baixa a probabilidade de ser internado num hospital. As pessoas de maior orientação espiritual passam menos dias hospitalizadas do que as menos religiosamente envolvidas.[13]

A participação religiosa prevê comportamentos saudáveis e visão de apoio social. A participação religiosa ativa ou fortes crenças religiosas estão relacionadas a baixas taxas de consumo de cigarro, altas taxas de cessão do consumo de cigarro entre os fumantes, menos abuso do álcool, altos níveis de atividade física, menos uso de drogas ilícitas e altos níveis de visão de apoio social.[14]

O PODER DA FÉ — QUAL É O SIGNIFICADO? ELE RESIDIRIA NO SIGNIFICADO?

Maya Angelou, que recebeu um pedido do presidente Clinton para criar e dizer um poema em sua posse presidencial em 1993, é conhecida como artista de palco e uma celebridade. Nós conhecemos sua poesia, seus livros, suas peças, seu ativismo político, sua carreira como atriz, sua bela voz de fala e canto — ou sua amizade com Oprah. O que muitos não sabem é que a vida dela é alimentada pela fé. Maya me explicou: "Foi sorte minha pisar no mundo de Deus e achá-lo firme."[15]

Na infância, Maya viu a fé corporificada na avó, e conta constantemente com ela. Admite que a fé é para muita gente, incluindo ela própria, uma espécie de bem fugidio, paradoxal. Descreveu-a para mim como "uma parede de aço e um fogo-fátuo". Lembrou-me uma história do Novo Testamento em que um homem que encontra Jesus teria dito: "Pai, eu creio. Perdoa a minha descrença."

— Era um alívio para ela que alguém mais se sentisse assim. Dizia com seu humor típico: "Minha fé é absoluta, até eu questioná-la."

Não havia questionamento ou dúvida em 1983, quando recebeu um chamado do hospital onde seu filho, Guy, fazia a terceira operação na espinha. A cirurgia fora muito longa mas bem-sucedida, de modo que ela ficou pasma ao ouvir o médico dizer:

— Estamos perdendo o seu filho.

Maya foi imediatamente para Guy, mas, antes de entrar no quarto, e com a convicção e a coragem nascidas da avó, pediu-lhe baixinho:

— Apegue-se à sua vida!

Guy, de fato, escapou à ameaça de morte, mas os médicos disseram-lhe que ele ficaria paralisado. Guy disse-lhe:

— Eu sei que você me ama, e que sou seu único filho, mas tenho de lhe pedir uma coisa que ninguém devia pedir a outrem. Se não houver recuperação, puxe a tomada.

Suas palavras a estontearam. Medo e fé fizeram-na desencadear o poder de sua voz, quando buscou mover céus e terra em favor dele. Ela explica:

— Eu nem posso lhe dizer como minha voz é alta. É de quebrar vidraças, e eu a soltei!

Maya vociferou, ordenando ao filho e suplicando ao seu Deus:

— RECUPERE-SE! Eu vejo você andando! Vejo você nadando! Vejo você jogando basquetebol!

Deixou o quarto do filho e foi à Missão Dolores, em San Francisco, para ela um lugar de apoio espiritual. Quando voltou, os médicos não relataram progresso algum e desencorajaram o que chamaram de "esperanças de mãe!", de que Guy pudesse sair andando do hospital. Explicaram-lhe como era frágil a medula espinhal, e que um coágulo de sangue violara a espinha de Guy durante 11 horas. Enquanto Maya me contava a história, eu pensava como ela parecia com minha mãe, que via os fatos pelos olhos da fé, não apenas pelos da medicina. Maya contou que falara ao médico:

— Eu não estou lhe pedindo. Estou-lhe *ordenando*. Eu fui a um lugar muito além do que você pode sonhar! Graças a Deus, meu filho *vai* sair andando deste hospital.

Três dias depois, uma enfermeira chamou-a ao quarto do seu filho e ergueu o lençol dos pés — ele movia os dedos.

Conto esta história de Maya porque demonstra sua fé inflexível — uma fé que, para ela e para muitos outros, vem dramaticamente à frente quando as circunstâncias parecem mais angustiantes. A dependência de uma fé religiosa para enfrentar a tensão pode ser um dos motivos de ela ter um efeito tão poderoso sobre a saúde e a longevidade. Mas talvez haja outros motivos também. A religião é associada a conhecidos fatores de proteção à saúde, como altos níveis de apoio social, mais atividades físicas, consumo moderado de álcool, menos cigarros e participação em atividades meditativas. Em outras palavras, as pessoas que valorizam a religião também cuidam melhor de si mesmas. Mas muitos dos estudos que documentam os efeitos da religião sobre a saúde indicam que a religião oferece uma coisa benéfica à saúde acima e além dos fatores estilo de vida e relações. Mas o que seria?

Uma possível resposta é que a religião e a espiritualidade oferecem às pessoas esquemas ou planos para enfrentar as dificuldades da vida. A religião, pode-se dizer, é um caminho para o significado. Quer dizer, ajuda o indivíduo a entender o tumulto ou encontrar benefícios nele. Em seu livro *The Psychology of Religion and Coping*,[16] o Dr. Kenneth Pargament, da Universidade Estadual de Bowling Green, observa que histórica e cientificamente está claro que uma função central da religião para muitos de nós é que ela oferece um esquema para a vida, uma maneira de entender o mundo. Outros pesquisadores, como o Dr. Daniel McIntosh, da Universidade de Denver, acreditam que o poder da capacidade da religião para ajudar as pessoas a enfrentar crises resulta de sua função tipo esquema. A religião ajuda as pessoas a assimilar ou acomodar mais rapidamente as experiências adversas.[17]

As implicações religiosas para os sobreviventes do Holocausto talvez pareçam estar além da compreensão. Eles foram marcados para a eliminação por causa de sua religião. Mas a maioria contou com sua fé religiosa e sua confiança em Deus para assimilar o que acontecera e encontrar significado. Helmreich relata descobertas em *Against All Odds*, de que "sete entre dez sobreviventes não mudaram de comportamento religioso como conseqüência do Holocausto". Alguns se tornaram menos praticantes imediatamente após a guerra, ele observa, mas quase metade dos que alimentavam dúvidas sobre o que acontecera continuaram a acreditar em Deus. O fato de haverem sobrevivido ao Holocausto era motivo suficiente para justificarem a continuação da sua fé. Alguns achavam que Deus os salvara por um motivo, o que pode haver precipitado sua descoberta de significado. As próprias práticas religiosas podem criar sentido e tornar-se uma forma de muitos sobreviventes honrarem membros da família que morreram e manter um elo inquebrável com seu passado. Helmreich conta que um dos sobreviventes declarou:

> Creio que era meu destino sobreviver, voltar das cinzas e ser o elo do passado que reiniciaria a vida e a passaria a futuras gerações. Minha meta era permanecer fiel à religião na qual nasci e à minha criação. Essa criação me deu a força para sobreviver à guerra. Quando vivo

assim, sei que estou vivendo o tipo de vida que meus falecidos pais teriam querido que eu vivesse.[18]

A religião é usada por muitos como uma forma de interpretar os fatos positivos e negativos, para que sejam mais facilmente assimilados. Outro exemplo de como a religião atua para proporcionar significado vem da pesquisa sobre o medo da morte. As pessoas de profunda religiosidade sentem significativamente menos ansiedade sobre a morte que outras. Num dos estudos, só 10% dos participantes que usavam crenças religiosas para enfrentar tensão manifestaram ansiedade com a morte, mas a ansiedade ocorreu em 25% dos que não.[19] Para muitas pessoas religiosas, portanto, a morte não é uma idéia que explode o esquema. Muitos acham a idéia da morte coerente com seus mundos assumidos.

A ciência já pôde documentar a idéia de que os efeitos bons para a saúde da religião se devem à sua capacidade de oferecer sentido? A pesquisa sobre esta questão está longe de ser definitiva, mas há alguns indícios circunstanciais da capacidade da religião de fornecer sentido. Vem da pesquisa sobre o uso da religião em tempos de tensão.

Apóie-se em Mim

Na igreja de meus pais, o coro costumava cantar um verbo de *Leaning on the Everlasting Arms* [Apoiando-se nos braços que sempre duram]: "Apoiando-se, apoiando-se, seguro e a salvo de todo alarme, apoiando-se, apoiando-se; apoiando-se nos braços que sempre duram."

Este hino capta a essência de um subcampo emergente no domínio da religião e da saúde conhecido como *enfrentamento religioso*. O enfrentamento religioso vai além do mero ato de freqüentar a igreja ou dizer que valoriza a religião. É o uso ativo de atividades religiosas para enfrentar fatos estressantes da vida. Isso pode envolver a busca de força e conforto em Deus, prece, confissão dos pecados, solicitar apoio de clérigos ou membros da igreja, ou usar a religião para adquirir um senso de coerência ou sentido. As pessoas que usam a religião ativam esses ou outros processos baseados nela. Segundo Harold Keonig:

Os elementos básicos que dão significado e propósito à vida religiosa da pessoa não são facilmente ameaçados, mesmo por dramáticas mudanças da vida, como reveses financeiros, sérias doenças que afetam a nós mesmos ou a seres queridos, ou a morte de um filho ou cônjuge. Como o incômodo ritmo frenético da vida diária não ameaça os valores subjacentes das pessoas, seus níveis de tensão percebida são mais baixos do que os das menos religiosas. A fé ajuda a mitigar o desencorajamento e a desesperança iniciais provocados por experiências negativas, que podem acumular-se constantemente para debilitar as pessoas.[20]

Maya relata que tem incontáveis exemplos de como sua fé a ajudou a superar, compreender e, em geral, enfrentar as provações da vida, porque usa a fé e sua crença o tempo todo. Com a dramática caracterização pela qual é famosa, descreveu-me a persistência da sua fé. "Quando coisas ruins me acontecem, antes de falar com qualquer um, eu falo com Deus. Digo: '*Aqui está!* Eu não sei como superar esta, mas aqui *está*. É muito pesada, muito dolorosa e um grande fardo. O que quer que eu tenha feito para provocá-la, sinto muito. *Aqui está!*' Ora, se a coisa tentasse me seguir, eu voltaria e a largaria no chão. Se ela me despertar à noite, eu lhe digo: 'Espere um minuto... agüente aí.' Então, digo a Deus: '*Aqui está!* Não sei o que fazer com ela.' E, surpreendentemente, ela vai ficando cada vez menor. É, eu levo meus fardos para o Senhor, e deixo-os lá."

Maya não está sozinha. O enfrentamento religioso é comum. Pesquisas indicam que, quando se pergunta às pessoas: "O que lhe possibilita enfrentar os fatos difíceis ou estressantes de sua vida?", uma considerável porcentagem fala num tema ligado à religião, como Deus, prece, freqüência à igreja ou fé.[21] Se freqüentar ofícios religiosos ou acreditar num poder superior é a estrutura da religião, talvez se pense no enfrentamento religioso como parte da função da religião. Quer dizer, é a forma de as pessoas usarem-na de fato em suas vidas.

Isso ajuda? Parece que sim. A pesquisa demonstrou que o uso do enfrentamento religioso melhora alguns dos efeitos desagradáveis da tensão. O psicólogo Dr. Kenneth Pargament, um dos estudiosos de religião e saúde, me disse: "O enfrentamento religioso pode desempenhar vários papéis valiosos nas vidas das pessoas. Pode ajudá-las a apegar-se a um senso de significado diante de fatos que talvez pareçam não fazer sentido algum. Pode instilar o sentimento de ligação com algo maior do que a gente, em meio a situações que tendem a separar-nos uns dos outros. Pode apoiar-nos e nos fortalecer quando nos sentimos no ponto mais fraco. E pode ajudar-nos a transformar nossos valores e visões quando velhas fontes de significado se perdem ou não são mais viáveis. Parte do poder do enfrentamento religioso está no fato de que pode ajudar-nos a satisfazer diversas necessidades de pessoas que enfrentam problemas muito difíceis em ambientes muito diferentes."

Para determinar se o enfrentamento religioso reduz o impacto da tensão, pesquisadores geralmente fazem a participantes de estudos uma série de perguntas sobre estressantes atuais ou anteriores e o grau em que eles usam ou usaram a fé religiosa para contra-atacar esses estressantes. Por exemplo, podem perguntar-lhes quais declarações como as seguintes são verdadeiras para eles:

- Minha fé religiosa me ajuda a enfrentar tempos de dificuldade.[22]
- Quando lido com tempos difíceis e tensão, fico muito pessoal.[23]
- A prece me ajuda a enfrentar as dificuldades e tensão da vida.[24]
- Tentei encontrar uma lição de Deus nos fatos estressantes.[25]
- Confiei em Deus para lidar com a situação [negativa].[26]

A pesquisa indica que as pessoas que comunicam maior dependência do enfrentamento religioso em tempos de tensão têm vantagem emocional, e potencialmente física, sobre as que não têm. Eis quatro exemplos do que se descobriu:

O enfrentamento religioso é associado a menores graus de depressão. Num estudo do Centro Médico de Duke, Koenig e colegas examinaram 859 pacientes velhos internados em um hospital. Os que dependiam mais de estratégias de enfrentamento baseadas na religião para lidar com tensão emocional tinham significativamente menos probabilidades que outros de apresentar sintomas de depressão. A ligação entre enfrentamento religioso e depressão persistiram após descontarem-se raça, sexo, idade, apoio social e variáveis de saúde.[27]

O enfrentamento religioso prevê melhor adaptação a cirurgias de transplante. Na Universidade de Minnesota, pesquisadores avaliaram enfrentamento religioso, angústia e satisfação com a vida em pacientes transplantados e em seus outros significantes. Em três meses e um ano após a cirurgia, eles e os outros significantes que relataram maior uso de enfrentamento religioso tiveram menos angústia e mais satisfação com a vida que os outros.[28]

O enfrentamento religioso interfere na pressão sangüínea. O Dr. Andrew Sherwood e colegas examinaram os efeitos do enfrentamento religioso na pressão sangüínea em 155 homens e mulheres saudáveis (78 afro-americanos e 77 brancos). Os participantes usaram monitores portáteis de pressão sangüínea durante 24 horas em um dia normal de trabalho. Os monitores registraram e armazenaram as leituras da pressão sangüínea quatro vezes ao longo do dia e duas vezes à noite. Níveis mais altos de enfrentamento religioso foram associados com pressão sangüínea significativamente mais baixa, sobretudo para os participantes afro-americanos.[29] O maior benefício do enfrentamento religioso para os participantes afro-americanos talvez tivesse resultado da constatação de que o enfrentamento religioso representa um papel maior nas vidas de afro-americanos que na de brancos. Nesse estudo e em numerosos outros, os afro-americanos fizeram mais pontos em medições de enfrentamento religioso que os brancos. Os afro-americanos, mais que os brancos, usam a religião como um recurso fortemente ligado ao bem-estar de lidar com o estresse.[30]

O enfrentamento religioso prevê a mortalidade. Muito poucos estudos examinam enfrentamento religioso e mortalidade, mas o Dr. Neal Krause, da Universidade de Michigan, fez um interessante, que avaliou o enfrentamento religioso de mais de 800 pessoas adultas.[31] Perguntou-se aos participantes sobre estressantes em suas vidas associados a vários papéis, como os de pai, cônjuge, construtor de casas e voluntário. Também lhes perguntaram sobre o grau em que dependiam de orientação religiosa ou espiritual para ajudá-los a enfrentar esses estressantes. As avaliações iniciais foram concluídas em 1993, as avaliações de acompanhamento para ver quem havia morrido foram feitas aproximadamente quatro anos depois. Krause descobriu que o uso do enfrentamento religioso agia como amortecedor contra os efeitos da tensão sobre a mortalidade entre certos participantes. Os que usavam o enfrentamento religioso em resposta a estressantes em papéis que valorizavam muito tinham menos probabilidades de morrer durante os quatro anos do que os que não. Isso se aplicava sobretudo a pessoas com menos educação formal, para as quais, descobriram muitos estudos, a religião tende a desempenhar um papel importante.[32] Pargament também observou por sua pesquisa a probabilidade de aumento dos benefícios da religião para os mais profundamente nela envolvidos.[33]

Em outro estudo de enfrentamento religioso e mortalidade, pesquisadores do Setor Médico da Universidade do Texas, em Gal-

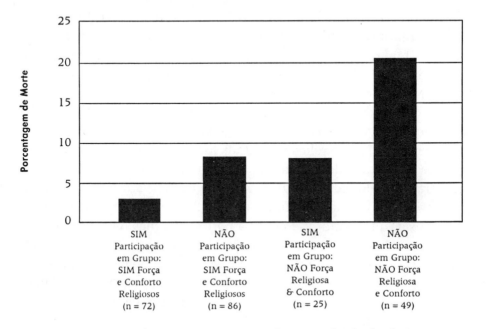

Figura 12: Mortalidade Associada a Envolvimento Social e Religioso (adaptado de Oxman *et al.*, 1995)

Participação em Grupos Sociais (Sim e Não) e Ganho de Força e Conforto da Religião (Sim e Não)

veston, examinaram mais de 200 após cirurgia de coração para determinar que fatores previam sobrevivência. Seis meses após a cirurgia, três variáveis biomédicas se relacionavam fortemente à sobrevivência: (1) se os pacientes haviam feito más operações cardíacas antes, (2) se os pacientes tinham deficiências em atividades diárias básicas (por exemplo, vestir-se) antes da cirurgia e (3) se os pacientes eram velhos. Após descontarem-se estatisticamente esses fatores, descobriu-se que os pacientes corriam maior risco de morte se não relatavam qualquer ganho ou conforto da religião ou não participavam de grupos sociais. Além disso, como se vê na Figura 12, os pacientes de mais alto risco de morte após a cirurgia foram os que não tinham força religiosa e participação em grupos.[34]

Como a Religião Aumenta a Longevidade: É o Sentido?

Andrew J. Young, auxiliar do reverendo Dr. Martin Luther King Jr. durante o movimento pelos direitos civis, é ele próprio um ministro ordenado. Também cumpriu três mandatos na Câmara de Representantes americana, foi embaixador dos Estados Unidos nas Nações Unidas na gestão do presidente Carter, teve dois mandados como prefeito de Atlanta e co-presidiu as Olimpíadas de Atlanta em 1996. Nada mal para um homem que, após a faculdade, não tinha planos e deixara seu destino nas mãos de Deus. Antes de tudo, é preciso compreender que Young vinha do que descreve como "uma família muito boa, forte e religiosa". Ainda assim, foi sua própria epifania que ele diz ter puxado tudo mais para a linha. Young me explicou que acabara de diplomar-se na Universidade de Harvard, mas se sentia perdido, e que sua vida não tinha significado. O pai queria que ele fosse dentista, um sonho que ele não partilhava, mas não tinha outra meta viável. Durante uma visita à Carolina do Norte, chegou à beira da exaustão física ao subir uma montanha correndo para tentar liberar sua frustração por ser o que descreveu como uma "vida ingênua, apesar do diploma de formatura". A revelação esperava-o no topo daquela montanha. Ele disse:

"Foi quase num momento como um clarão de intuição, olhando aqueles campos e colinas da Carolina do Norte e o céu (...) tudo parecia tão ordenado e com um objetivo. De repente, ocorreu-me que devia haver um propósito na vida para mim."

Disse que um fardo fora retirado de seus ombros e, nos poucos meses seguintes, sua vida tomou forma como ele acreditava que Deus queria.

Ele acompanhou seu pastor a uma conferência da juventude religiosa no Texas, com a intenção de passar um tempo com o colega de quarto na faculdade, que vivia em San Antonio, a cerca de 130 quilômetros do local da conferência. Quando chegaram, o pastor encorajou-o a ficar no encontro, para apoio moral. Não tinham visto nenhum outro negro desde que entraram no Texas vindo de Dallas e, segundo Young, o pastor lhe disse:

"Você não vai me deixar aqui sozinho, e eu sei que não vai rodar por essas estradas sozinho."

Young acabou ficando, e começou uma viagem que culminou com sua ida para o seminário em Connecticut.

Participou da conferência e ficou impressionado com o compromisso que observou em muitos jovens brancos que tinham suas primeiras interações raciais. Disse:

"Era a primeira vez que eu andava com brancos em um lugar onde sua fé fazia diferença em sua conduta, e isso foi impressionante."

Acabou como voluntário para o Conselho Nacional de Igrejas, patrocinado pela conferência da juventude, e foi designado para Connecticut. Quando chegou, não haviam sido feitos arranjos habitacionais, de modo que o colocaram no *campus* do Seminário Teológico de Hartford. Como o trabalho de voluntário tomava suas tardes e seus inícios de noite, ele pediu permissão para assistir a duas classes: as autoridades escolares sugeriram que era melhor pegar três, para se qualificar para uma bolsa. Young matriculou-se e saiu-se bem, enquanto a escola esperava seu traslado de Hartford, que levou dois ou três meses para chegar. Coisa boa, porque a escola lhe informou que, se houvessem mandado suas notas, eles não teriam podido admiti-lo. Ele reflete:

"Assim, em tudo isso eu senti que Deus tinha um plano para a minha vida, e estava dando certo, e tudo que eu tinha de fazer era acompanhar."

Young acredita que Deus, apenas com mão firme, continuou a orientar sua vida, mandando-o ser pastor de uma igreja no Alabama e colocando-o na casa de sua futura esposa. Ela nem estava lá. Ele conta a história:

"Quando eu cheguei ao Alabama, na primeira casa que visitei, vi uma Versão Padrão Revisada da Bíblia na mesa. Fora sublinhada, e o nome era Jean Childs. Isso era 1951, e aquela versão saíra em 1950. Assim, o que fazia uma negra no campo com uma Bíblia que acabava de ser publicada, e já estava sublinhada, em muitos dos meus capítulos favoritos? A mãe dela me disse que o livro pertencia à filha, que se achava no Manchester College, em Indiana. Eu estivera em Manchester no verão anterior para um acampamento de verão a caminho do seminário. É um colégio que defende a não-violência, e foi onde comecei a ler Gandhi. Assim, encontrar uma jovem negra que lia a Bíblia, e provavelmente conhecia a não-violência, era mais do que eu teria imaginado. Então, olhei na parede da sala de visita, e havia um diploma de salva-vidas. Eu estivera na equipe de natação de Harvard. Não sabia que as mulheres podiam nadar. Por isso, simplesmente decidi que o Senhor devia ter-me enviado ali para uma esposa. Claro, dois anos depois, nós nos casamos. Jamais houve qualquer dúvida em minha mente de que ela era a mulher com quem eu devia me casar, mesmo antes de conhecê-la, e que foi assim que Deus planejou para mim."[35]

Para Young e outros, a religião é um dos esquemas básicos para dar sentido e coerência a suas vidas e ajudá-los a entender os fatos, negativos e positivos. E, como já resumi antes, a religião está fortemete associada a melhores saúde e longevidade emocional e física. O enfrentamento com base na religião em presença de tensão protege contra depressão, melhora a satisfação com a vida e pode estar associado à longevidade.

Mas teremos de fato respondido à pergunta sobre se a religião tem efeitos salutares *porque* oferece sentido? É uma pergunta difícil, pois as crenças e práticas religiosas fazem mais do que oferecer sentido. Aumentam outros fatores que melhoram a saúde, como apoio social e comportamentos saudáveis benéficos. Mas alguns dos mais rigorosos estudos no campo levaram esses fatores em conta e, ainda assim, detectam a ligação entre religião e saúde.

Um estudo fascinante nos leva ainda mais para perto da compreensão do papel explícito do sentido na ligação religião/saúde. O Dr. Daniel McIntosh e seus colegas queriam determinar o papel da religião ajudando as pessoas a enfrentarem um dos traumas mais severos da vida: a morte de um filho.[36] Os participantes nesse estudo eram pais que haviam perdido seus bebês recentemente, vítimas da síndrome da morte súbita infantil (SIDS, em inglês), termo usado para descrever morte inesperada e, até há pouco, inexplicada de um bebê aparentemente saudável.[37] McIntosh escolheu essa população de pais porque a perda é tão chocante que não é possível qualquer preparação psicológica. Perguntou-se aos parentes das crianças mortas, entre outras coisas, sobre seu nível de participação religiosa e a importância da religião em suas vidas. Os pesquisadores fizeram perguntas para determinar se tais crenças e práticas religiosas os ajudavam a adaptar-se à sua perda. Significativamente, queriam descobrir *como* a religião ajudava, e assim também examinaram se a religião aumentava a adaptação, proporcionando aos pais mais apoio social, ou ajudando-os a *processar cognitivamente* a perda. Nesse caso, os pesquisadores definiram o processamento cognitivo como ter pensamentos e imagens recorrentes sobre a criança. As pessoas que tinham mais pensamentos, lembranças e imagens mentais sobre a criança e dedicavam-se de propósito a pensar e falar sobre o bebê foram tidas como de alto nível em processamento cognitivo da morte. Isso ajuda a pessoa a assimilar ou fazer adaptações por fatos traumáticos.

Os pesquisadores julgaram que a religião podia acelerar esse processo cognitivo porque proporcionava aos pais um esquema para pensar e compreender a morte (por exemplo, que seus filhos estavam vivos no céu, que tornariam a vê-los). A pergunta então era: A religião ajuda um pai a enfrentar a súbita perda de um filho com apoio social, processamento cognitivo ou descoberta de sentido?

Para responder a esta pergunta, ele e seus colegas olharam dois aspectos da religião: a participação religiosa (freqüência à igreja) e a importância da religião para os participantes. Os pesquisadores acreditavam que níveis mais altos de participação religiosa podiam ajudar os pais a enfrentar a morte do filho expondo-os com mais freqüência ao apoio de uma comunidade de igreja. As pessoas que

Figura 13: Formas como a Participação Religiosa e a Concepção de Importância de Religiosidade Afetam a Adaptação (adaptado de McIntosh *et al.*, 1993)

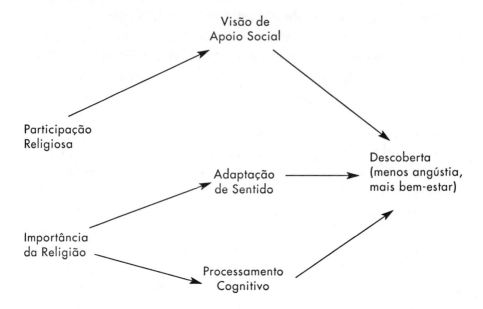

dizem que a religião é muito importante enfrentam melhor porque criam um forte esquema ou visão de mundo baseados na religião, que as ajuda a encontrar significado em sua perda e a processá-la cognitivamente. A Figura 13 mostra as formas como a participação religiosa e a importância da religião acabariam por afetar a adaptação à perda, em termos do volume de angústia psicológica e bem-estar emocional sentidos pelos pais.

No estudo, McIntosh entrevistou pais em duas ocasiões — passadas três semanas e, mais uma vez, um ano e meio após a morte do filho. Os achados apoiaram a hipótese dos autores sobre como a religião poderia afetar a dor e o bem-estar após uma perda importante. A participação religiosa maior relacionava-se fortemente a um maior apoio social. Os participantes que disseram que a religião era importante para eles tinham mais chances de encontrar sentido na perda, além de passarem por um processo cognitivo melhor.

Também se relacionou a participação religiosa à *capacidade* de encontrar sentido, sugerindo que a comunidade da igreja ajudava os pais com a compreensão de sua perda. Por sua vez, esses três fatores — apoio social, descoberta de sentido e processamento cognitivo — relacionavam-se com níveis mais altos de bem-estar e níveis baixos de angústia em três semanas e um ano e meio após a morte da criança. Este é um dos poucos estudos a examinar explicitamente e relacionar o processo de descoberta de sentido aos efeitos emocionais positivos do envolvimento religioso.

Segundo McIntosh, os efeitos da saúde benéficos para a saúde podem, na verdade, estar em sua capacidade de dar sentido a uma experiência.

"É mais que um exercício intelectual. Como pensamos, categorizamos e compreendemos os fatos (...) o que julgamos que os causa e o que julgamos sejam efeitos a longo prazo (...) influencia nosso comportamento. A forma como respondemos em termos emocionais e comportamentais a qualquer fato é influenciada por nossa compreensão dele. Para alguns fatos mais do que para outros, e para algumas pessoas mais do que para outras, a religião oferece o esquema com o qual o fato é compreendido. Como as crenças de todos são influenciadas por pessoas de sua rede social, a participação em comunidades religiosas oferece uma constelação de pessoas que ajudam a criar nossas crenças e podem contribuir com compreensões de fatos que continuam em nossas vidas."

Outro Caminhos para o Significado

Escrevi muita sobre a religião como um meio de encontrar significado, muito porque é aí que a maior parte da ciência está hoje. Mas, sem dúvida, a religião e a espiritualidade não são as únicas formas de descobrir sentido. Harold Koenig me contou suas idéias sobre este tema:

"As pessoas não-religiosas descobrem sentido em muitas outras coisas. Encontram sentido em termos daquilo com que elas contribuem para a sociedade, do que dão às suas famílias e filhos e do que realizam na vida. Todas essas coisas dão sentido à vida da pessoa. Howard Hughes pode ter encontrado sentido na acumulação de milhões e milhões de dólares. Outros encontram nos netos, nas famílias ou nas relações com os outros. Eu não imagino formas de chegar mais perto da descoberta de significado que essas."

Há incontáveis formas de se encaminhar para a descoberta de sentido após a adversidade que não são de natureza religiosa. Muitas pessoas transformam suas tragédias em ativismo. Jannette Fennell é um exemplo disso. Em outubro de 1995, um ladrão de carros deixou-a e ao seu marido como mortos na mala de seu carro.[38] Com dificuldade para respirar, ela rasgou o interior da mala até encontrar uma saída. Depois, traduziu seu terror numa cruzada em favor de molas imediatas para abrir malas de carro. Ficou sabendo que 260 indivíduos haviam morrido desde 1970 porque ficaram presos numa mala de carro — incluindo cerca de 40 crianças de menos de 14 anos. A maioria ficou presa por acidente e morreu de calor e sufocação. A força de sua fúria mudou a indústria de automóveis. A Ford Motors Co. respondeu instalando maçanetas que brilham no escuro e podem ser facilmente giradas por crianças. A General Motors desenhou um sistema que sente o movimento e a temperatura do corpo, o que faz a mala abrir-se automaticamente.

Alan Chick, um policial de Fort Worth, Texas, estava ajudando um motorista quando um chofer bêbado com duas dezenas de prisões anteriores o abateu. Sua esposa, Lisa, ficou destroçada, mas tinha um filho de dois anos e uma filha de oito que precisavam desesperadamente dela. Lisa Chick juntou a família com a ajuda de um consultor e dedicou-se ao trabalho voluntário. De sua dor, encontrou força para aconselhar policiais sobre como fazer planos para as famílias se fossem mortos em serviço.[39]

Terry Fox tinha 18 anos quando um câncer nos ossos obrigou os médicos a amputarem sua perna direita dez centímetros acima do joelho. Na noite anterior à cirurgia, ele leu sobre um amputado que concluíra a Maratona de Nova York. Após ter visto o sofrimento de outros pacientes de câncer, e inspirado pela reportagem, decidiu cruzar seu país, o Canadá, correndo com a ajuda de uma prótese, levantando dinheiro para a pesquisa do câncer. Começou sua jornada, a Maratona da Esperança, em 12 de abril de 1980, correndo mais de 30 quilômetros por dia, durante quase dois anos, antes que a doença o detivesse para sempre. Morreu aos 22 anos, mas não antes de transformar sua tragédia em algo que mudou o mundo. Disseram-lhe, antes de ele morrer, que a Maratona da Esperança seria um evento anual. No ano seguinte, 300 mil pessoas atravessaram o Canadá correndo e levantaram 3,5 milhões de dólares. Em 2000, 1,5 milhão de pessoas participavam, incluindo gente de 55 países fora do Canadá, e levantaram-se 21,7 milhões. Quase 300 milhões haviam sido levantados para a pesquisa do câncer em nome de Terry Fox. Ele não apenas descobriu sentido para si mesmo, mas inspirou outros a agirem também.[40]

Daniel e Joni Evans viveram um pesadelo quando um policial bateu à sua porta pouco depois da meia-noite para dizer-lhes que sua filha, Rebekkah, morrera num acidente de carro. Perdera o controle numa pista escorregadia por causa da chuva da Geórgia, cruzara a linha divisória e batera num jipe. Ela, sua melhor amiga e dois outros adolescentes morreram. Os pais certamente vão conviver com as memórias obcecantes, mas o pai transformou a dor numa maneira de homenagear a filha. Tornou-se um porta-voz oficial do Instituto da América Segura, que se dedica a tornar o país seguro para os jovens. "É uma maneira de dar à vida de minha filha e ao acidente algum propósito e significado, embora para mim fosse uma tragédia pessoal perder Rebekka, seria uma tragédia ainda maior se não transformasse sua perda em algo positivo."[41]

Tim Strett viu seu pai, Alan, major pára-quedista e capelão do Exército, ser metralhado na entrada de garagem de sua casa por um dólar. Os dois estavam limpando a neve quando dois rapazes se aproximaram e exigiram dinheiro. O pai foi fuzilado antes de poder responder. Tim esperou ser o seguinte, mas os assaltantes tomaram sua carteira, que tinha um único dólar, e fugiram. Tim viu o pai morrer. Três homens foram presos poucas semanas depois, mas a vida de Tim descambou: ele passou a beber, consumir drogas e a vagar de um emprego para outro. Quase dez anos depois da morte do pai, teve uma epifania que o levou a seguir as pegadas do velho como pastor e dedicar a vida a salvar meninos do centro da cidade, como os que haviam matado seu pai. Até mudou com a família para um dos bairros mais perigosos em Indianápolis para morar perto dos jovens que seriam beneficiários de seu novo compromisso. Depois, decidiu procurar os assassinos do pai e mandou uma carta para cada um. Don Cox, que fora o motorista do carro da fuga que estava estacionado além da esquina, foi o único a responder. Embora não estivesse na cena, aceitara a responsabilidade pessoal por seu envolvimento e trabalhava para se reabilitar. Os dois se encontraram, e Strett recebeu Cox em seu ministério, visitando-o muitas vezes e perdoando-o por seu papel no assassinato, que oferece contribuições para promover a paz e encontrar sentido na tragédia. Strett começou a achar que Cox fora severamente punido, uma vez que não se envolveu diretamente no assassinato do seu pai. Conseguiu recorrer ao sistema judicial e reduzir a pena do novo amigo para 23 anos e soltá-lo. Cox tornou-se mecânico de automóveis, profissão que aprendeu na prisão.[42]

Zora Kramer Brown sobrevivera ao câncer de mama por quase 20 anos. Quando diagnosticada, não ficou traumatizada e jamais precisou perguntar: "Por que eu?" Junto com a forte fé em Deus e a apreciação do poder da prece, o câncer de mama era também parte de sua herança. A bisavó, a avó, a mãe e duas de suas irmãs também haviam sido tratadas da doença. A bisavó viveu até os 94 anos e a mãe é uma sobrevivente de 40 anos. Zora vem de uma longa linhagem de sobreviventes, e todas depositam sua confiança na "graça de Deus". Ainda assim, quando sua irmã Belva foi diagnosticada com câncer de mama terminal, Zora ficou quase inconsolável. Escreveu: "Eu não entendia por que acontecia aquilo com ela, e chorei tanto que quase sufoquei com minha própria respiração." Diz que caiu de joelhos e pediu a Deus que a ajudasse a atravessar a provação e guiá-la na descoberta de formas de ajudar Belva. Em troca, prometia usar todos os seus recursos e tempo para o que Deus a chamasse a fazer. Belva encorajara-a a se envolver na consciência do câncer de mama, e uma reunião de amigas na cozinha evoluiu para o Comitê de Recursos do Câncer de Mama, organização que proporciona apoio e educação sobre a doença para afro-americanas. Ela diz: "Por meio de uma coisa devastadora como o câncer, descobri uma forma de ajudar as pessoas, encorajá-las, e isso foi e continua a ser um trabalho que me dá grande satisfação."[43]

Conclusão da Parte V

A adversidade tem um lado bom? Quando a adversidade ergue sua cabeça feia, a última coisa que a gente quer é dizer: "Ora, é uma coisa boa." Mas, às vezes, tão logo se sai do impacto inicial, um exame mais de perto de todas as conseqüências pode apresentar alguns benefícios imprevistos.

Minha experiência com o câncer de minha mãe é um bom exemplo. Apesar do papel de liderança única que ela exercia em nossa igreja, em muitos aspectos tinha opiniões muito tradicionais do seu papel em casa. Lá, meu pai era a figura dominante. Estabelecia o programa para meu diálogo com eles. Minha mãe estava sempre presente, mas sempre deferente a ele, e quase nunca dava opiniões que contradissessem as dele — quando o fazia, em geral era com o seu encorajamento. Assim, enquanto eu crescia, era muito mais versado nos sentimentos, crenças e perspectivas dele do que dela. A influência de minha mãe era substancial, mas instilada de formas menos abertas, menos diretas e mais transmitidas pelo exemplo.

Tudo isso mudou durante a luta de minha mãe contra o câncer, que veio após a morte de meu pai. Nossa relação cresceu como jamais imaginei. Passei mais tempo concentrado nela do que em toda a minha vida adulta. Falávamos longa e profundamente, e fiquei sabendo de coisas sobre ela e sua vida que nunca soubera. Uma de nossas quatro atividades favoritas era longos passeios de carro pelo campo, durante os quais eu lhe fazia perguntas sobre sua infância, e ela, a meu pedido, gravava as respostas num gravador de fita. Eu podia dizer-lhe coisas, e ela a mim, que jamais pudéramos — ou tivemos a oportunidade — de dizer antes. Às vezes, quando a doença impedia esses passeios e tornava-lhe difícil falar, era um prazer simplesmente estar perto dela, segurar sua mão, sem dizer nada.

O câncer de minha mãe não podia, de modo algum, ser descrito como uma experiência "prazerosa". Se eu pudesse, claro que preferiria que ela não o tivesse. Mas, olhando para trás, vejo meu tempo com ela durante sua doença como entre os mais valiosos de minha vida.

A mensagem que deve ficar desta parte do livro não é de modo algum que a adversidade é boa. Não é que, quando fatos dolorosos acontecem, devamos buscar imediatamente o lado positivo ou nos fechar para o torvelinho emocional. Circunstâncias estressantes nem sempre levam a benefícios. Lutos, ferimentos, doença e outras perdas ou reveses são experiências pavorosas. Sugerir outra coisa seria insinceridade. Até o ato de buscar significado ou benefícios não implica que as seqüelas negativas do trauma sejam apagadas. As vítimas de traumas, mesmo depois de encontrarem sentido, ainda lutam com as muitas conseqüências da tensão, incluindo depressão, ansiedade e raiva em relação às suas condições. Podem ainda sofrer dor física e desconforto, e ter dificuldades para fazer planos no longo prazo. Encontrar sentido ou benefícios pode conviver com esses resultados adversos, mas essa coexistência pode agir como uma espécie de bálsamo existencial, tornando a experiência mais coerente e compreensível, assimilada com mais facilidade, permitindo-nos recuar um pouco dela, pôr as experiências num contexto mais amplo e expor a experiência à luz para examinar *todas* as suas verdadeiras implicações, não apenas as mais negativas. Um exame mais completo dos fatos pode, de fato, revelar um surpreendente lado positivo — novas relações, melhor apreciação da vida, capacidades não-aproveitadas, fé fortalecida. Esse processo é intrinsecamente valioso e pode, em alguns casos, servir como contrapeso para as emoções negativas extremas que muitas vezes acompanham o trauma e a adversidade.

Outra mensagem dos três últimos capítulos pode ser apresentada como uma pergunta: Por que tantas vezes esperamos que a adversidade se abata antes de começar a valorizar o bom da vida? Eu fico fascinado com o fato de o que o esmagador número de estudos sobre a descoberta de significado trata sua descoberta após a adversidade. É quase como se a adversidade fosse um chamado existencial para despertar, dizendo-nos que a vida é muito mais do que trabalho, contas, preocupação e posses materiais. A maioria de nós *sabe* que a vida é mais do que essas coisas, mas estamos tão consumidos pela disputa da corrida que jamais vemos o cenário. A adversidade não cria o bom da vida nem transforma nossas prioridades. Mas faz-nos reconhecer e valorizar essas coisas. Reconcentra nossa atenção, arrasta-nos de volta ao lugar emocional e psicológico onde poderíamos ter pretendido estar o tempo todo mas perdemos — ou simplesmente jamais julgamos que estivesse à nossa disposição. Assim, a pergunta é: Por que esperar pela adversidade para descobrir um maior sentido e propósito?

PARTE VI

LIGAÇÕES: COM AS EMOÇÕES, COM O FUTURO

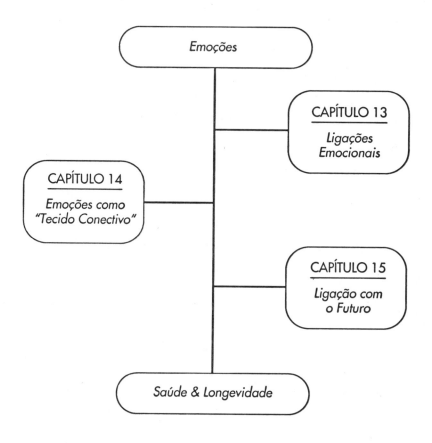

O futuro chegou. Apenas ainda não foi amplamente distribuído.

— William Gibson

Fechando o Círculo

A última parte deste livro leva-me a fechar o círculo em muitos aspectos. Inicio-a tal como fiz na Parte I, com uma reflexão sobre o caráter e a natureza de minha mãe. Quando decidi escrever um livro sobre uma visão mais abrangente da saúde, queria incluir nele histórias sobre uma pessoa cuja vida foi uma corporificação de muitos determinantes da saúde. Cheguei a criar um composto de como se pareceria essa pessoa — psicológica, social, espiritual e emocionalmente. Depois, desisti da idéia, pensando: "Isso é tolice; ninguém é realmente assim, e se tal pessoa existisse, pareceria boa demais para ser verdade." Mas o composto tinha uma vaga familiaridade, como se fosse de fato alguém que eu conhecia. Foi então que percebi que, na verdade, eu estava descrevendo minha mãe. Fiquei inicialmente surpreso com essa revelação não porque não a julgasse maravilhosa, mas porque ela parecia se encaixar de forma muito completa no "perfil" da pessoa que eu buscava. Tanto assim que tive de verificar constantemente com Elizabeth para me assegurar de que não estava simplesmente expressando meu afeto por minha mãe encaixando à força sua vida nas dimensões de saúde que eu iria descrever no livro. Elizabeth, que conheceu muito bem minha mãe, e que jamais deixa de me dizer a verdade (mesmo quando não é o que eu quero ouvir), me garantiu que muita gente que conheceu minha mãe provavelmente iria dizer que eu não fiz inteira justiça à sua natureza. A perspectiva de Elizabeth é que o caráter de minha mãe era quase fantasticamente um exemplo do que o livro tratava.

Minha mãe era uma consumada otimista, sempre esperando o melhor e explicando o passado de forma positiva. Embora não mantivesse diários privados, escrevia com profundeza sobre experiências que a haviam afetado emocionalmente num caderno espiral ou em pedaços de papel. Encontrei alguns deles dentro de velhas Bíblias dela. Também teve a felicidade de ter uma profissão — o ministério —, que sancionava a revelação pública de fatos emocionalmente difíceis. Minha mãe tinha uma grande rede social e era ao mesmo tempo doadora e receptora de apoio social benéfico à saúde. Embora o dinheiro jamais fosse importante para ela, minha mãe valorizava a educação. Sua posição como ministra trazia consigo uma boa medida de *status* social em nossa comunidade. E, quando se tratava de encontrar sentido na adversidade, ela não tinha de olhar além de sua visão religiosa e espiritual.

Em muitos aspectos, o uso de minha mãe como exemplo neste livro sobre longevidade emocional me leva pessoalmente a fechar o círculo, sob a perspectiva que eu tinha quando criança de vê-la sob uma luz completamente nova do ponto de vista privilegiado de um profissional de saúde. Enquanto crescia, eu, na verdade, jamais pensava em qualquer detalhe de todas as coisas específicas que a tornavam especial ou tornavam a sua vida satisfatória. Era simplesmente minha mãe, e quando eu estava com ela, estava em casa, independente do lugar onde estivéssemos. Ironicamente, foi a saída de casa para seguir a educação acadêmica e os 20 anos de trabalho como pesquisador, psicólogo e administrador no campo da saúde que me permitiram vê-la de uma forma como jamais a vira antes. Na universidade, na década de 1970, fiquei sabendo de uma nova área da ciência e prática profissional que acabava de surgir — a medicina comportamental —, que tratava a saúde física como uma função das interligações entre processos psicossociais, comportamentais e biológicos. A medicina comportamental foi um dos primeiros movimentos psicossociais científicos específicos. Em 1971, participei da primeira reunião da Sociedade de Medicina Comportamental (SBM, em inglês), e isso mudou para sempre o curso da minha carreira. Antes, meus interesses profissionais voltavam-se às doenças da infância, mas, após aquela reunião da SBM, comecei a trabalhar com tratamentos para a dor crônica sem uso de remédios, causas comportamentais de ataque cardíaco, estresse e hipertensão. Como professor em Duke, dirigia um laboratório de psicofisiologia cardiovascular e trabalhava em estreita colaboração com colegas de muitas disciplinas médicas e ciências sociais. Embora meu trabalho e o de outros em medicina comportamental fosse variado, em última análise tratam da mesma coisa — as ligações entre as dimensões que fazem de nós quem nós somos, e nossas ligações com os contextos ambientais em que vivemos. Quando fui recrutado para o NIH em 1995, para dirigir o recém-criado Departamento de Pesquisas em Ciências Sociais e Comportamentais, fui atraído para a posição porque me permitiria estar nas linhas de frente do movimento para integrar essa visão mais larga, ampliada, da saúde para a ciência da saúde. Na verdade, o Congresso, ao criar o departamento, ordenou ao NIH integrar essa perspectiva. Durante meu curto tempo em Harvard, concentrei-me em comunicar à mais vasta audiência possível até onde chegara a ciência na compreensão da importância crítica dos aspectos não-biológicos da saúde, e usar essa informação para ajudar na eliminação das profundas disparidades médicas em nossa sociedade. E agora, como principal autoridade executiva da Associação Americana de Psicologia, um de meus principais objetivos é trabalhar para mudar nosso sistema de assistência médica e acomodar o novo conhecimento que temos das ligações entre a mente, o comportamento, o ambiente social e a nossa saúde.

Cerca de 30 anos depois de sair de casa para seguir uma educação e estabelecer uma vida profissional em que a paixão consumidora tem sido examinar as muitas ligações que determinam nossa saúde, retornei mentalmente para casa, e fechei, psicologicamente, o círculo. Meu trabalho permitiu-me ver com clareza a vida de minha mãe e sua natureza em toda a sua riqueza e harmonia. Minha mãe foi, de fato, a corporificação da saúde, em todas as suas dimensões.

Estes capítulos finais também fecham o círculo da última dimensão da nova definição de saúde — as emoções. Mas estes capítulos — na verdade, todo o livro — tratam sobretudo de ligações. Até agora, apresentei a justificação científica para ampliar nossa visão da saúde, para reconhecer as múltiplas ligações entre fenômenos psicológicos, comportamentais e sociais com conseqüências para a saúde. Esta última parte trata de três tipos de ligações. A primeira é entre nossas emoções e nosso bem-estar físico. A ciência das emoções e da saúde é forte, e o elo especialmente visível no matador número um do país: a doença cardíaca. A segunda ligação é a fundamental entre as emoções e as outras dimensões de saúde e longevidade. É bem possível que as emoções sirvam como o principal "tecido conectivo" que amarra os aspectos não-biológicos de saúde, doença e longevidade. Quer dizer, pode ser que otimismo, revelação, relações sociais, SEP e a descoberta de significados afetem a saúde com seus efeitos sobre as emoções. Finalmente, examinarei como a pesquisa sobre longevidade emocional está ligada ao futuro: Para onde vai a nova ciência da saúde, o que se pode esperar dela e como se deve usá-la?

Capítulo 13

Ligações Emocionais

Algumas das minhas mais queridas lembranças de adulto de minha mãe e do tempo que passamos juntos são de nossas visitas ao lar de sua infância — a cidade de Nova York. Ela jamais perdia uma oportunidade de voltar à amada Nova York. Depois que meu pai morreu, ela a visitava pelo menos duas vezes por ano, ficando no mesmo hotel, onde a equipe a conhecia de nome ou de vista. Atravessando o saguão, minha mãe era cumprimentada com um "Olá, de novo?" ou "Bem-vinda" do *boy* e do recepcionista. Após algumas compras, seu passatempo favorito era relaxar na poltrona que lhe reservavam no saguão, ao lado de uma grande janela que dava para a movimentada Sexta Avenida. Passava horas ali, absorvendo a cidade e seus habitantes. Os pontos altos de suas visitas eram sempre os domingos, quando ela se dirigia ao Harlem, a fim de visitar a igreja "doméstica", Bechel AME Zion, onde não apenas descobriu sua vocação espiritual quando criança e onde pregou muitas vezes no correr dos anos, mas também onde conheceu meu pai.

No verão de 1992, Elizabeth e eu a acompanhamos numa visita a Nova York que desconfiávamos seria a sua última. Ela estava se tornando cada vez mais frágil e fraca, e, na verdade, no dia em que íamos partir para lá, minha mãe adoeceu muito e não pôde viajar. Mas ninguém ia negar-lhe essa visita e, no dia seguinte, ela insistiu em pegar o primeiro vôo. Essa viagem era mais do que especial para ela, uma vez que nossa grande família daria uma grande festa de aniversário para ela na casa de minha prima Elaine, em Connecticut. Membros da família viriam não apenas das áreas de Nova York e da Nova Inglaterra, mas de tão longe quanto a Califórnia e o Colorado, para a ocasião. Minha mãe era a matriarca espiritual da família, e sabendo que sua saúde fraquejava, todos queriam uma chance de vê-la pelo menos mais uma vez. Seria de fato um grande evento.

No dia da festa, quando íamos iniciar a viagem de carro de Manhattan para Connecticut, na rodovia expressa major Deegan, enfrentamos um daqueles lendários engarrafamentos de Nova York. Aparentemente, havia um imenso festival musical de verão na área, com carnaval e desfile que pararam o trânsito na rodovia. Os 30 minutos quase parados transformaram-se em duas horas de rastejamento. Sentado atrás do volante, eu me derretia emocionalmente. Lá estávamos nós tentando chegar ao que era, com toda a probabilidade, a última festa de aniversário de minha mãe, com dezenas de membros da família e amigos à espera, e completamente entalados num engarrafamento de trânsito. Eu estava em colapso emocional — completamente frustrado pelo engarrafamento, furioso comigo mesmo por tomar aquela rota e irritado por chegarmos à festa com um atraso tão incrível. Queria que aquele dia fosse absolutamente perfeito, e estava sendo arruinado bem diante de meus olhos. Eu estava provavelmente mais vociferante do que jamais estivera na presença de minha mãe. Sempre que eu dava uma buzinada ou expressava minha consternação, olhava-a no banco traseiro pelo espelho retrovisor, esperando que ela ecoasse minha frustração. Afinal, era o aniversário *dela* que iríamos perder. Mas, em vez disso, o que recebia dela não era cumplicidade com o meu humor. Não lembro exatamente o que ela disse durante aquela demora que parecia (a mim) interminável, mas me lembro do principal: "Não se preocupe, tudo vai dar certo, o trânsito vai-se abrir. Vamos gozar este tempo juntos."

Claro, eu devia saber qual seria a sua resposta, mas, apesar disso, fiquei pasmo com seu controle emocional. O engarrafamento *tinha* de registrar *alguma coisa* negativa nela em alguma altura — minha mãe não deixava de ter emoções negativas como um robô de Stepford. Quando crianças, meu irmão e eu testávamos e confirmávamos sua capacidade de manifestar raiva em várias ocasiões. Mas, para ela, a aparência de emoções negativas tinha sempre vida breve, uma aparição honorária na melhor das hipóteses, jamais o sentimento dominante. O engarrafamento acabou, claro, e na verdade muitos outros membros da família haviam ficado presos na mesma ruidosa saída de Nova York, e muitos chegaram pouco antes de nós. Quando nosso carro parou diante da casa de Elaine, uma multidão de parentes, crianças pequenas e velhos veio ao nosso encontro para cumprimentar minha mãe. A visão daquela onda de afeto familiar fluir à nossa volta teve o mesmo impacto emocional que a cena final de *Its's a Wonderful Life*, onde os amigos e a família de George Bailey se reúnem em sua casa com doações para salvá-lo da ruína. Do mesmo modo, a cena na entrada de garagem de Elaine era a quintessência do amor. Estávamos todos envolvidos em um poderoso senso de profundo afeto, assistência e alegria. Um brutal contraste com o estado emocional que eu vivenciara na viagem até ali. E minha mãe se achava no seu elemento emocional, um ambiente que refletia quem era ela.

Emoções. Têm um lugar central, e mesmo exaltado, na nova definição de saúde. Como as outras dimensões da saúde descritas neste livro, as emoções, junto com a tensão, afetam nosso bem-estar físico e a longevidade. Em particular, as emoções negativas da depressão, ansiedade e raiva têm generalizados efeitos em tudo, desde a mortalidade e a doença cardíaca até o resfriado comum. Por causa disso, talvez não exista melhor exemplo do que as emoções negativas das fortes ligações entre os determinantes não-biológicos e biológicos de nossa saúde.

AS LIGAÇÕES ENTRE EMOÇÕES NEGATIVAS E SAÚDE

Qualquer discussão sobre emoções negativas tem de começar com o que eu chamo de "as três grandes": tristeza/depressão, medo/ansiedade e raiva/hostilidade. Elas surgem, normalmente, quando uma meta importante é frustrada ou pelo menos vista como tal. Isso inclui metas relacionadas com a manutenção de segurança e estabilidade pessoais, preservando relações valiosas ou evitando situações freqüentemente humilhantes ou ofensivas. Mas a expressão "emoções negativas" não sugere que sejam sempre inúteis ou que seja necessário evitá-las. Quando se sentem essas emoções com grande freqüência ou intensidade, porém, elas podem ter profundas conseqüências. Quando, por exemplo, uma tristeza ocasional se transforma em depressão, ou quando uma apreensão periódica se transforma em implacável ansiedade, ou quando uma frustração intermitente se transforma em raiva e hostilidade crônicas. Examinemos brevemente a natureza dessas emoções negativas.

Tristeza/Depressão. Em seu livro *Passions and Reason*, o famoso psicólogo e autor Dr. Richard Lazarus escreve que a tristeza e a depressão fazem parte de uma família de emoções produzidas por circunstâncias de vida desfavoráveis, geralmente associadas à perda ou à visão de ameaça de perda.[1] Na tristeza, o tema primário é a perda irrevogável; quer dizer, quando triste, a gente sente que não pode reverter a perda, o que leva a um senso de impotência. A depressão, por outro lado, envolve extrema tristeza, mas é muito mais. Um traço característico da depressão é o senso de impotência, a visão de que a perda tem implicações negativas generalizadas para toda a nossa vida. A impotência pode levar à idéia de que não vale a pena viver, em casos extremos aumentar o risco de suicídio. A morte de um ente querido, a perda de bens materiais e até de metas da vida ou auto-estima são os tipos de perdas que evocam tristeza e à depressão. Grandes doenças também podem levar à extrema tristeza e à depressão, pois representam perda de saúde ou funcionamento físico.

Medo/Ansiedade. As ameaças — à segurança, à estabilidade, à sobrevivência ou à identidade — são consideradas os componentes centrais do medo e da ansiedade. O medo é a resposta habitual a ameaças específicas e súbitas vistas como um iminente risco de morte ou ferimento. Quando, diante desse tipo de ameaça, como um carro descontrolado saltando o meio-fio e vindo direto para cima da gente, as regiões específicas do cérebro são estimuladas para permitir agir rápido, sem pensar.[2]

A ansiedade, por outro lado, resulta de ameaças incômodas, incertas. Lazarus refere-se à ansiedade como uma emoção existencial por causa da natureza vaga da ameaça e da incerteza sobre se vai ocorrer ou o que podemos fazer a seu respeito se se materializar.[3] A ansiedade se manifesta de várias formas, incluindo apreensão, nervosismo e preocupação. Os problemas de ansiedade são casos extremos de medo e ansiedade debilitantes, incluindo fobias, problemas de ansiedade generalizados, problema de tensão e de pânico.[4]

Raiva/Hostilidade. A raiva resulta, em geral, de uma ofensa humilhante que é uma ameaça direta ou que ameaça alguém ou alguma coisa de valor. Aristóteles definiu-a como uma crença em que nós, ou nossos amigos, fomos injustamente tratados, o que nos causa sentimentos dolorosos e o desejo ou impulso de vingança. As pessoas também ficam com raiva quando se contestam suas impressões de si mesmas como dignas, competentes e merecedoras. A frustração resultante leva a muitas emoções junto com a continuação da raiva, que vão de irritação e aborrecimento, indignação e revolta a intensa raiva, fúria, ira e ódio. A hostilidade é muito relacionada com a raiva, mas não são a mesma coisa, de modo algum. Não é uma emoção, mas antes personalidade, atitude ou estilo (pensamento) cognitivo, caracterizados pela tendência a ver o mundo de forma a aumentar a probabilidade de que a raiva seja provocada. As pessoas hostis tendem a ver as situações como envolvendo ofensas pessoais e, assim, sentem com freqüência a emoção da raiva.

O número de estudos que examinam os efeitos das emoções negativas sobre a saúde está literalmente na casa das centenas. Nem todos, naturalmente, têm qualidade científica suficiente para extrair conclusões firmes. Contudo, um número significativo de estudos bem projetados e rigorosamente acompanhados concluiu que as emoções negativas participam do desenvolvimento, do curso e das fases de recuperação da doença. As descobertas são sobretudo fortes em relação às doenças cardíacas. Isso se encaixa, uma vez que a doença cardíaca é a causa número um de morte nos países industrializados. Os pesquisadores que estudam as ligações entre emoções negativas e doença cardíaca examinaram vários resultados cardiovasculares. Entre outros, infarto do miocárdio (ataques cardíacos), isquemia cardíaca, falha congestiva do coração e morte ligada ao coração. Eis uma sinopse do que ficamos sabendo sobre como as emoções negativas afetam a doença cardíaca:

A depressão prevê doença cardíaca. Os estudos que examinam a ligação entre depressão e doença cardíaca examinaram a depressão de várias formas. Muitos examinaram a relação de depressão clínica diagnosticada com doença cardíaca, mas outros mediram sintomas depressivos como tristeza, impotência, melancolia ou abatimento, perda de interesse por atividades prazerosas. Examinar os sintomas da depressão é importante porque muito mais pessoas têm depressão clínica completa. Assim, é crítico que saibamos se o último grupo também corre o risco de problemas cardíacos.

Fizeram-se mais de 20 estudos no longo prazo da depressão e doença cardíaca, envolvendo mais de 25 mil participantes. Nesses estudos, o nível de depressão é avaliado num determinado ponto no tempo e os participantes são acompanhados entre um e 40 anos.

Quando examinados como um todo, a depressão clínica e o alto número de sintomas depressivos são associados a um maior risco de doença cardíaca. *A depressão pode levar a qualquer coisa entre duas a quatro vezes mais risco de doença cardíaca.* Parece ser especialmente perigosa para pessoas cujo coração já foi prejudicado por problemas cardíacos. Nesses indivíduos, a depressão pode causar impressionantes aumentos do risco de complicações fatais. Mas alguns estudos também constataram que a depressão pode quadruplicar o risco de doença cardíaca com o tempo em pessoas inicialmente saudáveis.[5]

A ansiedade prevê doença cardíaca. Como acontece com a depressão, os estudos da ansiedade mediram-na de várias formas. Alguns examinaram sintomas como preocupação, irritabilidade, dificuldade de concentração ou tensão muscular. Outros examinaram distúrbios generalizados de ansiedade, distúrbios de pânico ou distúrbio de tensão pós-traumática.

Fizeram-se mais de dez estudos a longo prazo do impacto da ansiedade na doença cardíaca, envolvendo mais de 40 mil participantes. Esses estudos demonstraram conclusivamente que a presença do distúrbio de ansiedade ou um alto número de sintomas de ansiedade prevêem doença cardíaca. Admiravelmente, *as pessoas com níveis mais altos de ansiedade podem ter entre duas e sete vezes mais o risco de doença cardíaca*, em comparação com as de níveis menores de ansiedade. Esta, sobretudo, prevê a doença cardíaca fatal.[6]

A raiva e a hostilidade prevêem doença cardíaca. Três aspectos da raiva foram estudados com maior rigor em relação à doença cardíaca. Um é a freqüência com que se evocam sentimentos de raiva — a experiência da raiva. O segundo é a expressão da raiva. A raiva é expressa verbal ou não-verbalmente de alguma forma, ou é inibida ou eliminada? O terceiro se relaciona com o conceito de hostilidade. Esta é mais de estilo de personalidade ou de atitude pelo qual a pessoa vê o mundo e os outros de uma forma que aumenta a probabilidade de raiva. As pessoas de alta hostilidade sentem mais raiva do que as outras.

As descobertas sobre se o sentimento de raiva prevê a doença cardíaca são limitadas. Dois estudos no longo prazo, com duração de três a sete anos, descobriram que as pessoas que comunicam altos níveis de sentimentos de raiva correm exagerado risco de doença cardíaca. Entre os participantes inicialmente saudáveis, a raiva dobrava suas chances de ter um evento cardíaco inicial. Entre os pacientes com doença cardíaca existente, *a raiva levava a um aumento de sete vezes de um segundo evento cardíaco.*[7]

A forma como a raiva se expressa também pode afetar o coração. Pelo menos dois estudos no longo prazo descobriram que a tendência a manter a raiva ou a tendência à agressividade a expressam quando o provocado prevê doença cardiovascular.[8] Assim, parece que qualquer extremo de articulação da raiva — extrema eliminação ou expressão — é ruim para o coração.

De todos os componentes da raiva, nenhum reuniu mais atenção da pesquisa em anos recentes do que a hostilidade. Há muitas dimensões, entre as quais uma maior tendência a ficar com raiva. Mas a hostilidade é mais do que isso. Está também ligada a crenças negativas e atitudes para com os outros. As pessoas hostis vêem os outros com cinismo, desconfiança e de forma depreciativa. Esperam que os outros sejam motivados por interesses egoístas e provavelmente provocantes ou danosos.[9] O Dr. Timothy Smith, da Universidade de Utah, relata que as pessoas hostis exibem "uma desvalorização do valor e dos motivos dos outros, uma expectativa de que os outros são fontes prováveis de injustiças, uma visão relacional de estar em

Figura 14: A Sobrevivência como Função dos Graus de Hostilidade (adaptado de Barefoot et al., 1983)

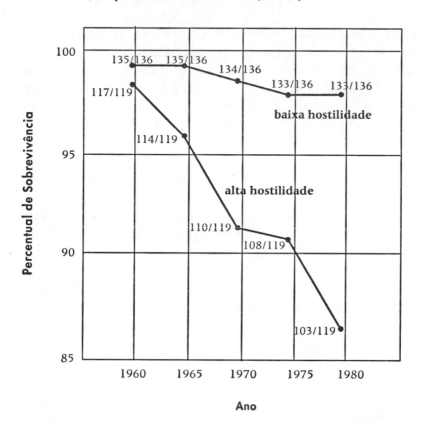

oposição a outros, e o desejo de fazer mal ou ver os outros prejudicados".[10] Nas duas últimas décadas, os efeitos da hostilidade sobre a saúde foram conclusivamente confirmados. Estudos no longo prazo indicam que a hostilidade prevê doença cardíaca e outras causas de morte.[11] Num dos estudos, pesquisadores da Duke University descobriram que os graus de hostilidade entre estudantes de medicina previam a incidência de doença cardíaca e mortalidade de todas as causas 25 anos depois. *Os participantes com altos graus de hostilidade tinham uma incidência quase 25 vezes maior de doença cardíaca e, como se descreve na Figura 14, mais cinco vezes a taxa de mortalidade* do que aqueles com graus menores.[12]

A Ligação entre Tensão e Emoções Negativas

Seria um grande descuido deixar a tensão fora da mistura quando se discutem as dimensões da longevidade emocional. Trata-se do primeiro causador de emoções negativas; não o único, mas visivelmente um dos mais poderosos. Acima e além de seus efeitos sobre a emoção, a tensão é importante por ser também um significativo determinante de saúde e longevidade. Assim, o que *é* a tensão? Não estou me referindo a uma coisa, e sim a um processo. É um processo que começa com uma interação entre você e seu ambiente. Ocorre um fato que pode, em última análise, tornar-se um "estressante". *Quando* se torna um estressante é determinado pela forma como o vemos. O processo de tensão envolve quatro fases:

1. Ocorre um fato em seu ambiente, ou você pensa no fato.
2. Você avalia o fato como ameaçador, exigente ou bloqueador de uma meta desejada.
3. Você avalia o fato como além de sua capacidade de enfrentá-lo, mas não pode evitar nem alterar o que está acontecendo, e tem dificuldade para reinterpretar o fato de forma menos ameaçadora. É então considerado um estressante.
4. Você apresenta uma reação que pode incluir emoções negativas, respostas psicológicas ou comportamentais como preocupação ou retirada, e respostas biológicas como alta pressão sangüínea ou reações imunológicas prejudicadas.[13]

Quando eu levava minha mãe de carro para o que seria a comemoração do seu último aniversário, tive uma clássica reação à tensão. O engarrafamento de trânsito foi o fato ambiental que iniciou o processo. Eu o avaliei como bloqueando metas muito desejadas: chegar à festa a tempo e que todo o dia fosse perfeito. O fato excedeu minha capacidade de enfrentá-lo — eu não podia evitá-lo e tinha dificuldade para aceitar o fato de que o dia *não* seria perfeito. Minha mãe, por outro lado, encarava a situação de modo muito diferente. Embora o dia fosse importante para ela, o engarrafamento não alterou seu equilíbrio emocional, ou pelo menos não na mesma medida que alterou o meu. Talvez ela contasse com o seu típico estilo explicativo otimista, sabendo que os engarrafamentos jamais são permanentes, ou talvez se apoiasse em sua fé religiosa para encontrar perspectiva e significado, recitando na mente o texto bíblico "tudo conspira para o bem para aqueles que amam a Deus".[14] Independentemente de como a enfrentava, a questão é que os fatos não levam inevitavelmente a reações de tensão; é nossa interpretação dos fatos que o faz.

Mas a pergunta aparentemente eterna é: a tensão pode realmente causar doença? Não a ocasional reação à tensão quando preso no trânsito, mas as reações produzidas quando os estressantes são extremos ou implacavelmente crônicos. Entre cientistas e leigos igualmente, você obterá um número igual de respostas afirmativas e negativas a essa pergunta. Abundam as historinhas sobre a ligação tensão/saúde. Elizabeth e eu muitas vezes conversamos sobre notícias de figuras públicas que parecem sucumbir a uma doença após passarem um longo período de revés público ou um único acontecimento trágico. Com freqüência, falamos do caso de uma de suas figuras esportivas admiradas, o treinador Jim Valvano, da Universidade Estadual da Carolina do Norte. Ela é uma furiosa fã do basquetebol da Conferência da Costa do Atlântico (ACC, em inglês), e um de seus times favoritos é o Wolfpack daquela universidade. Nós moramos lá durante o devastador turbilhão da carreira de Valvano, que atraiu a imprensa nacional e causou muitas dessas impressões brutais nela. Ele virou uma celebridade nacional, seu fuleiro Wolfpack conquistou o torneio de basquete da NCAA em 1983, numa verdadeira reviravolta, tornando-se um dos grandes destaques na história do basquete universitário. Os saltos de alegria do treinador pela quadra após a vitória se tornaram um daqueles clássicos *clips* de televisão mostrados na temporada de basquete universitário. Valvano deu um novo sentido à "emoção da vitória".

Poucos anos depois, foi acusado num livro de ter um programa rastaqüera, empesteado pelo consumo de drogas, impróprio apoio de torcida, roubo de pontos e notas ruins.[15] A NCAA iniciou uma investigação, e ele foi assado nas brasas da opinião pública durante meses. Foi um acontecimento triste e cruel de testemunhar. No meio disso tudo, ele recebeu uma oferta de emprego de uma escola fora da Carolina do Norte, mas optou por ficar no estado, para não desenraizar os filhos. Elizabeth esperava que ele pegasse o emprego e deixasse para trás a controvérsia. Contudo, o estado nomeou-o diretor atlético, também, e ele ficou. Mas, em 1990, finalmente renunciou em meio a uma grande controvérsia e a muitas pressões. Depois tornou-se analista de esportes da ABC, mas os críticos pouca paz lhe deram. Nenhuma das acusações jamais foi provada, mas o time foi posto em condicional por dois anos, porque o comitê da NCAA descobriu que alguns jogadores haviam vendido sapatos e ingressos. O treinador Valvano não estava envolvido em nenhuma das violações. Dois anos depois, em 1992, ele foi diagnosticado com câncer nos ossos e morreu em 1993.

Elizabeth e eu também conversamos sobre se a tensão pode ter desempenhado um papel nas doenças de um policial de Providence, Rhode Island, o major Cornel Young. Ele perdeu o filho, sargento Cornel Young Jr., ele próprio um veterano de dois anos da força policial da cidade, quando baleado por dois colegas policiais ao tentar impedir um assalto fora de serviço. O caso atraiu a atenção da imprensa nacional. O sargento Young era um policial negro morto por dois policiais brancos, e o incidente foi atribuído por muitas fontes ao racismo. O major Young, policial negro do mais alto posto na força policial de Providence, foi obrigado a andar numa corda bamba pública de dor, responsabilidade no emprego e necessidade de determinar se o racismo desempenhara algum papel na morte do filho. Ele continuou na força por algum tempo, e até recebeu uma promoção. Mas informou-se que andava deprimido, e os colegas se sentiam pouco à vontade com o fato de ele ter uma arma em casa. No verão seguinte, ele foi diagnosticado com a síndrome de Guillain-Barré e, depois, câncer ósseo. O major Young disse que mesmo a simpatia que as pessoas lhe ofereciam se tornou um problema, porque ele se sentia assediado e que não tinha como escapar. Quando o diagnosticaram com câncer, ele pediu publicamente que respeitassem sua intimidade.[16]

A tensão teria contribuído para as doenças do treinador Valano e do major Young? Claro que jamais saberemos. Há ainda muito poucos indícios científicos em seres humanos de que a tensão causa o início do câncer. Mas há ainda estudos de históricos formais que fortalecem a tese de que a tensão pode levar a outras doenças, algumas das quais observadas pelo lendário psiquiatra Dr. George Engel, da Faculdade de Medicina da Universidade de Rochester. Ele talvez tenha sido o primeiro a cunhar o termo "biopsicossocial" para descrever como as muitas dimensões da saúde trabalham junto. Numa investigação muito criativa, estudou certa vez os fatores em torno de mortes súbitas usando histórias de jornais num período de seis anos. Escolheu 170 casos em que o suicídio podia ser eliminado como possibilidade e as circunstâncias das mortes podiam ser reconstituídas. Engel descobriu que um número substancial das mortes podia estar ligado a perdas interpessoais, sobretudo durante a fase aguda do luto. Eis alguns exemplos do que descobriu:[17]

- Quando lhe disseram que seu irmão de 17 anos morrera inesperadamente, uma garota de 14 de repente "caiu morta".
- Seis meses após receber uma folha limpa de saúde, depois de um eletrocardiograma, um homem de 50 anos teve um ataque cardíaco, um dia depois do funeral de sua esposa, que morrera de câncer.
- Um homem de 80 anos emocionalmente angustiado morreu de edema pulmonar agudo depois de saber da morte da filha.
- Uma garota de 18 anos educada pelo avô morreu de repente e sem aviso após saber da morte dele.

Você talvez conheça casos semelhantes de sua própria história ou de suas notícias locais. São intrigantes e provocativas, mas se encaixam na categoria de dados anedotais. A evidência circunstancial dessas histórias é absorvente, mas sempre é difícil dizer com certeza qual a causa exata de uma doença ou morte num indivíduo em particular. Pode ser tensão ou alguma outra coisa. Mas a ciência finalmente foi além das historinhas e começou a confirmar a idéia diária de que a tensão está ligada à nossa saúde e à longevidade.

Os cientistas examinam a relação entre tensão e saúde em muitas formas diferentes. Alguns examinam o que se chama de fatos estressantes da vida: a freqüência de ocorrências que a maioria de nós consideraria estressantes, como divórcio, mudança, doenças sérias, a morte de um ente querido ou dificuldades financeiras. Outros focos nos tipos específicos de estressantes potenciais, como cuidar de um ente querido com a doença de Alzheimer, suportar tensão no trabalho, ter uma história de abuso infantil, sofrer perdas ou mesmo sobreviver a terremotos e condições de guerra. Ainda outros pesquisadores avaliam a tensão de forma mais subjetiva, concentrando-se mais na avaliação de estressantes em suas vidas. A ligação entre tensão e saúde também foi examinada pelo estudo dos efeitos em longo prazo de abordagens dos efeitos redutores de tensão.

Fatos Estressantes da Vida e da Saúde

Os fatos estressantes da vida prevêem a mortalidade. Pesquisadores na Suécia avaliaram a freqüência com que dez diferentes fatos estressantes da vida ocorriam num período de 12 meses em 750 homens saudáveis que faziam exames médicos de rotina. Tornaram a entrar em contato com eles sete anos depois para determinar o *status* de sua saúde. Os homens que haviam tido três eventos ou mais, o que era considerado um perfil de alta tensão, tinham significativamente mais probabilidades de ter morrido durante os sete anos do que os que não comunicavam evento algum da vida. Na verdade, *os homens com mais altos pontos em fatos estressantes tinham três vezes mais probabilidades de morrer*, em comparação com os que tinham menos pontos. As diferenças em mortalidade entre os dois grupos continuaram estatisticamente importantes mesmo depois de descontados fatores como cigarro, classe social, apoio social e outros.[18]

Num estudo nacional de 2.233 sobreviventes de ataques cardíacos publicado em *The New England Journal of Medicine*, os pesquisadores examinaram a ligação entre fatos estressantes da vida e morte durante um período de três anos. Como mostra a Figura 15,[19] *os sobreviventes de ataques cardíacos que comunicaram níveis mais elevados de eventos estressantes da vida tinham dez vezes mais probabilidades de morrer* nos três anos do que aqueles com níveis mais baixos de fatos estressantes. *Os pacientes que tinham maior tensão de vida e eram socialmente isolados de amigos e da família tinham quatro vezes mais probabilidades de morrer* que os baixos em tensão e isolamento social. O estudo ilustra como alguns dos determinantes da saúde podem, juntos, ter um

Figura 15: Taxas de Morte como Função de Tensão de Vida e Tensão de Vida mais Isolamento (Adaptado de Ruberman *et al.*, 1994)

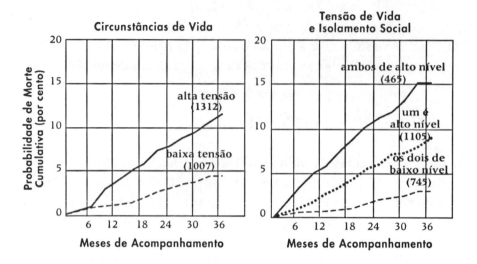

efeito sinergético. Os efeitos combinados da tensão e do isolamento social eram maiores do que os de qualquer dos dois sozinho.

Fatos estressantes da vida prevêem o avanço da doença. Os fatos estressantes da vida também podem afetar adversamente o curso de uma doença já presente ou piorar as características ou sintomas clínicos da doença. Um dos melhores exemplos desse fenômeno é visto na pesquisa sobre tensão e Aids. A Dra. Jane Leserman e auxiliares na Universidade da Carolina do Norte, em Chapel Hill, realizaram vários estudos que mostram que, entre pessoas soropositivas, as que haviam sofrido maior tensão recente em suas vidas tinham significativamente mais probabilidades de contrair Aids. Num dos estudos, 82 pacientes contaminados com Aids sem sintomas da doença ou a própria foram visitados por cinco e sete anos e meio. Jane descobriu que os *fatos estressantes da vida estavam ligados a um avanço mais rápido do* status *soropositivo para a evolução da doença.* As pessoas que tinham mais fatos estressantes da vida tinham duas vezes mais probabilidades de pegar Aids que os mais baixos nesses fatos.[20]

Os fatos estressantes prevêem vulnerabilidade à doença. O Dr. Sheldon Cohen, da Universidade Carnegie Mellon, em Pittsburgh, realizou uma série de estudos que demonstram, de forma convincente, que a tensão estressante psicológica aumenta nossa vulnerabilidade à doença — neste caso, nossa susceptibilidade ao resfriado comum. Num dos estudos, publicado em *The New England Journal of Medicine*,[21] a equipe de pesquisa de Jane estudou 394 voluntários saudáveis que completaram questionários sobre fatos estressantes da vida e sua visão de que os atuais estressantes ultrapassavam sua capacidade de enfrentamento. Os pacientes foram então submetidos, via gotas nasais, a um dos cinco diferentes vírus respiratórios. Foram postos de quarentena e controlados em busca de indícios de infecção ou sintomas de resfriado. Lembrem-se: nem todos expostos a um vírus de resfriado são infectados ou adoecem. Como descrevem as Figuras 16 e 17, Jane descobriu que *as infecções respiratórias e os resfriados aumentavam a maneira de responder às doses com aumentos na tensão.*[22]

As Conseqüências para a Saúde de Tensão no Trabalho, Luto e Assistência

Fatos freqüentemente estressantes da vida não são os únicos estressantes que afetam a saúde. A exposição a um único estressante, mesmo que intensa e prolongada, também pode ser tóxica. Três estressantes que se encaixam nessa categoria são tensão no trabalho, luto e assistência.

A tensão no trabalho prevê a doença cardíaca. Todos sentem alguma tensão no trabalho, mas a pesquisa isolou dimensões-chave do ambiente de trabalho que são sobretudo estressantes, resultando no que os pesquisadores chamam de "tensão do trabalho". Consiste de dois componentes: o nível de demanda do emprego e o grau de latitude de decisão que permite. A demanda de emprego é a óbvia. Um trabalho frenético e psicologicamente extenuante é considerado alto em demanda. Outro componente menos óbvio da tensão no emprego é a latitude de decisão, que é o grau em que o emprego ofe-

Figura 16: Ligação entre Tensão Psicológica e a Taxa de Resfriados (adaptado de Jane Cohen *et al.*, 1991)

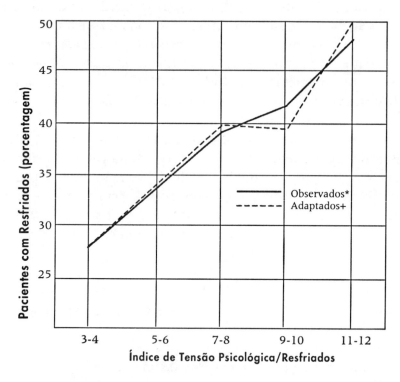

* Observados = porcentagem de resfriados descontando-se o controle de variáveis
+ Adaptados = porcentagem de resfriados após descontarem-se mais de 12 variáveis de controle, incluindo idade, sexo, educação, *status* alérgico, cigarro, dieta e contagens de células brancas

rece liberdade para tomar decisões e controle de como se faz o trabalho. A latitude de decisão inclui o grau de liberdade pessoal ligada ao trabalho, como a capacidade do empregado para dar um telefonema pessoal e o quanto de juízo intelectual está envolvido na realização da tarefa. Os trabalhos de natureza mais repetitiva em geral não permitem muita discrição ou criatividade intelectual. Os que exigem mais educação formal muitas vezes oferecem mais latitude. Pesquisas do mundo todo indicam que *alta tensão no trabalho pode aumentar o risco de doença coronariana de duas a quatro vezes*.[23]

Figura 17: Ligação entre Tensão Psicológica e a Taxa de Infecções Virais (adaptado de Jane Cohen et al., 1991)

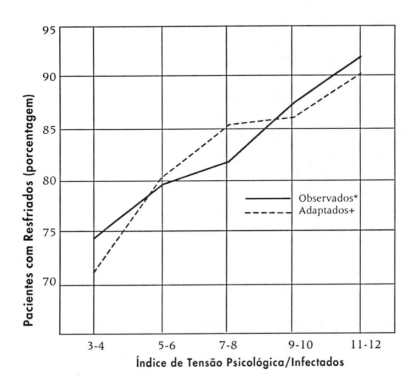

+ Observados = porcentagem de infectados descontando-se o controle de variáveis
+ Adaptados = porcentagem de infectados após descontarem-se mais de 12 variáveis de controle, incluindo idade, sexo, educação, *status* alérgico, cigarro, dieta e contagens de células brancas

O luto prevê a mortalidade. A perda de um ente querido pode ser devastadora. O luto produz uma dor emocional ímpar, envolvendo sintomas de choque, intensa tristeza, raiva, anseio, desespero, culpa, humilhação, descrença e confusão. Por mais difícil que seja, a maioria das pessoas consegue sobreviver ao luto sem dano emocional ou biológico no longo prazo. A maioria pode continuar com a vida, embora ainda sinta saudade do ente querido e um certo grau de luto talvez jamais desapareça. Para alguns, o luto pode ser um agudo estressante cujos efeitos acabarão por baixar. Para outros, porém, o preço emocional do luto é inteiramente devastador e duradouro. Nesses casos, o luto torna-se um estressante crônico que provoca profundas mudanças biológicas. Este é o motivo pelo qual o luto é um fator de risco de morbidez e mortalidade, sobretudo nas semanas e nos meses imediatamente após o início da viuvez.

Os homens e, curiosamente, jovens viúvas e viúvos são especialmente susceptíveis à mortalidade relacionada com a dor após a morte de um cônjuge. Num estudo com mais de 1 milhão de casados, com idades de 35 a 84 anos, na Finlândia, estudaram-se durante cinco anos homens e mulheres que haviam perdido cônjuges. Mostrou-se que o luto tinha mais impacto nos homens enlutados do que nas mulheres. Elas tinham uma taxa de mortalidade 6% maior do que as não-viúvas da mesma idade. Os homens enlutados, porém, tinham uma taxa de 17% maior do que os não-viúvos.[24] Seria tensão a causa do excesso de mortalidade nos enviuvados? Pode não ser o único motivo, mas certamente figura com destaque.[25] Outro fator é que o cônjuge sobrevivente pode perder recursos econômicos e o apoio instrumental associado a tarefas do dia-a-dia, como limpeza, preparação de comida, cuidado dos filhos e consumo de remédios. Contudo, é improvável que essas perdas sejam a causa da mortalidade posterior durante o luto do cônjuge enviuvado. Os efeitos da perda de apoio econômico e ajuda nas tarefas seriam com mais probabilidade cumulativos, piorando com o tempo. O mais provável é que as mortes durante o luto ocorram mais no curto do que no longo prazo.

As explicações mais prováveis envolvem a tensão emocional e a perda de apoio emocional durante o luto. A alta taxa de sobreviventes nos seis meses após o desaparecimento do cônjuge sugere um papel causal para o intenso resíduo emocional do luto. O fato de que os jovens viúvos e viúvas correm maior risco do que os mais velhos também sugere a tensão como fator causal. Para os velhos casais, a morte de um cônjuge é considerada um acontecimento "na hora". É uma coisa que se espera que ocorra em algum ponto entre os velhos. Para os jovens, a morte de um cônjuge é "fora de hora", algo que não devia acontecer e, por conseguinte, talvez mais chocante e difícil de enfrentar. Finalmente, quando os cientistas examinaram as causas médicas exatas da morte durante o luto, várias dessas causas são sensíveis à tensão. Entre elas, doença cardíaca, violência e câncer no pulmão (ligado ao consumo de cigarro).

A assistência a um parente inválido prevê doença e morte. Muito da pesquisa sobre tensão em anos recentes concentrou-se em um segmento da população grande e em rápido crescimento — as pessoas que cuidam em casa de um parente inválido ou com uma doença crônica. A maioria dos cuidadores é de cônjuges ou filhos adultos de pessoas com doenças tipo síndrome de Alzheimer, derrame, doença cardíaca e outros problemas que impedem sua capacidade de cuidar inteiramente de si mesmos. Estimou-se que até 15 milhões de pessoas servem como assistentes, muitas das quais velhas elas mesmas.[26] Embora a assistência possa ser emocionalmente recompensadora, os cuidadores como um todo comunicam níveis extraordinariamente altos de tensão e fardo.[27] Um recente estudo a longo prazo de cuidadores examinou os efeitos do seu cuidado sobre a mortalidade. O estudo, publicado no *Journal of the American Medical Association*, acompanhou 329 velhos que davam assistência ao cônjuge. Eles foram comparados com um grupo de mais de 400 não-cuidadores de idade semelhante. Num período de quatro anos, os *cuidadores que sofriam tensão mental e emocional tinham 63% mais probabilidades de morrer* durante os quatro anos do estudo do que os não-cuidadores. Os cuidadores que não comunicaram tensão não corriam maior risco de morte.[28]

Capítulo 14

Emoções como "Tecido Conectivo"

A premissa básica deste livro é que a saúde é mais do que a ausência de doença, que nosso *status* biológico é apenas uma de várias categorias de fatores que influenciam nossa saúde e a longevidade. A biologia atua em conjunto com pensamentos e ações, com fatores sociais e econômicos, com fatores existenciais/religiosos/espirituais e com os fatores emocionais que acabamos de descrever. Como as outras dimensões, as emoções estão fortemente ligadas aos resultados de saúde. Mas ocupam um lugar especial nessa nova definição de saúde. O próprio título deste livro sugere que as emoções ocupam uma posição de destaque em relação à longevidade — uma espécie de superior entre iguais. Adoto esta posição não porque elas sejam de algum modo mais poderosos determinantes de saúde do que os outros. O principal motivo para o *status* elevado das emoções é o seguinte: elas atuam como um caminho-chave pelo qual os outros fatores discutidos no livro — otimismo, revelação, relações sociais e econômicas, descoberta de sentido — bem podem ter seus efeitos sobre a saúde, *porque primeiro têm impacto sobre as emoções*. As emoções fazem parte do "tecido conectivo" que amarra os outros determinantes da longevidade.

Isso não é sugerir que a emoção seja o *único* caminho ou tecido conectivo que liga as outras dimensões à longevidade. Na verdade, há uma forte justificação científica para a idéia de que muitas das dimensões aqui descritas também afetam outros caminhos potenciais para a longevidade. Por exemplo, o otimismo ou o apoio social também afetam atividades como abstenção de cigarro ou uso excessivo de álcool, exercícios regulares, uma dieta saudável, dormir o suficiente, fazer exames físicos regulares e mesmo tomar remédios segundo a prescrição. Além disso, as emoções não podem por si mesmas explicar *completamente* por que coisas como SEP, relações sociais ou participação religiosa são tão benéficas à saúde. As emoções, mesmo quando atuam como caminho-chave para a longevidade, raramente atuam sozinhas. As pessoas com altos níveis de emoções negativas também exibem outros fatores que as põem em risco de doença. Mas são únicas naquilo que é o *único caminho partilhado por todas as dimensões da doença*. As emoções, em especial as negativas, são afetadas umas pelas outras nas cinco dimensões da saúde. São os fios comuns que correm em todas as histórias de pessoas perfiladas neste livro, que se beneficiaram de estreitas relações sociais, ou puderam encontrar sentido, ou revelar experiências traumáticas. O único resultado que todo esse povo partilhou foi um maior senso de bem-estar emocional. Cada dimensão pode não afetar o cigarro ou a visita ao médico, mas todas na verdade alteram nossas emoções. As emoções, como a biologia, podem ser consideradas "superdimensões" da saúde, uma vez que são um caminho pelo qual as outras viajam para afetar a saúde.

Há um outro motivo para o lugar especial reservado às emoções que de novo demonstra a ligação entre emoções e as outras dimensões da saúde. As outras podem ser vistas como protetoras de nosso bem-estar emocional. Fazem isso não necessariamente impedindo a ocorrência de adversidade, mas amortecendo-nos de seus efeitos emocionais indesejados. Na verdade, é nos momentos de adversidade que se vê mais nitidamente a ligação entre as dimensões da saúde e as emoções. Quando a adversidade entra em nossas vidas, aqueles de nós que, por exemplo, somos mais otimistas, mais capazes de discutir sentimentos ou de encontrar sentido temos um grau maior de proteção emocional. Assim, como descreve a Figura 18, as pessoas capazes de melhor utilizar essas características têm uma melhor zona amortecedora entre suas emoções e a adversidade.

Há mais um motivo pelo qual as emoções são tão fundamentais para a nossa saúde geral. Elas atuam como uma espécie de termômetro do bem-estar, fornecendo-nos uma leitura da eficácia que tem nossos amortecedores na nossa proteção contra a tensão, ou se são elas próprias a origem de algumas dificuldades. Quer dizer, nos-

Figura 18: Dimensões de Saúde como Zona Amortecedora entre a Adversidade e Emoções Negativas

sas emoções em qualquer momento refletem, entre outras coisas, a soma total de nosso otimismo, as conseqüências de traumas não revelados, se há problemas em nossas relações sociais, se estamos tendo dificuldades econômicas, se conseguimos encontrar sentido em alguma inevitável experiência da vida. Como um termômetro que exibe temperaturas, nossas emoções nos fornecem uma leitura do estado das outras dimensões de saúde e de nossas vidas mais em geral: são as circunstâncias seguras, ameaçadoras ou maravilhosas? Aconteceram coisas boas em nossas vidas ou perdemos algo ou alguém valioso? Quando nossas emoções se tornam demasiado negativas, estão apontando-nos que há problemas em algum aspecto de nossas vidas, problemas que provavelmente seriam tratados em parte por maior atenção às dimensões de nossa saúde na zona amortecedora.

A prova das ligações entre emoções e as outras dimensões da saúde já foram descritas em cada um dos capítulos anteriores. Mas, à guisa de sumário, relacionam-se, a seguir, as descobertas:

Ver o lado positivo: o otimismo nos liga com as emoções. No Capítulo 1, falei do otimismo, definido como as expectativas da pessoa para o futuro (otimismo disposicional) e explicáveis do passado (estilo explanatório). Sabe-se que os dois tipos de otimismo desarmam as emoções negativas e aumentam as positivas. Essa ligação foi observada em pesquisa com participantes tão variados quanto recrutas da Marinha, estudantes secundários e universitários de direito, pacientes de ponte safena e pessoas de muitas populações. Além disso, talvez a mais clara demonstração da ligação entre o estilo forma explanatória de otimismo e as emoções seja a pesquisa sobre a depressão. As pessoas com depressão clínica diagnosticada tendem a usar um estilo explanatório pessimista para os fatos ruins, e quanto mais severa a depressão, mais pessimista o estilo explanatório. A depressão diminui quando a terapia produz mudanças no estilo explanatório de pessimista para mais otimista.[1] Finalmente, além de seus efeitos diretos sobre o humor, demonstrou-se que o otimismo é um poderoso amortecedor entre o humor e as experiências adversas da vida, como infertilidade, transplante de medula óssea e Aids.

Revelar e tratar: a revelação nos liga às emoções. As pessoas capazes de revelar experiências traumáticas têm a saúde melhorada no longo prazo, em comparação com as que ocultam seus traumas. Curiosamente, a revelação de experiências traumáticas muitas vezes leva a uma piora de humor a curto prazo, uma vez que o ato de revelar fatos negativos há muito reprimidos pode ser emocionalmente prejudicial. Mas, com o tempo, a revelação do trauma produz uma melhora no humor e na saúde. Embora nem todo estudo de revelação tenha produzido esses resultados, um exame abrangente dessa pesquisa indica que escrever sobre fatos traumáticos conduz de fato à redução da perturbação emocional.

Indo bem com uma pequena ajuda dos amigos: o apoio social nos liga às emoções. As pessoas que têm redes sociais maiores e apoio de amigos e da família não apenas vivem mais em média, mas têm maior bem-estar emocional. Em particular, as pesquisas apontam para uma forte ligação entre níveis mais altos de apoio social e níveis mais baixos de depressão. O que é realmente impressionante nas relações de apoio social é sua capacidade de servir como amortecedor que protege os indivíduos das conseqüências emocionais da tensão.[2] Um estudo na Suécia descobriu que a tensão da vida era um significativo prognóstico de mortalidade por doença cardíaca, câncer e problemas de saúde ligados ao álcool em homens de meia-idade. Nesse mesmo estudo, também se descobriu que a presença de apoio social bloqueava os efeitos mortais da tensão. Para os homens com alto apoio social, a tensão não era associada à morte — quer dizer, o apoio emocional tem um efeito amortecedor ou protetor contra as conseqüências para a saúde associadas à tensão. Para os homens de pouco apoio social, a tensão era especialmente mortal. Para os participantes com mais de dois fatos estressantes da vida, o risco de morte era 15 vezes mais alto do que para homens sem fatos estressantes da vida. Em outras palavras, entre os homens com baixo apoio emocional, os com zero estressante de vida na linha de base tinham uma taxa de mortalidade de apenas 1,5%, mas naqueles com mais de dois fatos estressantes da vida, a taxa de mortalidade era de 25,9%.[3]

Subindo um pouco mais: a posição socioeconômica nos liga às emoções. O gradiente SEP/saúde é realidade tanto para a saúde emocional quanto para a saúde física. A pessoa com mais baixo nível em SEP tem menores níveis de depressão, ansiedade e situações provocadoras de raiva que as de níveis mais altos.[4] A esta altura, é difícil dizer exatamente por que é assim. Pode ser que as pessoas de SEP mais baixo tenham fatos mais indesejados da vida ou, por outro lado, que atos de SEP mais alto ajam como amortecedores, protegendo os indivíduos da tensão. Provavelmente um pouco das duas coisas. Como observou o Dr. Andrew Baum, da Universidade de Pittsburgh, o SEP baixo "provavelmente está correlacionado com cenários de maiores densidade populacional, barulho, crime, poluição, discriminação, pouco acesso a recursos e/ou riscos e privações. Renda limitada, educação e/ou baixa classe social podem fazer as pessoas viverem em cenários mais pobres e estressantes, ou perpetuar sua vida nessas áreas. Comunidades de alto SEP parecem ter menos riscos ou privações, mais apoio, e têm mais opções para enfrentar os problemas que ocorram".[5]

Uma viagem de descoberta: encontrar significado nos liga às emoções. No capítulo sobre a descoberta de sentido, examinei vários estudos que ligavam esse processo às emoções. Esses estudos ilustravam claramente os efeitos amortecedores da descoberta de sentido. Quer dizer, as pessoas que encontravam sentido após uma experiência adversa da vida relatavam níveis mais baixos de depressão e tensão do que as outras. Lembrem, por exemplo, que, entre veteranos de combate da Segunda Guerra Mundial e/ou da Guerra da Coréia, os que encontravam os efeitos mais positivos do serviço militar e da participação na batalha eram os que tinham menos probabilidades de apresentar sintomas de tensão relacionados ao combate. Quanto mais viam a experiência militar como indesejável, mais apresentavam sintomas de tensão. Essas descobertas permaneceram significativas após descontar-se estatisticamente o grau de exposição ao combate. Num estudo recente de indivíduos enlutados, os que encontravam sentido mostravam melhor adaptação nos meses após a morte do que os menos capazes de encontrar. Finalmente, entre as mães de bebês prematuros que haviam estado em cuidado neonatal intensivo, as que ficavam mais emocionalmente tensas no ano e meio seguinte após o parto tendiam a ser aquelas que não buscavam sentido nem benefícios na crise.

Caminhos finais: a biologia nos liga às emoções. Como em outras partes deste livro, sempre surge a questão sobre como é que uma dimensão não-biológica de saúde leva à doença e à morte. E como as outras dimensões descritas antes, as emoções negativas e a tensão provavelmente afetam a saúde e a longevidade com seus efeitos sobre a biologia e, em certa medida, o comportamento. Essas ligações são mais claramente ilustradas na pesquisa sobre a tensão. Demonstrou-se que a exposição à tensão altera todos os sistemas do corpo, incluindo imunológico, cardiovascular, neuroendócrino e nervoso central.[6] Em curto prazo, porém, quando a tensão é aguda, essas mudanças biológicas podem ser adaptivas, ajudando-nos na adaptação ou efetivamente nos cuidados da situação imediata. A longo prazo, no entanto, quando a tensão se torna mais crônica, essas mesmas mudanças corporais podem ocasionar o início da doença, exacerbar doenças existentes ou reduzir a recuperação de um doente. A tensão também pode reduzir comportamentos saudáveis como exercício e sono, e aumentar comportamentos prejudiciais à saúde como cigarro, práticas de diata prejudiciais e consumo excessivo de álcool.[7]

Um bom exemplo das mudanças biológicas associadas à tensão é a pesquisa sobre isquemia miocárdica, uma característica comum em muitos pacientes com doença coronariana. A isquemia miocárdica se caracteriza por um estreitamento das artérias coronárias e redução do fluxo sangüíneo para o coração, o que põe a pessoa em risco de ataques cardíacos e outros eventos cardíacos fatais. Há muito se reconheceu que tensão física como o exercício pode aumentar a isquemia, um dos motivos pelos quais os cardiologistas muitas vezes usam um teste de esteira para avaliá-la. Recentes estudos indicam que a tensão psicológica — produzida pela realização de aritmética mental e discursos improvisados — pode produzir um início idêntico de isquemia. Os pacientes com histórico de doença cardíaca e que apresentam mais isquemia em resposta à tensão psicológica correm maior risco de um segundo ataque cardíaco ou outras anormalidades cardíacas.[8] A boa notícia é que pode-se usar técnicas de administração de estresse para prevenir ataques cardíacos posteriores nos pacientes que apresentam tal isquemia.[9]

Embora as emoções possam ser o tecido conectivo que liga fatores não-biológicos à saúde, há muitas outras ligações entre essas dimensões. Quer dizer, otimismo, relações sociais, posição socioeconômica e o processo de revelar trauma ou encontrar sentido também estão ligados uns aos outros. Essas ligações podem levar a uma cascata mortal de experiências. Por exemplo:

- As pessoas de baixo SEP têm baixos níveis de apoio social.
- As pessoas de baixo apoio social têm menos probabilidade de revelar traumas.
- As pessoas com menos probabilidade de revelar traumas também têm menor probabilidade de encontrar sentido neles.

- As pessoas com menor probabilidade de encontrar significado nos acontecimentos também são menos otimistas.
- As pessoas menos otimistas têm mais probabilidades de sentir emoções negativas.
- As pessoas que sentem menos emoções negativas apresentam maior risco de doença e morte, em comparação com as que sentem menos tais emoções.

A cadeia causal, claro, pode funcionar em muitas direções e ter diferentes pontos de entrada e rotas. As dimensões sociais da saúde afetam as dimensões psicológicas e emocionais, mas o contrário também acontece. Nosso estado emocional pode influenciar nossas relações com os outros. As interações e ligações entre as dimensões de saúde são ilimitadas. Por exemplo, embora o pessimismo muitas vezes cause emoções negativas, essas emoções podem, por sua vez, reforçar crenças pessimistas. Essas crenças pessimistas podem afastar os outros, levando a um menor apoio social e a menos oportunidades de revelar experiências estressantes da vida.

Embora grande parte da pesquisa descrita examine um elemento ou fator causal de cada vez para determinar seus efeitos sobre a saúde, na verdade todas as dimensões estão ligadas umas às outras de forma muito dinâmica. Na verdade, o risco de doença e morte aumenta ou diminui dependendo do acúmulo de riscos ou fatores de proteção nas dimensões. Por exemplo, o risco de morte é maior para as pessoas deprimidas e que *têm* baixa renda *e* são socialmente isoladas do que para as pessoas com apenas uma dessas características.[10] Outro exemplo desses efeitos cumulativos é o estudo descrito no capítulo anterior, em que pacientes de ataque cardíaco que relatavam altos níveis de fatos estressantes da vida tinham duas vezes mais probabilidade de morrer em três anos do que aqueles com menores níveis de tensão. Contudo, os altos em tensão *e* socialmente isolados tinham *quatro vezes mais probabilidade de morrer* do que os mais baixos em tensão e isolamento.[11] Pode-se também lembrar, do capítulo introdutório, que as úlceras têm mais probabilidade de ser causadas por uma *combinação* de tensão e bactérias.

Capítulo 15

Ligação com o Futuro

O que guarda o futuro para novas técnicas de pesquisa da ciência médica sobre longevidade emocional? Que progresso podemos esperar nesta década? A resposta sucinta é um acelerado progresso dentro das dimensões não-biológicas da saúde, com maior compreensão de como se relacionam umas com as outras e com os processos biológicos. Aumentam o investimento e o compromisso nesse campo do NIH e do Congresso, e cientistas de diferentes disciplinas descobrem mais terreno comum a cada dia — até mesmo entre cientistas sociais que estudam comunidades e cientistas biológicos que estudam genes. Mas quais são as mais novas, mais pioneiras direções que essa pesquisa pode tomar, e quais as mais provocativas implicações no longo prazo? E como vão as novas descobertas afetar nossas vidas?

Quando se trata do futuro da longevidade emocional, tenho previsões e esperanças. A seguir, várias previsões sobre quais podem ser as descobertas mais influentes da nova ciência médica nos próximos dez anos.

DESCOBRIREMOS QUE AS EMOÇÕES POSITIVAS E A MALEABILIDADE AFETAM A LONGEVIDADE

O impacto das emoções negativas sobre a saúde foi mais sistematicamente estudado do que as emoções negativas, mas isso não quer dizer que as positivas não sejam importantes. Uma grande energia científica se concentra na descoberta de efeitos para a saúde de emoções e atitudes positivas, e processos psicológicos como alegria, amor, gratidão, interesse, satisfação, diversão e perdão. Os cientistas já descobriram que as emoções e atitudes positivas podem conter e desfazer alguns dos efeitos psicológicos das emoções negativas. Estas ajudam as pessoas a pensar com mais flexibilidade, criatividade e abertura em situações de solução de problemas.[1] Eu prevejo que as emoções positivas serão poderosos prognósticos de taxas mais baixas de doença e morte. As pessoas que sentem emoções positivas com mais freqüência terão taxas mais baixas do que as outras. Prevejo ainda que a pesquisa descobrirá técnicas psicológicas e comportamentais para gerar emoções positivas nos que as sentem menos, e o aprendizado de tais técnicas impedirá ou acelerará a recuperação do doente. O trabalho sobre emoções e atitudes positivas anunciarão uma tendência científica ainda maior ao estudo da "maleabilidade". Por maleabilidade, refiro-me aos processos que levam a bons resultados na presença de ameaças ao nosso bem-estar geral.[2] A maioria dos temas de capítulos neste livro é exemplo de fatores que promovem maleabilidade, como otimismo, apoio social, revelação e descoberta de significado. Prevejo que haverá uma aceleração das descobertas sobre como podemos tornar-nos mais maleáveis diante de experiências infelizes da vida. Esta obra já começa a examinar, por exemplo, por que algumas pessoas reagem melhor do que outras aos ataques de 11 de setembro.[3]

Demonstrar-se-á que Fatores Biológicos Afetam a Expressão do Gene

Talvez a demonstração última das ligações seja a pesquisa que amarra fatores à expressão do gene; quer dizer, o ligamento ou o desligamento dos genes. A determinação de quais fatores realmente contribuem para a expressão do gene tem óbvias e importantes implicações para o tratamento e a prevenção da doença. Como fatores tipo emoções, tensão, expectativas e relações sociais afetam a ativação dos genes dentro dos núcleos das células? A lógica disso é bastante direta. Como descrito em todo este livro, esses fatores não-biológicos afetam hormônios como o cortisol, a epinefrina, a norepinefrina e muitos outros. Esses hormônios, por sua vez, ativam outras substâncias dentro das células, que, por sua vez, ativam a expressão dos genes dentro de seus núcleos. Já há forte indícios da pesquisa básica de que fatores ambientais e comportamentais (por exemplo, tensão, exercício, interações sociais) afetam a expressão dos genes pela ativação dos hormônios,[4] e surge a pesquisa clínica sobre esse tópico. Por exemplo, os pesquisadores estão descobrindo como a tensão afeta adversamente a expressão dos genes associado ao sistema imunológico.[5] Prevejo que as colaborações de natureza científica entre cientistas comportamentais e sociais e geneticistas demonstrará conclusivamente as estreitas ligações entre todas as dimensões da saúde e a expressão do gene. Será demonstrado que essas dimensões afetam a expressão dos genes associados a doença cardíaca, diabetes, câncer, artrite e outras doenças crônicas, e mesmo a estrutura e o funcionamento do nosso cérebro.[54]

SERÃO DESCOBERTAS NOVAS INTERVENÇÕES SEM DROGAS QUE PODEM IMPEDIR E TRATAR A DOENÇA E OUTRAS CONDIÇÕES ADVERSAS

A maioria das pesquisas descritas foi de natureza causal — quer dizer, pesquisas que mostram as ligações entre as dimensões da saúde e os resultados de doenças. Sabemos que fatores emocionais, psicológicos e sociais contribuem para a doença. Mas uma das próximas fronteiras da nova ciência médica é a descoberta de uma gama mais ampla de intervenções que, com base nas descobertas da pesquisa, possam de fato prevenir ou tratar a doença. Essa obra já começou e levou a muitas intervenções sem drogas para impedir a doença e condições adversas, incluindo artrite, asma, baixo peso ao nascer e outros problemas.[6] Prevejo que uma grande preponderância de provas clínicas aleatórias demonstrará que intervenções comportamentais, psicológicas, emocionais ou sociais podem impedir o início de várias doenças e males. Os cientistas também descobrirão que muitas dessas intervenções sem drogas serão tão eficazes quanto os tratamentos com drogas e, em muitos casos, a combinação de tratamentos sem e com drogas é ideal.

Demonstrar-se-á que as Novas Intervenções sem Drogas Reduzirão de Modo Impressionante os Custos com Assistência Médica

Mostrar-se-á que as novas técnicas sem drogas para tratar ou prevenir doenças produzirão declínios significativos nos gastos com despesas médicas. Os cientistas incorporarão análises de custo mais exigentes em seus estudos de intervenções preventivas e de tratamento. Essas análises demonstrarão conclusivamente que, pagando a intervenção que aumenta o bem-estar emocional ou social das pessoas às quais servem, as empresas de seguro-saúde *pouparão* dinheiro. Essas poupanças resultarão da menor utilização da assistência médica e da menor necessidade de altos custos médicos e intervenções cirúrgicas.[7]

Descobrir-se-á que o Elemento Social da Saúde Será mais Importante do que se Imaginava Antes

Embora cada elemento da saúde aponte para um acelerado crescimento e progresso nos próximos dez anos, eu prevejo que a pesquisa sobre o elemento social será especialmente digna de nota. Duas tendências serão responsáveis por isso. A primeira é uma maior ênfase em disparidades de saúde com base racial e étnica. Existem amplas diferenças em resultados de saúde e expectativa de vida entre os grandes grupos raciais e étnicos nos Estados Unidos.[8] Em resposta, o NIH e outros componentes do Departamento de Saúde e Serviços Humanos fizeram do entendimento e da eliminação das disparidades de saúde uma prioridade absoluta. Cada núcleo do NIH criou um plano estratégico para aumentar sua pesquisa nessa área.[9] O elemento social da saúde, junto com os fatores culturais nele incluídos, são críticos para a compreensão das disparidades raciais e étnicas. A segunda tendência tem a ver com o fato de que a pesquisa de ciência social relacionada com a saúde vai rapidamente ultrapassar o estudo de processos interpessoais para um exame do impacto sobre a saúde de maiores sistemas sociais, políticas do governo, sistemas econômicos, influências da imprensa, bairros e instituições como escolas, sistemas de assistência médica, organizações religiosas e o local de trabalho. Os indivíduos são ao mesmo tempo afetados e desempenham um papel na modelação desses sistemas sociais maiores. As conseqüências médicas, comportamentais e biológicas da interação dinâmica entre indivíduos e sistemas sociais será uma fonte de sensacionais descobertas na próxima década.[10]

UMA VISÃO DO FUTURO

Com base nas descobertas descritas neste livro e tendências como as já apontadas, espero que tenhamos os meios e a vontade de expandir nossa visão da saúde — tanto no nível individual quanto no social. Tal mudança significará que:

- Como indivíduos, continuaremos rotineiramente a pensar nas dimensões emocionais, psicológicas e sociais de nossa saúde, além dos biológicos e comportamentais, em nossas tentativas de nos recuperar ou prevenir as doenças.
- As pessoas em risco genético de doença utilizarão técnicas comportamentais, psicológicas e emocionais, ou sociais, para prevenir a ativação de genes que contribuem para a doença.
- As faculdades de medicina atualizarão seus currículos e incluirão mais sobre a nova ciência médica, para que os médicos em formação aprendam tanto sobre as dimensões não-biológicas da saúde quanto sobre as biológicas.
- As avaliações de saúde da medicina incluirão as biológicas junto com as não-biológicas, para que o tratamento seja visualizado na(s) dimensão(ões) corretas do problema.
- Os planos de seguro-saúde pagarão por tratamentos que visem as dimensões não-biológicas para intervenção por profissionais de saúde.
- Como sociedade, teremos um maior reconhecimento das múltiplas influências do contexto social, incluindo como as famílias, bairros, escolas, locais de trabalho e a economia afetam os fatores de saúde e estilo de vida como padrões de exercício, dieta e cigarro.
- Saúde pública, promoção da saúde e prevenção de doença se tornarão maiores prioridades na sociedade. A promoção da saúde e prevenção de doenças se tornarão considerações de rotina entre os que

instituem políticas no local de trabalho, na escola e na assistência médica, e se tornarão crescentes prioridades nas verbas de pesquisa federais.

Finalmente, espero que estas previsões se concretizem e disponibilizem para todos aquilo que minha mãe parece ter conquistado naturalmente — harmonia mental, corporal e espiritual.

Notas

INTRODUÇÃO: LONGEVIDADE EMOCIONAL: PARA UMA NOVA DEFINIÇÃO DE SAÚDE

1. Rowe e Kahn (1998).
2. O termo "não-biológico" não é usado para evocar um dualismo de mente/corpo, mas como um meio conveniente para descrever aspectos das funções humanas que não são sinônimos de fisiologia. Contudo, reconhece-se que todos os aspectos do funcionamento humano têm um componente biológico. Deixarei claro, durante todo este livro, que as dimensões não-biológicas estão inextricavelmente ligadas às biológicas.
3. Anderson, N. B. (1998).
4. Lichtenstein *et al.* (2000).
5. Surwit *et al.* (1984).
6. Grant, Piotrowski, Chappell (1995); Kaplan e Lusky (1988); Kaplan e Camacho (1983); Idler e Angel (1990); McGee *et al.* (1999); Schwartz *et al.* (1999).
7. Schwartz *et al.* (1997); Low-Beer et al. (2000); Wagner *et al.* (1995).
8. Preâmbulo para a constituição da Organização Mundial de Saúde como adotado pela Conferência Internacional de Saúde, Nova York, 19-22 de junho, 1946; assinado em 22 de julho de 1946 pelos representantes de 61 estados (relatórios oficiais da Organização Mundial de Saúde, n.º 2, p. 100) e em vigor desde 7 de abril de 1948. A definição da OMS indicou também que a saúde não era apenas ausência da doença.
9. A expressão "visão ampliada da saúde" tem sido usada por vários cientistas e organizações, sobretudo pelo Centro para o Progresso da Saúde, Washington, D.C.
10. Larson (1996).
11. Vários cientistas e estudiosos escreveram sobre esta perspectiva ao longo dos anos, usando termos como "medicina comportamental", "medi-

cina psicossomática", "psicologia da saúde", "perspectivas biopsicossocial", "biocomportamentais" ou "biossociais".
12. Os termos "interdisciplinar" e "transdisciplinar" são muitas vezes usados intercambiavelmente.

PARTE I: PENSAMENTOS E AÇÕES 1: EXPECTATIVAS, EXPLICAÇÕES E CRENÇAS

1. Entrevista com Art Berg (2001). Art Berg é presidente da Invictus Communications e membro da National Speakers Association, da qual recebeu a mais elevada designação — Certified Speaking Professional —, uma honra obtida por menos de 7% de seus membros. Foi premiado com o anel do Super Bowl pelo Baltimore Ravens, por seu desempenho em motivá-los para o campeonato deles. Livros de Berg: *The Impossible Just Takes a Little Longer* e *Finding Peace in Troubled Waters*.

CAPÍTULO I: EXPECTATIVAS E EXPLICAÇÕES

1. Scheier, Carver, Bridges (1994); Marshall *et al.* (1992).
2. Greenberg e Springen (2001).
3. Carver e Gaines (1987).
4. Bromberger e Matthews (1996).
5. Scheier *et al.* (1989).
6. Scheier *et al.* (1999).
7. Schulz *et al.* (1996).
8. Segerstrom *et al.* (1998).
9. Raeikkoenen *et al.* (1999).
10. Comunicação pessoal do Dr. Martin Seligman (2001).
11. Seligman (1991).
12. Zullow *et al.* (1988).
13. Zullow e Seligman (1990).
14. Peterson e Seligman (1984).
15. Seligman *et al.* (1988).
16. Nolen-Hoeksema, Girgus, Seligman (1992).
17. Peterson, Seligman, Vaillant (1988).
18. Kubzansky *et al.* (2001).
19. Peterson *et al.* (1998).

20. Maruta *et al.* (2000).
21. Kamen-Siegel *et al.* (1991).
22. Segerstrom *et al.* (1996).
23. Kubzansky *et al.* (no prelo).

CAPÍTULO 2: OTIMISMO É SEMPRE BOM? PESSIMISMO É SEMPRE RUIM?

1. Comunicação pessoal do Dr. Christopher Peterson.
2. Seligman (1991).
3. Snyder e Dinoff (1999).
4. Sheier *et al.* (1989); Fitzgerald (1993); Carver *et al.* (1993); Fry (1995); Stanton e Snider (1993); Struffon e Lumpkin (1992); Fontaine, Manstead, Wagner (1993); Litt *et al.* (1992); Taylor *et al.* (1992).
5. Carver e Scheier (1999).
6. Charles Gibson entrevistou Mattie Stepanek, sua mãe, Jeni Stepanek, e o presidente James Carter em *Good Morning America*, 4 de dezembro de 2001; reportagem de Chris Cuomo. O presidente Carter é um ídolo de Mattie Stepanek, mas eles jamais tinham se encontrado, embora Carter tivesse escrito o prefácio para um dos livros de poemas de Mattie. Carter surpreendeu-o com uma visita durante a entrevista.
7. ABC News Internet Ventures, "A Purpose of Peace. Best-Selling Boy Poet Promotes Peace", 16 de novembro de 2001.
8. Lyman (2001).
9. Norem e Cantor (1986a).
10. *Ibid.*
11. Norem e Cantor (1986b).
12. *Ibid.*

CAPÍTULO 3: O PODER DE CRENÇAS E ILUSÕES

1. Seligman (1995).
2. Entrevista com o Dr. Albert Bandura feita por Jill Kester em *The Observer*, um boletim informativo da American Psychological Society (2001).
3. Bandura (1997).
4. *Ibid.*

5. Entrevista com o Sr. Wally Amos (2001). Os livros de auto-ajuda e inspiracionais de Wally Amos incluem *The Power in You, Man with No Name, Watermelon Magic* e *The Cookie Never Crumbles*. Para mais informação, visite www.wallyamos.com e www.unclewally.com.
6. Bandura (1997).
7. Bandura *et al.* (1999).
8. O'Leary (1985); Clark e Dodge (1999); Bandura (1997).
9. Cacioppo (1994); Cacioppo (2000); Sapolsky (1998); Lovallo (1997).
10. Gerin *et al.* (1995); Bandura *et al.* (1985); Wiedenfeld *et al.* (1990).
11. Seeman *et al.* (1996).
12. O'Leary *et al.* (1988); Smarr *et al.* (1997); Lorig e Holman (1993).
13. Bandura, Reese, Adams (1982); Bandura, Adams, Beyer (1977).
14. Sanderson, Rapee, Barlow (1989); Litt, Nye, Shafer (1995); Litt, Nye, Shafer (1993).
15. Manning e Wright (1983); Bandura *et al.* (1987); Dolce (1987); Clark e Dodge (1999).
16. Bandura (1997).
17. *National Sports Report*, Fox News; reportagem de Kevin Frazier, novembro de 2001.
18. Taylor e Brown (1994); Taylor e Brown (1988).
19. Alloy e Abramson (1979).
20. Lewinsohn *et al.* (1980); Coyne e Gotlieb (1983); Ruehlman, West, Pasahow (1985).
21. Taylor e Brown (1988).
22. Taylor (1989).
23. Taylor (1983).
24. Taylor *et al.* (2000).
25. Taylor *et al.* (1992).
26. Kübler-Ross, E. (1969, 1987).
27. Reed *et al.* (1994).
28. Kübler-Ross (1987).
29. Reed *et al.* (1999).
30. *National Sports Report*.
31. Kabat-Zinn *et al.* (1998); Kabat-Zinn et al. (1985); Miller, Fletcher, Kabat-Zinn (1995); Kabat-Zinn (1995).

PARTE II: PENSAMENTOS E AÇÕES 2: OCULTANDO E REVELANDO TRAUMAS

1. Smyth (1999).
2. A amostragem de voluntários incluiu 61 pessoas com asma e 51 com artrite; 107 completaram o estudo — 58 no grupo de asma e 49 no grupo de artrite reumatóide.
3. A função pulmonar foi medida pela percentagem média do volume expiratório forçado (FEV) previsto num segundo.
4. Matarazzo (1984).

CAPÍTULO 4: SILÊNCIO, SEGREDOS E MENTIRAS: O ALTO PREÇO DE OMITIR E EVITAR

1. Entrevista com Linda Ellerbee (2001).
2. Horowitz (1975); Lepore (1997); Lepore (no prelo).
3. Wegner (1997).
4. Wegner *et al.* (1997); Wegner e Eber (1992); Wegner (1997).
5. Wegner, Eber, Zanakos (1993); Beevers *et al.* (1999); Wegner e Zanakos (1994).
6. *Ibid.*
7. Cole *et al.* (1996).
8. Lane e Wegner (1995).
9. *Ibid.*
10. Burgess e Holmstrom (1974).
11. Pennebaker (1990).
12. Davis e Schwartz (1987); Myers e Brewin (1994); Myers *et al.* (1998).
13. Myers e Brewin (1994).
14. Weinberger *et al.* (1979); King *et al.* (1990); Asendorpf e Scherer (1983).
15. King *et al.* (1990).
16. Niaura *et al.* (1992); Jamner *et al.* (1988); Brown *et al.* (1996).
17. Jamner *et al.* (1988); Jamner ϵ Leigh (1999); Esterling *et al.* (1993).
18. Gross (1989); Jensen (1987); Temoshok (1987).
19. Pennebaker (1990).
20. Pennebaker e O'Heeron (1984).
21. *Ibid.*
22. Nolen-Hoeksema *et al.* (1993, 1997).

CAPÍTULO 5: REVELAÇÃO EMOCIONAL: OS NOTÁVEIS BENEFÍCIOS DA RECEPTIVIDADE

1. Entrevista com Matt Varney (2001).
2. Pennebaker (1990).
3. *Ibid.*
4. Landwirth (1996).
5. Pennebaker (1990).
6. *Ibid.*
7. Pennebaker, Barger, Tiebout (1989).
8. Greenberg e Stone (1992); Greenberg, Wortman, Stone (1996); Spera *et al.* (1994).
9. Pennebaker e Beall (1986); Kelly *et al.* (1997); Greenberg e Stone (1992); Greenberg, Wortman, Stone (1996); Francis e Pennebaker (1992); Pennebaker (1997).
10. Pennebaker e Beall (1986); Francis e Pennebaker (1992); Pennebaker, Barger, Tiebout (1989).
11. Smyth *et al.* (1999).
12. Esterling *et al.* (1994); Lutgendorf *et al.* (1994); Booth *et al.* (1997); Petrie *et al.* (1995); Christensen *et al.* (1996); Pennebaker, Kiecolt-Glaser, Glaser (1988).
13. Petrie *et al.* (1998, 1995).
14. Spera *et al.* (1994).
15. Pennebaker (1990).
16. Pennebaker e Francis (1996); Pennebaker (1990).
17. Entrevista com Margie Levine (2001).
18. Levine (2001).
19. Entrevista com Louise DeSalvo, professora de inglês no Hunter College em Nova York e autora de *Writing as a Way of Healing: How Telling Our Stories Transforms Our Lives*. DeSalvo é estudiosa literária, biógrafa e memorialista cujas outras obras incluem *Breathless, An Asthma Journal, Vertigo* e *Adultery*.
20. Pennebaker (1990).
21. Greenberg *et al.* (1996).
22. Pennebaker *et al.* (1997); Pennebaker (1993).
23. Smyth *et al.* (2001)
24. Entrevista com Walter Anderson.
25. Kumin (2000).
26. Com permissão de Terry McMillan.

27. Pennebaker (1989).
28. DeSalvo (1999).
29. Pennebaker (1990).
30. *Ibid.*
31. Pennebaker *et al.* (1987); Lutgendorf *et al.* (1994); Esterling *et al.* (1990)
32. Pennebaker (1990).
33. Entrevista com Jonathan Progoff (2001), filho de Ira Progoff, que criou o processo de diário intensivo. J. Progoff é diretor da Dialogue House, Inc. (NYC), sede nacional do Intensive Journal program. Para mais informação, visite www.intensivejournal.org ou telefone para 212-673-5880.

PARTE III: AMBIENTE E RELACIONAMENTOS: IMUNIDADE SOCIAL

CAPÍTULO 6: LAÇOS DE CURA

1. Entrevista com Lisa Berkman (2001).
2. Cassel (1976).
3. Berkman e Syme (1979).
4. Seeman *et al.* (1987).
5. Russek e Schwartz (1999).
6. Russek e Schwartz (1997b).
7. House, Robbins, Metzner (1982).
8. Blazer (1982).
9. Orth-Gomer, J. Johnson (1987).
10. Kaplan *et al.* (1988).
11. Berkman, Leo-Summers, Horwitz (1992).
12. Williams *et al.* (1992).
13. Cohen *et al.* (1997).
14. Leserman *et al.* (2000).
15. Feldman *et al.* (2000).
16. *The Providence Journal* (2001); Robert Sullivan escreveu um importante artigo sobre Diana Golden Brosnihan para a revista *Life* no verão de 1997, "Love Is a Reason to Live". Ele fez uma matéria em 31 de agosto de 2001, alguns dias depois da morte de Brosnihan, que pode ser encontrada em Time.com.
17. Gove (1973); Hu e Goldman (1990).

18. Goodwin *et al.* (1987).
19. Waldron, Hughes, Brooks (1996); Goldman (1993).
20. Waite e Gallagher (2001).
21. Krzyzewski e Donald T. Phillips (2001).
22. Delany, Delany, Hearth (1996).
23. Para mais informação, contate Share the Care, Murray Hill Station, P.O. Box 1217, New York, New York 10156. Você pode obter um exemplar de "Share the Care: How to Organize a Group to Care for Someone Who Is Seriously Ill", escrito por Sheila Warnock e Cappy Caposella.
24. Cunningham (1997).
25. Albom (1997).
26. Cohen e Wills (1985); Cohen (1988); Broman (1993).
27. Uchino, Uno, Holt-Lunstad (1999); Uchino, Cacioppo, Kiecolt-Glaser (1996).
28. Strogatz *et al.* (1997).
29. Orth-Gomer Horsten *et al.* (1998).
30. Kiecolt-Glaser *et al.* (1991).
31. Theorell *et al.* (1995).
32. Seeman *et al.* (1994).
33. Lepore (1998).

CAPÍTULO 7: BÊNÇÃOS COMPLEXAS: A COMPLEXIDADE DOS RELACIONAMENTOS SOCIAIS

1. Ornish (1999).
2. Flay, Brian R. (1985); Gritz (1984).
3. Burg e Seeman (1994).
4. Seeman, Bruce, McAvay (1996).
5. Friedman *et al.* (1995).
6. Antonucci e Akiyama (1987).
7. Kiecolt-Glaser *et al.* (1997); Malarkey *et al.* (1994).
8. Putnam (2001).
9. *Ibid.*
10. Kawachi *et al.* (1997).
11. Kawachi, Kennedy, Glass (1999).
12. *Ibid.*
13. Fawzy *et al.* (1993); Fawzy *et al.* (1990); Spiegel, Bloom, Yalom (1981).

PARTE IV: REALIZAÇÃO PESSOAL E IGUALDADE: APRENDER, GANHAR E SOBREVIVER

1. Davey Smith *et al.* (1992).
2. Miringoff, Miringoff, Opdycke (2001).

CAPÍTULO 8: ALÉM DE OBELISCOS: O MISTÉRIO DO GRADIENTE

1. *Webster's New World Dictionary and Thesaurus* (1998).
2. Não está claro por ora se os efeitos PSE são similares em países em desenvolvimento e nas nações industriais. Ver, por exemplo, Bunker *et al.* (1992).
3. Marmot, Shipley, Rose (1984); Rogot *et al.* (1992); Kaplan *et al.* (1996); Adler *et al.* (1993); Kitagawa e Hauser (1973); Feldman *et al.* (1989); Comstock, Tonascia (1978); Keil *et al.* (1984); Keil *et al.* (1992); Adler *et al.* (1994); Pincus, Callahan, Burkhauser (1987); Kaplan e Keil (1993); Marmot, Kogevinas, Elston (1987).
4. Williams *et al.* (1992); Ruberman *et al.* (1984).
5. Marmot e Shipley (1996); Rose e Marmot (1981).
6. Marmot, Bobak, Davey Smith (1995); Rose e Marmot (1981); Marmot, Shipley, Rose (1984).
7. Marmot e Shipley (1996).
8. Marmot, Shipley, Rose (1984).
9. Adler *et al.* (1993).
10. Rogot *et al.* (1992).
11. Adler *et al.* (1993); Adler *et al.* (1994).
12. Adaptado de Pincus *et al.* (1987).
13. Williams *et al.* (1992).
14. Wilson *et al.* (1993); Dyer *et al.* (1976); Matthews *et al.* (1989); Gump, Matthews, Raikkonen (1999); Brunner (1997); Brunner *et al.* (1997); Schechter *et al.* (1994); Kubzansky, Kawachi, Sparrow (1999).
15. Gallo *et al.* (2001).
16. Brunner *et al.* (1997).
17. Lantz *et al.* (1998); Lynch, Kaplan, Salonen (1997); Winkleby Fortmann, Barrett (1990); Kubzansky *et al.* (1998); Edmonds *et al.* (2001).
18. Marmot e Davey Smith (1997).
19. Story, Neumark e French (2002).
20. Wilcox (1991); Altman, Schooler, Basil (1991).

21. Smith (1999).
22. Miringoff *et al.* (2001).
23. Baum, Garofalo, Yali (1999).
24. Redelmeier e Singh (2001).
25. *Ibid.*
26. Olshansky, Carnes, Cassel (1990); Desky e Redelmeier (1998).
27. Entrevista com Nancy Adler (2001).
28. Psicólogos há muito têm estudado uma coisa chamada teoria da comparação social — a idéia de que nos avaliamos, a nós e a nossas realizações, examinando em parte como nos comparamos com outros. É como se outras pessoas servissem de espelho através do qual vemos nossas realizações mais claramente. Dependendo do problema, nós nos comparamos com os que estão se saindo pior (comparações para baixo) ou com os que são mais bem-sucedidos (comparações para cima). Ver Ramachandran (1994).
29. Manuck *et al.* (1995).
30. Pickering *et al.* (1988).
31. Kleinke e Williams (1994).
32. Adler *et al.* (2000).
33. *Ibid.*
34. Ostrove *et al.* (2000).
35. Cohen, Kaplan, Salonen (1999).
36. Seeman e Lewis (1995); Marmot *et al.* (1997).
37. Schnall e Landsbergis (1994).
38. Segundo o Dr. Heymann, embora a Lei de Licença Médica Familiar (FMLA, em inglês), de 1993, exija que os empregadores concedam até três meses de licença para cuidar de filho, pai ou cônjuge, na verdade cobre apenas metade de todos os adultos trabalhando. O motivo, entre outros, é que vários estabelecimentos profissionais não atendem às exigências de qualificações (50 ou mais empregados), o empregado não tem tempo suficiente no mesmo local de trabalho e a FMLA cobre apenas partos, adoções e doenças *importantes*, entre as quais não se qualifica a maioria de doenças crônicas infantis (Heymann, 2000).
39. Rodin e Langer (1977); Langer e Rodin (1976).
40. Starfield (1982).
41. Kaplan e Salonen (1990).
42. Power, Manor, Fox (1991); Wadsworth (1991); Wadsworth (1997).
43. Barker (1992, 1995).
44. Singer e Ryff (1999).
45. McEwen (1998); McEwen e Stellar (1993).

CAPÍTULO 9: ALÉM DA REALIZAÇÃO PESSOAL: DESIGUALDADE E RAÇA

1. Reich (2001).
2. Wilkenson (1992).
3. Kennedy *et al.* (1996).
4. Wilkenson (1996).
5. Wilkenson (1992).
6. Kawachi *et al.* (1997).
7. Os termos "negro" e "afro-americano" são usados intercambiavelmente. O Departamento de Controle e Orçamento (OMB, em inglês) dos EUA codifica a raça em cinco categorias: branco, negro, ameríndio, ou nativo do Alasca, ilhéu asiático ou do Pacífico e outras. A etnia é definida como hispânica ou latina pertencendo a uma pessoa de Cuba, México, Porto Rico, América do Sul ou Central, ou outra cultura ou origem hispânica, independente da raça.
8. Jaynes (1989).
9. Williams (2001); Kington e Nickens (2001).
10. National Human Genome Research Institute (2001); Lewontin (1973). A falta de diferenças substanciais na estrutura genética entre grupos raciais não implica que os genes não sejam importantes na alta predominância de doenças em afro-americanos. Os genes têm chance de interagir com outros fatores comportamentais, psicológicos ou sociais para afetar os resultados da saúde neste grupo. De fato, os fatores psicológicos e comportamentais podem levar a diferenças na *expressão genética* do grupo, mesmo que a estrutura do DNA seja semelhante.
11. Oliver e Shapiro (2001).
12. Otten *et al.* (1990).
13. Pappas *et al.* (1993).
14. Wilson (1987).
15. Haan *et al.* (1987).
16. Auberbach *et al.* (2000).

PARTE V: FÉ E SIGNIFICADO: DIMENSÕES EXISTENCIAIS, RELIGIOSAS E ESPIRITUAIS DA SAÚDE

1. Frankl (1959, 1962, 1984).
2. Helmrich (1992).

CAPÍTULO 10: DO TRAUMA AO SIGNIFICADO

1. Levine (2001).
2. *Ibid.*
3. Parkes (1975).
4. Janoff-Bulman (1989); Fiske e Linville (1980); Fiske e Taylor (1984); Hastie (1981).
5. Janoff-Bulman (1992); Anderson, Lepper, Ross (1980); Swann e Read (1981); Rothbart, Evans, Fulero (1979); Cantor e Michsel (1979); Langer e Abelson (1974).
6. Janoff-Bulman (1992).
7. Janoff-Bulman (1989).
8. *Ibid.*
9. Lerner (1980).
10. Janoff-Bulman (1989).
11. Levine (2001).
12. Para uma visão geral do conceito de encontrar sentido na adversidade ou crescer a partir dela, ver Tedeschi, Park, Calhoun (1998); Park e Folkman (1997); Park *et al.* (1996).
13. Price (2000).
14. Schafer e Moss (1992).
15. Entrevista com o deputado Tom Osborn (2001).
16. Greenberg (1995); Taylor (1983).
17. Taylor (1983).
18. Welch-McCaffrey *et al.* (1989).
19. Thompson (1991).
20. Fromm, Andrykowski, Hunt (1996).
21. Schwartzberg (1994).
22. Siegel e Schrimshaw (2000).
23. Affleck, Tennen, Rowe (1991).
24. Coffman (1994); Saylor, Swenson, Powell (1992).
25. Nelson (1989, 1994).

CAPÍTULO 11: OS BENEFÍCIOS DE UMA VIDA SIGNIFICATIVA

1. Aldwin, Levenson, Spiro III (1994).
2. Davis, Nolen-Hoeksema, Larson (1998).
3. Cruess *et al.* (2000).

4. Affleck *et al.* (1987).
5. Bower *et al.* (1998).
6. Affleck *et al.* (1991).

CAPÍTULO 12: FÉ, SIGNIFICADO E LONGEVIDADE

1. Jones (1994).
2. Freud (1927, 1962).
3. Gallup (1995).
4. Os resultados desta avaliação encontram-se no momento sob revisão para publicação.
5. Entrevista com Harold Koenig (2001).
6. McCullough *et al.* (2000).
7. Strawbridge *et al.* (1997).
8. Koenig (1999).
9. Koenig *et al.* (1998); Larson *et al.* (1989).
10. Ellison (1990); Levin, Chatters, Taylor (1995); Koenig, Kvale, Ferrel (1988); Levin, Markides, Ray (1988); Koenig *et al.* (1992); Koenig, George, Peterson (1998).
11. Woods *et al.* (1999).
12. Koenig *et al.* (1997).
13. Koenig e Larson (1998).
14. Hardestym e Kirby (1995); Alexander e Duff (1991); Kendler, Gardner, Prescott (1997); Koenig *et al.* (1998).
15. Entrevista com Maya Angelou (2001).
16. Pargament (1997).
17. McIntosh (1995).
18. Helmrich (1992).
19. Koenig (1999).
20. *Ibid.*
21. Pargament (1997).
22. Maton (1989).
23. Krause e Van Tran (1998).
24. *Ibid.*
25. Tix e Frazier (1998).
26. *Ibid.*
27. Koenig *et al.* (1992).
28. Tix e Frazier (1998).
29. Steffen *et al.* (2001).

30. Ellison (1993); Krause e Van Tran (1989); Lincoln e Mamiya (1990).
31. Krause (1998).
32. Argyle (1994); Polner (1989).
33. Pargament (1997).
34. Oxan e Reed (1998).
35. Entrevista com Andrew Young (2001).
36. McIntosh, Silver, Wortman (1993).
37. Folha de ocorrências das SIDS NICHD, NIH. *On-line* na página: www.nichd.nih.gov/publications/pubs/sidsfact.htm
38. A história de Fennell foi contada no *Washington Post*, 19 de junho de 1999, Seção E, página 1, Warren Brown.
39. Lisa Chick e seus filhos foram entrevistados em 19 de novembro de 2001 por Robin Roberts no *Good Morning America*, como parte da série Recuperation 101.
40. A Fundação Terry Fox; www.terryfoxrun.org; 888-836-9786.
41. Hendrick (2001).
42. O correspondente da CBS, Harold Dow, noticiado por Tim Streett para o *48 Hours*, 5 de dezembro de 2001.
43. Brown (2001).

PARTE VI: LIGAÇÕES: COM AS EMOÇÕES, COM O FUTURO

CAPÍTULO 13: LIGAÇÕES EMOCIONAIS

1. Lazarus e Lazarus (1994).
2. LeDoux (1996).
3. Lazarus(1994).
4. *Diagnostic and Statistical Manual of Mental Disorders*, 4ª ed. (1994).
5. Kubzansky e Kawachi (2000); Musselman, Evans, Nemeroff (1998); Rozanski, Blumenthal, Kaplan (1999).
6. Kubzansky *et al.* (1998); Rozanski *et al.* (1999).
7. Koskenvuo *et al.* (1988); Kawachi *et al.* (1996).
8. Kubzansky *et al.* (1998); Gallagher *et al.* (1999).
9. Miller *et al.* (1996).
10. Smith (1992).
11. Miller *et al.* (1996).
12. Barefoot, Dahlstrom, Williams (1983).
13. Lazarus e Folkman (1984).

14. O Novo Testamento, Romanos 8:28.
15. Golenbeck (1990).
16. Walker (2001); Corkery (2001); Milkovits (2001); relatos do disparo do sargento Young e os fatos que se seguiram foram publicados em jornais por todos os Estados Unidos. Os fatos aqui são relatados em artigos de três jornais da Nova Inglaterra.
17. Engel (1971); Hafen *et al.* (1996).
18. Rosengren *et al.* (1993).
19. Ruberman *et al.* (1984).
20. Leserman *et al.* (2000); Leserman *et al.* (1999).
21. Cohen, Tyrrell, Smith (1991).
22. Os efeitos do estresse não foram alterados após levar-se em conta idade, sexo, instrução, estado alérgico, peso, estação do ano, número dos participantes juntos em quarentena, ou estado de anticorpos antes da exposição ao vírus. Os achados também não foram explicados pelo ato de fumar, consumo de álcool, exercício, dieta, qualidade do sono, ou níveis de leucócitos ou imunoglobulinas.
23. Bosma e Marmot (1997); Karasek *et al.* (1988); Schnall *et al.* (1994); Schnall *et al.* (1990).
24. Martikainen e Valkonen (1996).
25. Ann Bowling (1987).
26. Ory *et al.* (1999).
27. Schulz *et al.* (1997); Vitaliano *et al.* (1991).
28. Schulz e Beach (1999).

CAPÍTULO 14: EMOÇÕES COMO "TECIDO CONECTIVO"

1. Seligman (1990).
2. Cohen e Wills (1985).
3. Rosengren *et al.* (1993).
4. Gallo e Matthews (1997).
5. Baum *et al.* (1997).
6. Anderson (1998).
7. Baum e Posluszny (1999).
8. Jiang *et al.* (1996).
9. Blumenthal *et al.* (1997).
10. Kaplan (1995).
11. Ruberman *et al.* (1984).

CAPÍTULO 15: LIGAÇÃO COM O FUTURO

1. Fredrickson e Levenson (1998); Fredrickson (2000); Fredrickson (1998); Fredrickson e Joiner (2002).
2. Masten (2001).
3. Silver et al. (2002).
4. Surwit et al. (1984); Lehman et al. (1991); Bank (1988); Bank, LoTtilrco, Alkon (1989); Kuhn e Schanberg (1998); Meany et al. (2000).
5. Hong et al. (1999); Glaser et al. (1993).
6. Olds et al. (1997); Field (1995); Lorig et al. (1998); Wing et al. (2001); McQuaid e Nassau (1999); Knowler et al. (2002); Smith, Kendall, Keefe (2002); Fawzy et al. (1993).
7. Kaplan e Groessl (2002); Blumenthal et al. (2002).
8. Kington e Nickens (2001).
9. Pesquisa sobre disparidades de saúde: O Programa de Ação NIH, National Institutes of Health, www.healthdisparities.hi.gov.
10. National Institute of Health, "Toward Higher Levels of Analysis: Progress and Promise in Research on Social and Cultural Dimensions of Health", sumário executivo, Office of Behavioral or Social Sciences Research, NIH Publication n? 21-5020, setembro de 2001, www.obsst.od.gov/publications.

Bibliografia

Adler, N.E. et al. (1993). "Socioeconomic Inequalities in Health: No Easy Solution", *JAMA*, Vol. 269, pp. 3140-45.

——— et al.(1994). "Socioeconomic Status and Health: The Challenge of the Gradient", *American Psychologist*, Vol. X, janeiro, pp. 1-10.

——— e E. S. Epel (2000). "Relationship of Subjective and Objective Social Status with Psychological and Physiological Functioning: Preliminary Data in Healthy White Women", *Health Psychology*, Vol. 19, pp. 586-92.

Affleck, G. et al. (1987). "Causal Attribution, Perceived Benefits, and Morbidity After a Heart Attack: An 8-Year Study", *Journal of Consulting and Clinical Psychology*, Vol. 55, pp. 29-35.

Afflect, G., H. Tennen e J. Rowe (1991). *Infants in Crisis: How Parents Cope com Newborn Intensive Care and Its Aftermath*. Nova York: Springer-Verlag.

Albom, Mitch (1997). *Tuesdays with Morrie: An Old Man, a Young Man, and Life's Greatest Lesson*. Nova York: Doubleday.

Aldwin, C. M., M. R. Levenson e A. Spiro III (1994). "Vulnerability and Resilience to Combat Exposure: Can Stress Have Lifelong Effects?", *Psychology and Aging*, Vol. 9, pp. 34-44.

Alexander, F. e R. W. Duff (1991). "Influence of Religiosity and Alcohol Use on Personal Well-being", *Journal of Religious Gerontology*, Vol. 8, pp. 11-21.

Alloy, L.9. e L. Y. Abramson (1979). "Judgement of Contingency in Depressed and Nondepressed Students: Sadder but Wiser?", *Journal of Experimental Psychology*, Vol. 108, pp. 441-85.

Altman, D.G., C. Schooler e M. D. Basil (1991). "Alcohol and Cigarette Advertising on Billboards", Health Education Research, Vol. 6, pp. 487-90.

Anderson, C., M. R. Lepper e L. Ross (1990). "Perseverance of Social Theories: The Role of Explanation in the Persistence of Discredited information", *Journal of Personality and Social Psychology*, Vol. 39, pp. 1037-49.

Anderson, N. B. (1998). "Levels of Analysis in Health Science: A Framework for Integrating Sociocomportamental and Biomedical Research", *Annals of the New York Academy of Sciences*, Vol. 840, pp. 563-76.

Antonucci, T. C. e H. Akiyama (1987). "An Examination of Sex Differences in Social Support Among Older Men and Women", *Sex Roles*, Vol. 17, pp. 737-49.

Argyle, M. (1994). *The Psychology of Social Class*. Nova York: Routledge.

Asendorph, J.B. e K. R. Scherer (1983). "The Discrepant Repressor: Differentiation Between Low Anxiety, High Anxiety, and Repression of Anxiety by Autonomic-Facial-Verbal Patterns of Behavior", *Journal of Personality and Social Psychology*, Vol. 45, pp. 1334-346.

Auerbach, Krimgold e Lefkowitz (2000). "Improving Health: It Doesn't Take a Revolution". National Policy (Association Report #298). Washington, D.C.: National Policy Association.

Bandura, A. (1997). *Self-Efficacy: The Exercise of Control*, Freeman, p. 11.

―――― et al. (1985). "Catecholamine Secretion as a Function of Perceived Coping Self-Efficacy", *Journal of Consulting and Clinical Psychology*, Vol. 53, pp. 406-14.

―――― et al. (1999). "Self-Efficacy Pathways to Childhood Depression", *Journal of Personality and Social Psychology*, Vol. 76, pp. 258-69.

―――― et al. (1987). "Perceived Self-Efficacy and Pain Control: Opioid and Nonopioid Mechanisms", *Journal of Personality and Social Psychology*, Vol. 53, pp. 563-71.

――――, N. E. Adams e J. Breyer (1977). "Cognitive Processes Mediating Behavioral Change", *Journal of Personality and Social Psychology*, Vol. 35, p. 125.

―――― L. Reese e N. E. Adams (1982). "Microanalysis of Action and Fear Arousal as a Function of Differential Levels of Perceived Self-Efficacy", *Journal of Personality and Social Psychology*, Vol. 43, pp. 5-21.

Bank, B. et al. (1988). "Classical Conditioning Induces Long-Term Translocation of Protein Kinase C in Rabbit Hippocampal CAI Cells", *Proc. Natl. Acad. Sci.*, Vol. 85, pp. 1988-92.

―――― J. J. LoTurco e D. L. Alkon (1989). "Learning-Induced Activation of Protein Kinase C: A Molecular Memory Trace", *Mol. Neurobiol*, Vol. 3, pp. 55-70.

Barefoot, J. C., W. G. Dahlstrom e R. B. Williams (1983). "Hostility, CHD Incidence and Total Mortality: A 25-Year Follow-up Study of 255 Physicians", *Psycholom Med.*, Vol. 45, pp. 59-63.

Barker, D. (1992). "Fetal and Infant Origins of Adult Disease", *BMJ*, Vol. 25.

—————— (1995). "Fetal Origins of Coronary Heart Disease", *BMJ*, Vol. 31. PP. 171-74.

Barras, J. R. (2000). *Whatever Happened to Daddy's Little Girl: The Impact of Fatherlessness on Black Women*. Nova York: One World.

Baum, A., J. Garofalo e A. Yali (1999). "Socioeconomic Status and Chronic Stress: Does Stress Account for SES Effects on Health?" In N. Adler *et al.*, "Socioeconomic Status and Health in Industrial Nations: Social, Psychological, and Biological Pathways", *Annals of the Nova York Academy of Sciences*, Vol. 896, pp. 131-44.

—————— e D. Posluszny (1999). "Health Psychology: Mapping Biocomportamental Contributions to Health and Illness". *Annual Review of Psychology*, Vol. 50, pp. 137-63.

Beevers, C. G., R. M. Wenzlaff e A. M. Hayes (1999). "Depression and the Ironic Effects of Thought Suppression: Therapeutic Strategies for Improving Mental Control", *Clinical Psychology: Science and Practice*, Vol. 6, pp. 133-48.

Berkman, L. F. e S. L. Syme (1979). "Social Networks, Host Resistance and Mortality: A Nine-Year Follow-up Study of Alameda County Residents", *Am. J. Epidemiol*, Vol. 109, pp. 186-204.

—————— L. Leo-Summers e R. I. Horwitz (1992). "Emotional Support and Survival Following Myocardial Infarction: A Prospective Population-Based Study of the Elderly", *Ann Intern Med*, Vol. 117, pp. 1003-9.

Blazer, D. (1982). "Social Support and Mortality in an Elderly Community Population", *Am J. Epidemiol*, Vol. 115, pp. 684-94.

Blumenthal, J. A. *et al.* (1997). "Stress Management and Exercise Training in Cardiac Patients with Myocardial Ischemia: Effects on Prognosis and Evaluation of Mechanisms", *Archives of Internal Medicine*, Vol. 157, pp. 2213-23.

—————— *et al.* (2002). "Usefulness of Psychosocial Treatment of Mental Stress-Induced Myocardial Ischemia in Men", *Am J Cardiol*, Vol. 89, pp. 164-8.

Bone, C. R. *et al.* (1992). "Research Needs and Opportunities Related to Respiratory Health of Women", *American Review of Respiratory Diseases*, pp. 328-525.

Booth, R. J. *et al.* (1997). "Changes in Circulating Lymphocyte Numbers Following Emotional Disclosure: Evidence of Buffering?", *Stress Medicine*, Vol. 13, pp. 23-29.

—————— e J. Pennebaker (1998). "The Immunological Effects of Thought Suppression", *Journal of Personality and Social Psychology*, Vol. 75, pp. 1264-72.

Bosma, H. et al. (1997) "Low Job Control and Risk of Coronary Heart Disease in Whitehall II Study", *BMJ*, Vol. 314, pp. 558-65.

Bower, J. E. et al. (1998). "Cognitive Processing, Discovery of Meaning, CD4 Decline, and AIDS-Related Mortality Among Bereaved HIV-Seropositive Men", *Journal of Consulting and Clinical Psychology*, Vol. 66, pp. 979-86.

Bowling, A. (1987). "Mortality After Bereavement: A Review of the Literature on Survival Periods and Factors Affecting Survival", *Soc. Sci. Med.*, Vol. 24, pp. 117-24.

Broman, C. L. (1993). "Social Relationships and Health-Related Behavior", *Journal of Behavioral Medicine*, Vol. 16, pp. 335-50.

Bromberger, J. R. e K. A. Matthews (1996). "A Longitudinal Study of the Effects of Pessimism, Trait Anxiety, and Life Stress on Depressive Symptoms in Middle-Aged Women", *Psychology and Aging*, Vol. 11, pp. 207-13.

Brown, L. L. et al. (1996). "Individual Differences in Repressive-Defensiveness Predict Basal Salivary Cortisol Levels", *Journal of Personality and Social Psychology*, Vol. 70, pp. 362-71.

Brown, Z. "A Wake-Up Call to Greater Good", *Unity Magazine*, outubro de 2001, pp. 7-12.

Brunner, E. (1997). "Stress and the Biology of Inequality", *BMJ*, Vol. 314, pp. 1472-76.

—————— et al. (1997). "Social Inequality in Coronary Risk: Central Obesity and the Metabolic Syndrome: Evidence from the Whitehall II Study", *Diabetologia*, Vol. 40, pp. 1341-49.

Bunker, C. H. et al. (1992). "Factors Associated com Hypertension in Nigerian Civil Servants", *Prev Med*, Vol. 21, pp. 710-22.

Burg, M. M. e T. E. Seeman (1994). "Families and Health: The Negative Side of Social Ties", *Annals of Behavioral Medicine*, Vol. 16, pp. 109-15.

Burgess, A.W. e L. L. Holmstrom (1974). "Rape Trauma Syndrome", *American Journal of Psychiatry*, Vol. 131, pp. 981-86.

Cacioppo, J.T. (1994). "Social Neuroscience: Autonomic, Neuroendocrine, and Immune Responses to Stress", *Psychophysiology*, Vol. 31, pp. 113-28.

—————— (2000). "Autonomic, Neuroendocrine, and Immune Responses to Psychological Stress", *Psychologische Beitrage*, Vol. 42, pp. 4-23.

Cantor, N. (1980). "Perceptions of Situation: Situation Prototypes and Person-Situation Prototypes". In: D. Magnusson, ed., *The Situation: An Interactional Perspective*. Hillsdale, N.J.: Erlbaum.

—————— e W. Mischel (1979). "Prototypes in Person Perception". In: L. Berkowitz, ed., *Advances in Experimental Social Psychology*, Vol. 12. Nova York: Academic Press.

Carver, C. S. e J. Gollin Gaines (1987). "Optimism, Pessimism, and Postpartum Depression", *Cognitive Therapy and Research*, Vol. 11, pp. 449-62.
────── e M. F. Scheier (1999). "Optimism". In: C. R. Snyder, ed., *Coping: The Psychology of What Works*. Oxford: Oxford University Press, pp. 3-19.
────── *et al*. (1993). "How Coping Mediates the Effect of Optimism on Distress: A Study of Women with Early Stage Breast Cancer", *Journal of Personality and Social Psychology*, Vol. 65, pp. 375-90.
Cassel, J. (1976). "The Contribution of the Social Environment to Host Resistance", *American Journal of Epidemiology*, Vol. 104, p. 107.
Christensen, A. J. *et al*. (1996). "Effect of Verbal Self-Disclosure on Natural Killer Cell Activity: Moderating Influence of Cynical Hostility", *Psychosomatic Medicine*, Vol. 58, pp. 150-55.
Clark, N. M. e A. Dodge (1999). "Exploring Self-Efficacy as a Predictor of Disease Management", *Health Education & Behavior*, Vol. 26, pp. 72-89.
C. Nye e D. Shafer (1993). "Coping with Oral Surgery by Self-Efficacy Enhancement and Perceptions of Control", *J Dent Res*, Vol. 72, pp. 1237-243.
Coffman, S. (1994). "Children Describe Life After Hurricane Andrew", *Pediatric Nursing*, Vol. 20, pp. 363-75.
Cohen, S. (1988). "Psychosocial Models of the Role of Social Support in the Etiology of Physical Disease", *Health Psychology*, Vol. 7, pp. 269-97.
────── D. Tyrrell, e A. P. Smith (1991). "Psychological Stress and Susceptibility to the Common Cold", *N Engl J Med*, Vol. 325, pp. 606-12.
────── e T. A. Wills (1985). "Stress, Social Support, and the Buffering Hypothesis", *Psychological Bulletin*, Vol. 98, pp. 310-57.
────── *et al*. (1997). "Social Ties and Susceptibility to the Common Cold", *Journal of the American Medical Association*, Vol. 277, pp. 1940-44.
────── e J. T. Salonen (1999). "The Role of Psychological Characteristics in the Relation Between Socioeconomic Status and Perceived Health", *Journal of Applied Social Psychology*, Vol. 29, pp. 445-68.
Cole, S. *et al*. (1996). "Accelerated Course of Human Immunodeficiency Virus Infection in Gay Men Who Conceal Their Homosexual Identity", *Psychosomatic Medicine*, Vol. 58, pp. 219-31.
Comstock, G. W. e J. A. Tonascia (1978). "Education and Mortality in Washington County, Maryland", *J Health Soc Behav.*, Vol. 18, pp. 54-61.
Coyne, J. C. e I. H. Gotlieb (1983). "The Role of Cognition in Depression: A Critical Appraisal", *Psychological Bulletin*, pp. 472-505.
Cruess, D.G. *et al*. (2000). "Cognitive-Behavioral Stress Management Reduces Serum Cortisol by Enhancing Benefit Finding Among Women Being Treated for Early Stage Breast Cancer", *Psychosomatic Medicine*, Vol. 22, pp. 304-8.

Davey Smith, G. *et al.* (1992). "Socio-economic Differentials in Mortality: Evidence from Glasgow Graveyards", *BMJ*, Vol. 305, pp. 1554-57.

Davis, C. G., S. Nolen-Hoeksema e J. Larson (1998). "Making Sense of Loss and Benefiting from the Experience: Two Construals of Meaning", *Journal of Personality and Social Psychology*, Vol. 75, pp. 561-74.

Davis, P. J. e G. E. Schwartz (1987). "Repression and the Inaccessibility of Affective Memories", *Journal of Personality and Social Psychology*, Vol. 52, pp. 155-62.

Delany, S. L., Delany, A. E. e A. Hearth, ed. (1996). *Having Our Say: The Delany Sisters' First 100 Years*. Nova York: Dell.

Detsky, A. S. e D. A. Redelmeier (1998). "Measuring Health Outcomes-Putting Gains into Perspective", *N Engl J Med.*, Vol. 339, pp. 402-4.

Diagnostic and Statistical Manual of Mental Disorders-Fourth Edition (2000). Washington, D.C.: The American Psychiatric Association.

Dolce, J. J. (1987). "Self-Efficacy and Disability Beliefs in Behavioral Treatment of Pain", *Behaviour Research and Therapy*, Vol. 25, pp. 289-99.

Dominguez, B. *et al.* (1995). "The Roles of Emotional Reversal and Disclosure in Clinical Practice". In: J. W. Pennebaker, ed., *Emotion, Disclosure, and Health*. Washington, D.C.: American Psychological Association.

Dyer, A. R. *et al.* (1976). "The Relationship of Education to Blood Pressure: Findings on 40,000 Employed Chicagoans", *Circulation*, Vol. 54, pp. 987-92.

Edmonds, J. *et al.* (2001). "Ecological and Socioeconomic Correlates of Fruit, Juice, and Vegetable Consumption Among African-American Boys", *Prev Med*, Vol. 32, pp. 476-81.

Ellison, C. G. (1991). "Religious Involvement and Subjective Well-being", *Journal of Health and Social Behavior*, Vol. 32, p. 90.

――― (1993). "Religious Involvement and Self-Perception Among Black Americans", Social Forces, pp. 1027-55.

Engel, G. L. (1971). "Sudden Rapid Death During Psychological Stress: Folklore or Folk Wisdom?" *Annals of Internal Medicine*, Vol. 74, pp. 771-82.

Esterling, B.A. *et al.* (1990). "Emotional Repression, Stress Disclosure Responses, and Epstein-Barr Viral Capsid Antigen Titers", *Psychosomatic Medicine*, Vol. 52, pp. 397-410.

――― *et al.* (1993). "Defensiveness, Trait Anxiety, and Epstein-Barr Viral Capsid Antigen Antibody Titers in Healthy College Students", *Health Psychology*, Vol. 12, pp. 132-39.

Esterling, B.A. *et al.* (1994). "Emotional Disclosure Through Writing or Speaking Modulates Latent Epstein-Barr Virus Reactivation", *Journal of Consulting and Clinical Psychology*, Vol. 62, pp. 130-40.

Fawzy, F. I. *et al.* (1990). "A Structured Psychiatric Intervention for Cancer Patients: 11. Changes over Time in Immunological Measures", *Archives of General Psychiatry*, Vol. 47, pp. 729-35.

——— *et al.* (1993). "Malignant Melancnna: Effects of an Early Structured Psychiatric Intervention, Coping, and Affective State on Recurrence and Survival 6 Years Later", *Archives of General Psychiatry*, Vol. 50, pp. 681-89.

Feldman, J. J. *et al.* (1989). "National Trends in Educational Differentials in Mortality", *Am J Epidemiol*, Vol. 129, pp. 919-33.

Feldman, P. J. *et al.* (2000). "Material Social Support Predicts Birth Weight and Fetal Growth in Human Pregnancy", *Psychosomatic Medicine*, Vol. 62, pp. 715-25.

Field, T. (1995). "Massage Therapy for Infants and Children", *Journal of Developmental & Behavioral Pediatrics*, Vol. 16, pp. 105-11.

Fiske, S. e P. Linville (1980). "What Does the Schema Concept Buy Us?", *Personality and Social Psychology Bulletin*, Vol. 6, pp. 543-57.

——— e S. Taylor (1984). *Social Cognition*. Boston, Mass.: Addison-Wesley.

Fitzgerald, T. E. *et al.* (1993). "The Relative Importance of Dispositional Optimism and Control Appraisals in Quality of Life After Coronary Artery Bypass Surgery", *Journal of Behavioral Medicine*, Vol. 16, pp. 24-43.

Flay, B. R. (1985). "Adolescent Smoking: Onset and Prevention", *Annals of Behavioral Medicine*, Vol. 7, pp. 9-13.

Fontain, K. R., A. S. R. Manstead e H. Wagner (1993). "Optimism, Perceived Control over Stress, and Coping", *European Journal of Personality*, Vol. 7, pp. 267-81.

Francis, M. E. e J. W. Pennebaker (1992). "Putting Stress into Words: The Impact of Writing on Physiological, Absentee, and Self-Reported Emotional Well-Being Measures", *American Journal of Health Promotion*, Vol. 6, pp. 280-87.

Frankl, V. E. (1959, 1962, 1984). *Man's Search for Meaning*. Nova York: Simon & Schuster.

Fredrickson, B. L. (1998). "What Good Are Positive Emotions?", *Review of General Psychology*, Vol. 2, pp. 300-319.

——— (2000). "The Undoing Effect of Positive Emotions", *Motivation & Emotion*, Vol. 24, pp. 237-58.

Fredrickson, B. L. e R. W. Levenson (1998). "Positive Emotions Speed Recovery from the Cardiovascular Sequelae of Negative Emotions", *Cognition & Emotion*, Vol. 12, pp. 191-220.

———— e T. Joiner (2002). "Positive Emotions Trigger Upward Spirals Toward Emotional Wellbeing", *Psychological Science*, Vol. 13, pp. 172-75.

Freidman, H.S. *et al.* (1995). "Psychosocial and Behavioral Predictors of Longevity: The Aging and Death of the 'Termites". *American Psychologist*, Vol. 50, pp. 69-78.

Fromm, K., M. A. Andrykowski e J. Hunt (1996). "Positive and Negative Psychosocial Sequelae of Bone Marrow Transplantation: Implications for Quality of Life Assessment", *Journal of Behavioral Medicine*, Vol. 19, p. 221.

Fry, P. S. (1995). "Perfectionism, Humor and Optimism as Moderators of Health Outcomes and Determoinants of Coping Styles of Women Executives", *Genetic, Social and General Psychology Monographs*, Vol. 121, pp. 211-45.

Gallacher, J. E. J. *et al.* (1999). "Anger and Incident Heart Disease in the Caerphilly Study", *Psychosomatic Medicine*, Vol. 61, pp. 446-53.

Gallo, L. e K. Matthews (1999). "Do Emotions Mediate the Association Between Socioeconomic Status and Health?". In: N. Adler *et al.*, eds. 'Socioeconomic Status and Health in Industrial Nations", *Annals of the New York Academy of Sciences*, Vol. 987, pp. 226-45.

———— *et al.* (2001). "Educational Attainment and Coronary and Aortic Calcification in Postmenopausal Women", *Psychosomatic Medicine*, Vol. 63, pp. 925-35.

Germ, W. *et al.* (1995). "Self-Efficacy as a Moderator of Perceived Control Effects on Cardiovascular Reactivity: Is Enhanced Control Always Beneficial?", *Psychosomatic Medicine*, pp. 390-97.

Glanz, K. *et al.* (1995). "Environmental and Policy Approaches to Cardiovascular Disease Prevention Through Nutrition: Opportunities for State and Local Action", *Health Education Quarterly*, Vol. 22, pp. 512-27.

Glaser, R. *et al.* (1993). "Stress-Associated Modulation of Proto-Oncogene Expression in Human Peripheral Blood Leukocytes", *Behavioral Neuroscience*, Vol. 107, pp. 525-29.

Goldman, N. (1993). "Marriage Selection and Mortality Patterns: Inferences and Fallacies", *Demography*, Vol. 30, pp. 189-208.

Golenbeck, P. (1990). *Personal Fouls*. Nova York: Signet.

Goodwin, J. S. *et al.* (1987). "The Effect of Marital Status on Stage, Treatment, and Survival of Cancer Patients", *JAMA*, Vol. 258, pp. 3125-30.

Gove, W. R. (1973). "Sex, Marital Status, and Mortality", *Am. J. Social*, Vol. 79, pp. 45-67.

Grant, M. D., Z. H. Piotrowski e R. Chappell (1995). "Self-Reported Health and Survival in the Longitudinal Study of Aging, 1984-1986", *J Clin Epidemiol*, pp. 375-87.

Greenberg, M. A. (1995). "Cognitive Processing of Traumas: The Role of Intrusive Thoughts and Reappraisals", *Journal of Applied Social Psychology*, Vol. 25, pp. 1262-96.

——— e A. A. Stone (1992). 'Emotional Disclosure About Traumas and Its Relation to Health: Effects of Previous Disclosure and Trauma Severity", *Journal of Personality and Social Psychology*, Vol. 63, pp. 75-84.

———, C. B. Wortman e A. A. Stone (1996). "Emotional Expression and Physical Health: Revising Traumatic Memories or Fostering Self-Regulation?", *Journal of Personality and Social Psychology*, Vol. 71, pp. 588-602.

Greenberg, S. e K. Springen (2001). "The Baby Blues and Beyond", *Newsweek*, 2 de julho, pp. 26-29.

Gritz, E. R.(1984). "Cigarette Smoking by Adolescent Females: Implications for Health and Behavior", *Women & Health*, Vol. 9, pp. 103-15.

Gross, J. (1989). "Emotional Expression in Cancer Onset and Progression", *Soc. Sci. Med.*, Vol. 28, pp. 1239-248.

Gump, B. B. e K. A. Matthews (1999). "Modeling Relationships Among Socioeconomic Status, Hostility, Cardiovascular Reactivity, and Left Ventricular Mass in African American and White Children", *Health Psychology*, Vol. 18, pp. 140-50.

Haan, M., G. Kaplan e T. Camacho (1987). "Poverty and Health: Prospective Evidence from the Alameda County Study", *American Journal of Epidemiology*, Vol. 125, pp. 989-98.

Hafen, B., K. Karren e N. Frandsen (1996). *Mind/Body Health: The Effects of Attitudes, Emotions, and Relationships*. Boston: Allyn & Bacon.

Hardestym, P. H. e K. M. Kirby (1995). "Relation Between Family Religiousness and Drug Use Within Adolescent Peer Groups", *Journal of Social Behavior and Personality*, Vol. 10, pp. 421-30.

Hastie, R. (1981). "Schematic Principles in Human Memory". In E. T. Higgins, C. P. Herman e M. Zanna, eds., *Social Cognition*. Hillsdale, N.J.: Erlbaum.

Helmreich, W. (1992). *Against All Odds: Holocaust Survivors and the Successful Lives They Made in America*. Nova York: Transaction Publisher.

Hendrik, B. "Teen Driving: Honoring Rebekkah", *The Atlanta Constitution*, 8 de janeiro de 2001, p. 1D.

Hensen, M. R. (1987). "Psychobiological Factors Predicting the Course of Breast Cancer", *Journal of Personality*, Vol. 55, p. 2.

Heymann, J. (2000). *The Widening Gap: Why America's Working Families Are in Jeopardy and What Can Be Done About It*. Nova York: Basic Books.

Hong, W. et al. (1999). "Chronic Stress Associated com Spousal Caregiving of Patients with Alzheimer's Dementia Is Associated com Downregulation of B-Lymphocite GH mRNA", *Journals of Gerontology: Series A: Biological Sciences & Medical Sciences*, Vol. 54, pp. M212-15.

Horowitz, M. J. (1975). "Intrusive and Repetitive Thoughts After Experiencing Stress", *Archives of General Psychiatry*, Vol. 32, pp. 1427-63.

——— (1986). *Stress Response Syndromes* (2ª ed.). Nova York: Jason Aronson.

House, J. S., C. Robbins e H. L. Metzner (1982). "The Association of Social Relationships and Activities com Mortality: Prospective Evidence from the Tecumseh Community Health Study", *Am J Epidemiol*, Vol. 116, pp. 123-40.

Hu Y. e N. Goldman (1990). "Mortality Differentials by Marital Status: An International Compairason", *Demography*, Vol. 27, pp. 233-50.

Idler, E. L. Angel (1990). "Self-Rated Health and Mortality in the NHANES-I Epidemiologic Follow-Up Study", *Am J Public Hlth*, pp. 446-52

Jamner, L. D., G. E. Schavartz e H. Leigh (1988). "The Relationship Between Repressive and Defensive Coping Styles and Monocyte, Eosinophile, and Serum Glucose Levels: Support for the Opiode Peptide Hypothesis of Repression", *Psychosomatic Medicine*, Vol. 50, pp. 567-75.

——— e H. Leigh (1999). "Repressive/Defensive Coping, Endogenous Opiods and Health: How a Life So Perfect Can Make You Sick", *Psychiatry Research*, Vol. 85, pp. 17-31.

Janoff-Bulman, R. (1989). "Assumptive Worlds and the Stress of Traumatic Events: Applications of the Schema Struct", *Social Cognition*, Vol. 7, pp. 113-36.

——— (1992), *Shattered Assumptions: Towards a New Psychology Trauma*. New York. The Free Press.

Jaynes, G. e R. Williams, Jr. (1989). *A Common Destiny: Blacks and American Society*. Washington D.C.: National Academy Press.

Jensen, M. R. (1987). "Psychobiological Factors Predicting the Course of the Breast Cancer: Personality and Physical Health", *J Pers* (Número Especial), Vol. 55, pp. 317-42.

Jiang, W. et al. (1996). "Mental Stress-Induced Myocardial Ischemia and Cardiac Events", *Journal of the American Medical Association*, Vol. 275, pp. 1651-56.

Jones, S. L. (1994). "A Constructive Relationship for Religion with the Science and Profession of Psychology: Perhaps the Boldest Model Yet", *American Psychologist*, Vol. 49, pp. 184-99.

Kabat-Zinn, J. (1995) *Mindful Meditation: Cultivating the Wisdom of Your Body and Mind*. New York: Simon & Schuster Audio.

——— (1998). "Influence of a Mindfulness Meditation-Based Stress Reduction Intervection on Rates of Skin Clearing in Patients with Moderate to Severe Psoriasis Undergoing Phototherapy (UVB) and Photochemothrapy (PUVA)", *Psychosomatic Medicine*, Vol. 60, pp. 625-32.

——— et al.(1985). "The Clinical Use of Mindfulness Meditation for the Self-Regulation of Chronic Pain", *Journal of Behavioral Medicine*, Vol. 8, pp. 163-90.

Kamen-Siegel, L. et al. (1991). "Explanatory Style and Cell-Mediated Imunity in Eldely Men and Women", *Health Psychology*, Vol. 10, pp. 229-35.

Kaplan, G., V. Barell e A. Lusky (1988). "Subjective State of Health and Survival in Elderly Adults", *J Gerontol*, pp. S114-S20.

Kaplan, G. A. (1995). "Where Do Shared Pathways Lead? Some Reflections on a Research Agenda", *Psychosom Med*, Vol. 57, pp. 208-12.

——— e T. Camacho (1983). "Perceived Health and Mortality: A Nine-Year Follow-up of the Human Population Laboratory Cohort", *Am J Epidemiol*, pp. 895-904.

——— e J. T. Salonen (1990). "Socioeconomic Conditions in Childhood and Ischaemic Heart Disease During Middle Age", *BMJ*, Vol. 301, pp. 1121-23.

——— et al. (1988). "Social Connections and Mortality from all Causes and Cardiovascular Disease: Prospective Evidence from Eastern Finland", *Am J Epidemiol*, Vol. 128, pp. 370-80.

——— e J. E. Keil (1993). "Socioeconomic Factors and Cardiovascular Disease: A Review of the Literature", *Circulation*, Vol. 88, Parte 1.

——— et al. (1996). "Inequality in Income and Mortality in the United States Analysis of Mortality and Potential Pathways", *BMJ*, Vol. 312, p. 999.

Kaplan, R. M. e E. J. Groessl (2002). "Applications of Cost-Effectiveness Methodologies in Behavioral Medicine", *Journal of Consulting and Clinical Psychology*, Vol. 70, pp. 482-93.

Karasek, R., T. Theorell e J. Schwartz (1988). "Job Characteristics in Relation to the Prevalence of Myocardial Infarction in the U.S. Health Examination Survey and the Health and Nutrition Survey", *Am J Pub Health*, Vol. 78, pp. 1-9.

Kawachi, I. (1997). "Social Capital, Income Inequality, and Mortality", *American Journal of Public Health*, Vol. 87, pp. 1491-98.
———— *et al.* (1996). "A Prospective Study of Anger and Coronary Heart Disease: The Normative Aging Study", *Circulation*, Vol. 94, pp. 2090-95.
Keil, J. E. *et al.* (1984). "Incidence of Coronary Heart Disease in Blacks in Charleston, South Carolina", *Am Heart J*, Vol. 108 (Pt. 2), pp. 779-86. *et al.* (1992). "Does Equal Socioeconomic Status in Black and White Men Mean Equal Risk of Mortality?", *Am J Public Health*, Vol. 82, pp. 1133-36.
Kelly, J. E. *et al.* (1997). "Health Effects of Emotional Disclosure in Rheumatoid Arthritis Patients", *Health Psychology*, Vol. 16, pp. 331-40.
Kendler, K. S. e C. O. Gardner (1997). "Religion, Psychopathology, and Substance Use and Abuse: A Multimeasure, Genetic-Epidemiologic Study", *Am J Psychiatry*, março, Vol. 154(3), pp. 322-29.
Kennedy, B. P., I. Kawachi e D. Porthrow-Stith (1996). "Income Distribution and Mortality: Cross-Sectional Ecological Study of the Robin Hood Index in the United States", *BMJ*, Vol. 312, pp. 1004-7. Ver erratum: *BMJ*, Vol. 312, p. 1253.
Kennedy, B. P. e R. Glass (1999). "Social Capital and Self-Rated Health: A Contextual Analysis", *Am J Pub Health*, Vol. 89, pp. 1187-93.
Kiecolt-Glaser, J. K. *et al.* (1991). "Spousal Caregivers of Dementia Victims: Longitudinal Changes in Immunity and Health", *Psychosomatic Medicine*, Vol. 53, pp. 345-62.
———— *et al.* (1997). "Marital Conflict in Older Adults: Endocrinological and Immunological Correlates", *Psychosomatic Medicine*, Vol. 59, pp. 339-49.
Kilpatrick, D. G., P. A. Resick, e L. J. Vernonen (1981). "Effects of Rape Experience: A Longitudinal Study", *Journal of Social Issues*, Vol. 37, pp. 105-22.
King, A. C. *et al.* (1990). "The Relationship Between Repressive and Defensive Coping Styles and Blood Pressure Responses in Healthy, Middle-Aged Men and Women", *Journal of Psychosomatic Research*, Vol. 34, pp. 461-71.
Kington, R. e H. Niekens (2001). "Racial and Ethnic Differences in Health: Recent Trends, Current Patterns, Future Directions". In: N. J. Smelser, W. J. Wilson e F. Mitchell, eds. *America Becoming: Racial Trends and Their Consequences*, Vol. 11, Washington, D.C.: National Academy Press, pp. 253-310.
Kitagawa, E.M. e P. M. Hauser (1973). *Differential Mortality in the United States: A Study in Socioeconomic Epidemiology*. Cambridge, Mass.: Harvard University Press.

Kleinke, C. L. e G. Williams (1994). "Effects of Interviewer Status, TOnCI-I, and Gender on Cardiovascular Reactivity", *Journal of Social Psychology*, Vol. 134, pp. 274-249.

Knowler, W. C. *et al.* (2002). "Reduction in the Incidence of Type 2 Diabetes with Lifestyle Intervention or Metformin", *N Engl J Med*, Vol. 346, pp. 393-403.

Koenig, H. G. (1999). *The Healing Power of Faith*. Nova York: Simon & Schuster.

————— D. O. Moberg e J. N. Kvale (1988). "Religious Activities and Attitudes of Older Adults in a Geriatric Assessment Clinic", *Journal of the American Geriatric Society*, Vol. 36, p. 366.

————— J. N. Kvale e C. Ferrel (1988). "Religion and Well-being in Later Life", *The Gerontologist*, Vol. 28, pp. 18-28.

————— *et al.* (1992). "Religious Coping and Depression Among Elderly, Hospitalized Medically Ill Men", *Am J Psychiatry*, Vol. 149, p. 1693.

————— *et al.* (1997). "Attendance at Religious Services, Interleukin-6, and Other Biological Parameters of Immune Function in Older Adults", *Int J Psychiatry Med*, Vol. 27 (3), pp 233-50.

————— L. K. George e B. L. Peterson (1998). "Religiosity and Remission of Depression in Medically Ill Older Patients", *Am J Psychiatry*, Vol. 155, pp. 536-42.

————— *et al.* (1998). "The Relationship Between Religious Activities and Blood Pressure in Older Adults", *IntJPsychiatry Med*, Vol. 28(2), pp. 189-213.

————— *et al.* (1998). "The Relationship Between Religious Activities and Cigarette Smoking in Older Adults", *J Gerontol A Biol Sci Med Sci*, Vol. 53(6), pp. M426-34.

————— e D. B. Larson (1998). "Use of Hospital Services, Religious Attendance, and Religious Affiliation", *South Med. J.*, Vol. 91(10), pp. 925-32.

Koskenvuo, M. *et al.* (1988). "Hostility as a Risk Factor for Mortality and Ischentic Heart Disease in Men", *Psycholom Med*, Vol. 50, pp. 153-64.

Krause, N. (1998). "Stressors in Highly Valued Roles, Religious Coping, and Mortality", *Psychology and Aging*, Vol. 13, pp. 242-55.

————— e Thanh Van Tran (1989). "Stress and Religious Involvement Among Older Blacks", *Journal of Gerontology: Social Sciences*, Vol. 44, pp. 4-13.

Kryzewski, M. e D. T. Phillips (2001). *Leading with the Heart: Coach K's Successful Strategies for Basketball, Business, and Life*. Nova York: Warner Books.

Kübler-Ross E. (1969). *On Death and Dying*. Nova York: Macmillan.
—————— (1987). *AIDS: The Ultimate Challenge*. Nova York: Collier Books.
Kubzansky, L. D. *et al.* "Breathing Easy: A Prospective Study of Optimism and Pulmonary Function in the Normative Aging Study", *Annals of Behavioral Medicine*, no prelo.
—————— e I. Kawachi (2000). "Going to the Heart of the Matter: Do Negative Emotions Cause Coronary Heart Disease?", *Journal of Psychosomatic Research*, Vol. 48, pp. 323-37.
—————— e I. Kawachi (1999). "Socioeconomic Status, Hostility, and Risk Factor Clustering in the Normative Aging Study: Any Help from the Concept of Allostatic Load?", *Ann Behav Med*, Vol. 21, pp. 330-38.
—————— *et al.* (1998). "Is Educational Attainment Associated com Shared Determoinants of Health in the Elderly? Findings from the MacArthur Studies of Successful Aging", *Psychosomatic Medicine*, Vol. 60, pp. 578-85.
—————— *et al.* (2001). "Is the Glass Half Empty or Half Full? A Prospective Study of Optimism and Coronary Heart Disease in the Normative Aging Study", *Psychosomatic Medicine*, Vol. 63, pp. 910-16.
—————— *et al.* (1998). "Anxiety and Coronary Heart Disease: A Synthesis of Epidemiological, Psychological, and Experimental Evidence", Ann Behav Med, Vol. 20, pp. 47-58.
Kuhn, C. M. e S. M. Schanberg (1998). "Responses to Maternal Separation: Mechanisms and Mediators", *Int J Dev Neurosci*, Vol. 16, pp. 261-70.
Landwirth, H. (1996). *The Gift of Life*. Give Kids World Foundation, Kissimmee, FL 34746, (407) 396-1114.
Lane, J. D. e D. M. Wegner (1995). "The Cognitive Consequences of Secrecy", *Journal of Personality and Social Psychology*, Vol. 69, pp. 237-53.
Langer, E. e R. Abelson (1974). "A Patient by Any Other Name...: Clinician Group Difference in Labeling Bias", *Journal of Consulting and Clinical Psychology*, Vol. 42, pp. 4-9.
—————— e J. Rodin, (1976). "The Effects of Choice and Enhanced Personal Responsibility for the Aged: A Field Experiment in an Institutional Setting", *Journal of Personality and Social Psychology*, Vol. 34, pp. 191-98.
Lantz, P. M. *et al.* (1998). "Socioeconomic Factors, Health Behaviors, and Mortality", *JAMA*, Vol. 279, pp. 1703-8.
Larson, D. B. *et al.* (1988). "The Impact of Religion on Blood Pressure Status in Men", *Journal of Religion and Health*, Vol. 28, pp. 265-78.
—————— *et al.* (1997). "Attendance at Religious Services, Interleukin-6, and Other Biological Parameters of Immune Function of Older Adults", *International Journal of Psychiatry in Medicine*, Vol. 27, pp. 233-50.

Larson, D. B. *et al.* (1998). "The Relationship Between Religious Activities and Blood Pressure in Older Adults", *International Journal of Psychiatry in Medicine*, Vol. 28, pp. 189-213.

Larson, J. S. (1996). "The World Health Organization's Definition of Health: Social Versus Spiritual Health", *Social Indicators Research*, Vol. 38, pp. 181-92.

Lazarus, R. S. (1994). *Emotion and Adaptation*. Cary, N.C.: Oxford University Press.

——— e S. Folkman(1984). *Stress, Appraisal, and Coping*. Nova York: Springer Pub. Co.

——— e B. N. Lazarus (1994). *Passion & Reason, Making Sense of Our Emotions*. Oxford: Oxford University Press.

LeDoux, J. (1996). *The Emotional Brain: The Mysterious Underpinnings of Emotional Life*. Nova York: Simon & Schuster.

Lehman, C. D. *et al.* (1991). "Impact of Environmental Stress on the Expression of Insulin-Dependent Diabetes Mellitus", *Behav Neurosci*, Vol. 105, pp. 241-45.

Lepore, S. J. (1997). "Expressive Writing Moderates the Relation Between Intrusive Thoughts and Depressive Symptoms", *Journal of Personality and Social Psychology*, Vol. 73, pp. 1030-37.

——— (1998). "Problems and Prospects for the Social Support-Reactivity Hypothesis", *Society of Behavioral Medicine*, Vol. 20, pp. 257-69.

——— "A Social-Cognitive Processing Model of Emotional Adjustment to Cancer". In: A. Baum e A. Anderson, eds., *Psychological Interventions for Cancer*. Washington, D.C.: American Psychological Association, no prelo.

Lerner, M.J. (1980). *The Belief in a Just World*. Nova York: Plenum.

Leserman, J. *et al.* (1999). "Progression to AIDS: The Effects of Stress, Depressive Symptoms, and Social Support", *Psycholom Med*, Vol. 61, pp. 397-406.

——— *et al.* (2000). "Impact of Stressful Life Events, Depression, Social Support, Coping, and Cortisol on Progression to AIDS", *Am J Psychiatry*, Vol. 157, pp. 1221-28.

Levin, J. S., L. M. Chatters e R. J. Taylor (1995). "Religious Effects on Health Status and Life Satisfaction Among Black Americans", *Journal of the American Geriatric Society*, No. 3, pp. 158-61.

——— K. S. Markides e L. A. Ray (1996). "Religious Attendance and Psychological Well-being in Mexican Americans: A Panel Analysis of Three Generations' Data", *The Gerontologist*, Vol. 36, pp. 454-63.

Levine, B. "A Harsh, Swift Clarity", *Los Angeles Times*, 31 de julho de 2001, pp. E2-E4.

Lewinsohn, P. M. *et al.* (1980). "Social Competence and Depression: The Role of Illusory Self-Perception", *Journal of Abnormal Psychology*, Vol. 89, pp. 203-12.

Lewontin, R. C. (1973). "The Apportionment of Human Diversity", *Evolutionary Biology*, Vol. 6, pp. 381-98.

Lichtenstein, P. *et al.* (2000). "Environmental and Heritable Factors in the Causation of Cancer: Analyses of Cohorts of Twins from Sweden, Denmark, and Finland". *NEJM*, Vol. 343, pp. 78-85.

Lincoln, C. E. e L. H. Mamiya (1990). *The Black Church in the African American Experience.* Durham, N.C.: Duke University Press.

Litt, M. D. (1995). "Preparation for Oral Surgery: Evaluating Elements of Coping", *Journal of Behavioral Medicine*, Vol. 18, p. 435.

——— *et al.* (1992). "Coping and Cognitive Factors in Adaptation to In Vitro Fertilization Failure", *Journal of Behavioral Medicine*, Vol. 15, pp. 171-87.

Lorig, K. e H. Holman (1993). "Arthritis Self-Management Studies: A Twelve-Year Review", *Health Education Quarterly*, Vol. 20(1), pp. 17-28.

——— *et al.* (1998) "Arthritis Self-Management Program Variations: Three Studies", Arthritis Care and Research, Vol. 11, pp. 448-54.

Lovallo, W. (1997). *Stress & Health: Biological and Psychological Interactions.* Thousand Oaks, Calif.: Sage Publications, Inc.

Low-Beer *et al.* (2000) "Health-Related Quality of Life Among Persons with HIV After the Use of Protease Inhibitors", *Quality of Life Research*, Vol. 9, pp. 941-49.

Lutgendorf, S.K. *et al.* (1994). "Changes in Cognitive Coping Strategies Predict EBV-Antibody Titre Change Following a Stressor Disclosure Induction", *Journal of Psychosomatic Research*, Vol. 38, pp. 63-78.

Lyman, R., "A Director's Journey into a Darkness of the Heart", *The New York Times*, 24 de junho de 2001, pp. 23-24.

Lynch, J.W., G. A. Kaplan e J. T. Salonen (1997). "Why Do Poor People Behave Poorly? Variation in Adult Health Behaviors and Psychosocial Characteristics by Stages of the Socioeconomic Lifecourse", *Soc Sci Med*, Vol. 44, pp. 809-19.

McCullough, M. E. *et al.* (2000). "Religious Involvement and Mortality: A Meta-Analytic Review", *Health Psychology*, Vol. 19, pp. 211-22.

McEwen, B. S. (1998). "Protective and Damaging Effects of Stress Mediators", *N Engl J Med*, Vol. 338, pp. 171-79.

——— e E. Stellar (1993). "Stress and the Individual: Mechanisms Leading to Disease", *Arch Int Med*, Vol. 153, pp. 2093-101.

McGee, D. L. *et al.* (1999). "Self-Reported Health Status and Mortality in a Multiethnic US Cohort", *Am J Epidemiol*, pp. 41-6.

McIntosh, D. N. (1995). "Religion-as-Schema, with implications for the Relation Between Religion and Coping", *The International Journal for the Psychology of Religion*, Vol. 5, pp. 1-16.

―――― R. C. Silver e C. B. Wortman (1993). "Religion's Role in Adjustment to a Negative Life Event: Coping with the Loss of a Child", *Journal of Personality & Social Psychology*, Vol. 65, pp. 812-21.

McQuaid, E. L. e J. H. Nassau (1999). "Empirically Supported Treatments of Disease-Related Symptoms in Pediatric Psychology: Asthma, Diabetes, and Cancer", *Journal of Pediatric Psychology*, Vol. 24, pp. 305-28.

Malarkey, W. B. *et al.* (1994). "Hostile Behavior During Marital Conflict Alters Pituitary and Adrenal Hormones", *Psychosomatic Medicine*, Vol. 56, pp. 41-51.

Manning, M. M. e T. L. Wright (1983). "Self-Efficacy Expectancies, Outcome Expectancies, and the Persistence of Pain Control in Childbirth", *Journal of Personality and Social Psychology*, Vol. 45, pp. 421-31.

Manuck, S. B. *et al.* (1995). "The Pathogenicity of Behavior and Its Neuroendocrine Mediation: An Example from Coronary Artery Disease", *Psychosomatic Medicine*, Vol. 57, pp. 275-83.

Marmot, M. e M. J. Shipley (1996). "Do Socioeconomic Differences in Mortality Persist After Retirement? 25-Year Follow-up of Civil Servants from the First Whitehall Study", *BMJ*, Vol. 313, pp. 1177-80.

―――― e G. Rose (1984). "Inequalities in Death: Specific Explanations of a General Pattern?" *Lancet*, Vol. 1, pp. 1003-6.

―――― M. Kogevinas e M. A. Elston (1987). "Social/Economic Status and Disease", *Ann Rev Public Health*, Vol. 8, pp. 111-35.

―――― e G. Davey Smith (1997). "Socio-Economic Differentials in Health: The Contribution of the Whitehall Studies", *Journal of Health Psychology*, Vol. 2, pp. 283-90.

―――― *et al.* (1987). "Employment Grade and Coronary Heart Disease in British Civil Servants", *J Epidemiol Comm Hlth*, Vol. 32, pp. 244-49.

―――― *et al.* (1991). "Health Inequalities Among British Civil Servants: The Whitehall 11 Study", *Lancet*, Vol. 337, pp. 1387-93.

―――― *et al.* (1997). "Contribution of Job Control and Other Risk Factors to Social Variations in Coronary Heart Disease", *Lancet*, Vol. 350, pp. 235-40.

Marmot, M. G. H., M. Bobak e G. Davey Smith (1995). "Explanations for Social Inequalities in Health". In B. C. Amaick *et al.*, eds. *Society and Health*. Londres: Oxford University Press.

Marshall, G. N. *et al.* (1992). "Distinguishing Optimism for Pessimism: Relations to Fundamental Dimensions of Mood and Personality", *Journal of Personality and Social Psychology*, Vol. 62, pp. 1067-74.

Martikainen, P. e T. Valkonen (1996). "Mortality After Death of Spouse in Relation to Duration of Bereavement in Finland", *Journal of Epidemiology and Community Health*, Vol. 50, pp. 264-68.

Maruta, T. *et al.* (2000). "Optimists vs. Pessimists: Survival Rate Among Medical Patients Over a 30-Year Period", *Mayo Clin. Proc.*, pp. 140-43.

Masten, A.S. (2001). "Ordinary Magic, Resilience Processes in Development", *American Psychologist*, Vol. 56, pp. 227-38.

Matarazzo, J. (1984). "Behavioral Health: A 1990 Challenge for the Health Services Professions". In Matarazzo, J. *et al. Behavioral Health: A Handbook of Health Enhancement and Disease Prevention*. Nova York: Wiley and Sons.

Maton, K. I. (1989). "The Stress-Buffering Role of Spiritual Support: Cross-Sectional and Prospective Investigation", *Journal of the Scientific Study of Religion*, Vol. 28, pp. 303-10.

―――― *et al.* (1992). "Religious Coping and Depression Among Elderly, Hospitalized Medically Ill Men", *American Journal of Psychiatry*, Vol. 149, pp. 1693-1700.

―――― L. K. George e B. L. Peterson (1998). "Religiosity and Remission from Depression in Medically Ill Older Patients", *American Journal of Psychiatry*, Vol. 155, pp. 536-42.

Matthews, K. A. *et al.* (1989). "Educational Attainment and Behavioral and Biologic Risk Factors for Coronary Heart Disease in Middle-Aged Women", *American Journal of Epidemiology*, Vol. 129, pp. 1132-44.

Meaney, M. J. *et al.* (2000). "Postnatal Handling Increases the Expression of CAMP-Inducible Transcription Factors in the Rat Hippocampus: The Effects of Thyroid Hormones and Serotonin", *Journal of Neuroscience*, Vol. 20, pp. 3926-35.

Miller, J. J., K. Fletcher e J. Kabat-Zinn (1995). "Three-Year Follow-up and Clinical Implications of a Mindfulness Meditation-Based Stress Reduction Intervention in the Treatment of Anxiety Disorders", *General Hospital Psychiatry*, Vol. 17, pp. 192-200.

Miller, T. W. *et al.* (1996). "Meta-Analytic Review of Research on Hostility and Physical Health", *Psychological Bulletin*, Vol. 119, pp. 322-48.

Miringoff, M. L., M. Miringoff e S. Opdycke (2001). *The Social Report: A Deeper Understanding of Prosperity: Fordham Institute for Innovation in Social Policy*. Tarrytown, N.Y.: Fordham Graduate Center.

Musselman, D. L., D. L. Evans e C. B. Nemeroff (1998). "The Relationship of Depression to Cardiovascular Disease", *Arch Gen Psychiatry*, Vol. 55, p. 580.

Myers, L. B. e C. R. Brewin (1994). "Recall of Early Experience and the Repressive Coping Style", *Journal of Abnormal Psychology*, Vol. 103, pp. 282-92. R. Brewin, e M. J. Power (1998). "Repressive Coping and the Directed Forgetting of Emotional Material", *Journal of Abnormal Psychology*, Vol. 107, pp. 141-48.

National Human Genome Research Institute, Five Year Strategic Plan for Reducing Health Disparities, Area of Emphasis Number IA, www.genome.gov

National Institutes of Health (9/2001). "Toward Higher Levels of Analysis: Progress and Promise in Research on Social and Cultural Dimensions of Health: Executive Summary". Washington, D.C.: Office of Behavioral or Social Sciences Research, NIH Publication No. 21-5020. www.obsst.od. gov/publications

——— "Addressing Health Disparities: The NIH Program of Action". www.healthdisparities.hi.gov

Nelson, G. (1989). "Life Strains, Coping and Emotional Well-Being: A Longitudinal Study of Recently Separated and Married Women", *American Journal of Community Psychology*, Vol. 17, pp. 459-83.

——— (1994). "Emotional Well-being of Separated and Married Women: Long-term Follow-up Study", *American Journal of Orthopsychiatry*, Vol. 64, pp. 150-60.

Niaura, R. *et al.* (1992). "Repressive Coping and Blood Lipids in Men and Women", *Psychosomatic Medicine*, Vol. 54, pp. 698-706.

Nolen-Hoeksema, S., J. S. Girgus, e M.E.P. Seligman (1992). "Predictors and Consequences of Childhood Depressive Symptoms: A 5-Year Longitudinal Study", *Journal of Abnormal Psychology*, Vol. 101, pp. 405-22.

——— J. Morrow, e B. L. Fredrickson (1993). "Response Styles and the Duration of Episodes of Depressed Mood", *Journal of Abnormal Psychology*, Vol. 102, pp. 20-28.

——— S. N., A. McBride e J. Larson (1997). "Rumination and Psychological Distress Among Bereaved Partners", *Journal of Personality and Social Psychology*, Vol. 72, pp. 855-62.

Norem, J. K. e N. Cantor (1986a). "Anticipatory and Post Hoc Cushioning Strategies: Optimism and Defensive Pessimism in 'Risky' Situations", *Cognitive Therapy and Research*, Vol. 10, pp. 347-62.

——— (1986b). "Defensive Pessimism: Harnessing Anxiety as Motivation", *Journal of Personality and Social Psychology*, Vol. 51, pp. 1208-217.

Olds, D. L. *et al.* (1997). "Long-term Effects of Home Visitation on Maternal Life Course and Child Abuse and Neglect: Fifteen-Year Follow-up of a Randomized Trial", *JAMA*, Vol. 278, pp. 637-43.

O'Leary, A. (1985). "Self-Efficacy and Health", *Behav Res Ther*, Vol. 23, pp. 437-51.

———— *et al.* (1988). "A Cognitive-Behavioral Treatment for Rheumatoid Arthritis", *Health Psychology*, Vol. 7, pp. 527-44.

Oliver, M. L. e T. Shapiro (2001). "Wealth and Racial Stratification". In: N. Smelser, W. Wilson, e F. Mitchell, eds., *America Becoming: Racial Trends and Their Consequence*. Washington, D.C.: National Academy Press.

Olshansky, S. J., B. A. Carnes e C. Cassel (1990). "In Search of Methuselah: Estimating the Upper Limits to Human Longevity", *Science*, Vol. 250, pp. 634-40.

Oman, D., Ph.D., e D. Reed, M.D., Ph.D. (1998). "Religion and Mortality Among the Community-Dwelling Elderly", *American Journal of Public Health*, Vol. 88, p. 1469.

Ornish, D. (1999). *Love & Survival: 8 Pathways to Intimacy and Health*. Nova York: Harper-Collins.

Orth-Gomer, K. e J. Johnson (1987). "Social Network Interaction and Mortality: A Six-Year Follow-up of a Random Sample of the Swedish Population", *J Chronic Dis*, Vol. 40, pp. 949-57.

———— *et al.* (1998). "Social Relations and Extent and Severity of Coronary Artery Disease", *European Heart Journal*, Vol. 19, pp. 1648-56.

Ory, M. *et al.* (1999). "Prevalence and Impact of Caregiving: A Detailed Comparison Between Dementia and Nondementia Caregivers", *Gerontologist*, Vol. 39, pp. 177-85.

Ostrove, J. M. *et al.* (2001). "Objective and Subjective Assessments of Socioeconomic Status and Their Relationship to Self-Rated Health in an Ethnically Diverse Sample of Pregnant Women", *Health Psychology*, Vol. 19, pp. 613-18.

Otten, M. *et al.* (1990). "The Effect of Known Risk Factors on the Excess Mortality of Black Adults in the United States", *JAMA*, Vol. 263, pp. 845-50.

Pappas, G. *et al.* (1993). "The Increasing Disparity in Mortality Between Socioeconomic Groups in the U.S., 1960 and 1986", *New Eng Jrnl Med*, Vol. 329, pp. 126-27.

Pargament, K. I. (1997). *The Psychology of Religion and Coping: Theory, Research, Practice*. Nova York: The Guilford Press.

Park, C. L., L. H. Cohen e R. L. Murch (1996). "Assessment and Prediction of Stress-Related Growth", *Journal of Personality*, Vol. 64, pp. 171-105.

———— e Susan Folkman (1997). "Meaning in the Context of Stress of Coping", *Review of General Psychology*, Vol. 1, pp. 115-44.

Parkes, C. M. (1975). "What Becomes of Redundant World Models? A Contribution to the Study of Adaptation to Change", *British Journal of Medical Psychology*, Vol. 48, pp. 131-37.

Pennebaker, J. W. (1989). "Confession, Inhibition, and Disease". In: L. Berkowitz, ed., *Advances in Experimental Social Psychology*, Vol. 22. Nova York: Academic Press, pp. 211-44.

——— (1990). *Opening Up: The Healing Power of Confiding in Others*. Nova York: Morrow.

——— (1993). "Putting Stress into Words: Health, Linguistic, and Therapeutic Implications", *Behav Res Ther*, Vol. 31, pp. 539-48.

——— (1997). "Writing About Emotional Experiences as a Therapeutic Process", *Psychological Science*, Vol. 8, pp. 162-65.

——— e M. Francis (1996). "Cognitive, Emotional, Language Processes in Disclosure", *Cognition and Emotion*, Vol. 10, pp. 601-26.

——— e R. C. O'Heeron (1984). "Confiding in Others and Illness Rate Among Spouses of Suicide and Accidental-Death Victims", *Journal of Abnormal Psychology*, Vol. 93, pp. 473-76.

——— e S. K. Beall (1986). "Confronting a Traumatic Event: Toward an Understanding of Inhibition and Disease", *Journal of Abnormal Psychology*, Vol. 95, pp. 274-81.

——— et al. (1987). "The *Psychophysiology* of Confession: Linking Inhibitory and Psychosomatic Processes", *Journal of Personality and Social Psychology*, Vol. 52, pp. 781-93.

——— J. Kiecolt-Glaser e R. Glaser (1988). "Disclosure of Traumas and Immune Function: Health Implications for Psychotherapy", *Journal of Consulting and Clinical Psychology*, Vol. 56, pp. 239-45.

S. D. Barger, e J. Tiebout (1989). "Disclosure of Traumas and Health Among Holocaust Survivors", *Psychosomatic Medicine*, Vol. 51, pp. 577-89.

———, T. J. Mayne e M. E. Francis (1997). "Linguistic Predictors of Adaptive Bereavement", *Journal of Personality and Social Psychology*, Vol. 72, pp. 863-71.

——— e A. Graybeal (2001). "Patterns of Natural Language Use: Disclosure, Personality, and Social Integration", *Current Directions in Psychological Science*, Vol. 10, pp. 90-93.

Peterson, C. e M. E. P. Seligman (1984). "Causal Explanations as a Risk Factor for Depression: Theory and Evidence", *Psychological Review*, Vol. 91, pp. 347-74.

———, B. A. Bettes e M. E. P. Seligman (1985). "Depressive Symptoms and Unprompted Causal Attributions: Content Analysis", *Behav. Res. Ther.*, Vol. 23, pp. 3 79-82.

Peterson, C., M. E. P. Seligman e G. E. Vaillant (1988). "Pessimistic Explanatory Style Is a Risk Factor for Physical Illness: A Thirty-Five-Year Longitudinal Study", *Journal of Personality and Social Psychology*, Vol. 55, pp. 23-27.

———— et al. (1998). "Catastrophizing and Untimely Death", *Psychological Science*, Vol. 9, p. 127.

Petrie, K. J. et al. (1995). "Disclosure of Trauma and Immune Response to Hepatitis B Vaccination Program", *Journal of Consulting and Clinical Psychology*, Vol. 63, pp. 787-92.

Pickering, T. et al. (1988). "How Common Is White Coat Hypertension?" *Journal of the American Medical Association*, vol. 259, pp. 225-28.

Pincus, T., L. F. Callahan e R. V. Burkhauser (1987). "Most Chronic Diseases Are Reported More Frequently by Individuals com Fewer Than 12 Years of Formal Eaucation in the Age 18-64 United States Population", *J. Chron. Dis.*, Vol. 40, n? 9, pp. 865-74.

Pollner, M. (1989). "Divine Relations, Social Relations, and Well-being", *Journal of Health and Social Psychology*, Vol. 30, pp. 92-104.

Power, C., O. Manor e J. Fox (1991). *Health and Class: The Early Years*. Londres: Chapman & Hall.

Price, R. (2000). *A Whole New Life*. Nova York: Scribner.

Putnam, R.D. (2001). *Bowling Alone: The Collapse and Revival of American Community*. Nova York: Touchstone Books.

Raeikkoenen, K. et al. (1999). "Effects of Optimism, Pessimism, and Trait Anxiety on Ambulatory Blood Pressure and Mood During Everyday Life", *Journal of Personality and Social Psychology*, Vol. 76, pp. 104-13.

Ramachandran, V. S. (1994). *Encyclopedia of Human Behavior (Four-Volume Set)*. Academic Press.

Redelmeier, D. A. e S. M. Singh (2001). "Survival in Academy Award-Winning Actors and Actresses", *Annals of Internal Medicine*, vol. 134, pp. 955-62.

Reed, G.M. et al. (1994). "Realistic Acceptance as a Predictor of Survival Time in Gay Men with AIDS", *Health Psychology*, Vol. 13, pp. 299-307.

———— (1999). "Negative HIV-Specific Expectations and AIDS-Related Bereavement as Predictors of Symptom Onset in Asymptomatic HIV-Positive Gay Men", *Health Psychology*, Vol. 18, pp. 354-63.

Reich, R. (2000). *The Future of Success*. Nova York: Alfred A. Knopf.

Rime, B. (1995). "Mental Rumination, Social Sharing, and the Recovery from Emotional Exposure". In: J. W. Pennebaker, ed., *Emotion, Disclosure, and Health*. Washington, D.C.: American Psychological Association.

Rodin, J. e E. J. Langer (1977). "Long-term Effects of a Control-Relevant Intervention with the Institutionalized Aged", *Journal of Personality and Social Psychology*, Vol. 35, pp. 897-902.

Rogot, E. *et al.* (1992). *A Mortality Study of 1.3 Million Persons by Demographic, Social and Economic Factors: 1979-1985 Follow-up*. National Institutes of Health. NIH Publication No. 92-3297, pp. 1-5.

Rose, G. e M. G. Marmot (1981). "Social Class and Coronary Heart Disease", *BMJ*, Vol. 45, pp. 13-19.

Rosengren, A. *et al.* (1993). "Stressful Life Events, Social Support, and Mortality in Men Born in (1933)". *BMJ*, Vol. 307, pp. 102-5.

Rothbart, M., M. Evans e S. Fulero (1979). "Recall for Confirming Events: Memory Processes and the Maintenance of Social Stereotyping", *Journal of Experimental Social Psychology*, Vol. 15, pp. 342-55.

Rowe, J. W. e R. L. Kahn (1998). *Successful Aging*. Nova York: Pantheon Books.

Rozanski, A., J. A. Blumenthal e J. Kaplan (1999). "Impact of Psychological Factors on the Pathogenesis of Cardiovascular Disease and Implications for Therapy", *Circulation*, Vol. 99, pp. 2192-2217.

Ruberman W. *et al.* (1984). "Psychoocial Influences on Mortality After Myocardial Infarction", *N Engl J Med*, Vol. 311, pp. 552-9.

Ruehlman, L. S., S. G. West e R. J. Pasahow (1985). "Depression and Evaluative Schemata", *Journal of Personality*, Vol. 53, pp. 46-92.

Russek, L. G. e G. E. Schwartz (1997a). "Feelings of Parental Caring Predict Health Status in Midlife: A 35-Year Follow-up of the Harvard Mastery of Stress Study", *Journal of Behavioral Medicine*, Vol. 20, pp. 1-13.

——— (1997b). "Perceptions of Parental Caring Predict Health Status in Midlife: A 35-Year Follow-up of the Harvard Mastery of Stress Study", *Psychosomatic Medicine*, Vol. 59, pp. 144-49.

Sanderson, W. C., R. M. Rapee e D. H. Barlow (1989). "The Influence of an Illusion of Control on Panic Attacks Induced via Inhalation of 5.5% Carbon Dioxide-Enriched Air", *Arch Gen Psychiatry*, Vol. 46, pp. 157-62.

Sapolsky, R. (1994, 1998). *Why Zebras Don't Get Ulcers: An Updated Guide to Stress, Stress-Related Diseases, and Coping*. Nova York: W. H. Freeman and Company.

Saylor, C. F., C. C. Swenson e P. Powell (1992). "Hurricane Hugo Blows Down the Broccoli: Preschoolers' Post-Disaster Play and Adjustment", *Child Psychiatry and Human Development*, Vol. 22, pp. 139-49.

Schaefer, J. A. e R. H. Moos (1992). "Life Crises and Personal Growth". In B. Carpenter, ed., *Personal Coping: Theory, Research, and Application*. Westport, Conn.: Praeger, pp. 149-70.

Schechter, M. T. *et al.* (1994). "Higher Socioeconomic Status is Associated with Slower Progression of HIV Infection Independent of Access to Health Care", *J Clin Epidemiol*, Vol. 47, pp. 59-67.

Scheier, M. F., J. K. Weintraub e C. S. Carver (1986). "Coping com Stress: Divergent Strategies of Optimists and Pessimists", *Journal of Personality and Social Psychology*, Vol. 51, pp. 1257-264.

——— *et al.* (1989). "Dispositional Optimism and Recovery from Coronary Artery Bypass Surgery: The Beneficial Effects on Physical and Psychological Well-being", *Journal of Personality and Social Psychology*, Vol. 57, pp. 1024-40.

——— (1999). "Optimism and Rehospitalization After Coronary Artery Bypass Graft Surgery", *Arch Intern Med*, Vol. 159, p. 829.

Scheier, M. J., C. S. Carver e M. W. Bridges (1994). "Distinguishing Optimism from Neuroticism (and Trait Anxiety, Self-Mastery, and Self-Esteem): A Reevaluation of the Life Orientation Test", *Journal of Personality and Social Psychology*, Vol. 67, pp. 1063-78.

Schnall, L. e D. Baker (1994). "Job Strain and Cardiovascular Disease", *Ann Review Public Health*, Vol. 15, pp. 381-411.

Schnall, P., C. Pieper e J. Schwartz (1990). "The Relationship Between 'Job Strain,' Workplace Diastolic Blood Pressure, and Left Ventricular Mass Index", *JAMA*, Vol. 263, pp. 1929-35.

Schoutrop, M. J. A. *et al.* (1996). "Overcoming Traumatic Events by Means of Writing Assignments". Em A. Vingerhoets, F. van Bussel, e J. Boelhouwer, eds., *The (Non) Expression of Emotions in Health and Disease*. Tilburg, Holanda: Tilburg Press, pp. 279-90.

Schulz, R. e S. R. Beach (1999). "Caregiving as a Risk Factor for Mortality: The Caregiver Health Effects Study", *JAMA*, Vol. 282, pp. 2.215-19.

——— *et al.* (1997). "Health Effects of Caregiving: The Caregiver Health Effects Study: An Ancillary Study of the Cardiovascular Health Study", *Annals of Behavioral Medicine*, Vol. 19, pp. 110-16.

——— *et al.* (1996). "Pessimism, Age, and Cancer Mortality", *Psychology and Aging*, Vol. 11, pp. 304-9.

Schwartz, C. E. *et al.* (1997). "The Quality-of-Life Effects of Interferon Beta-lb in Multiple Sclerosis: An Extended Q-Twist Analysis", *Arch Neurol*, pp. 1.475-80.

Schwartzberg, S. (1994). "Vitality and Growth in HIV-Infected Gay Men", *Soc Sci Med*, Vol. 38, pp. 593-602.

Seeman, M. e S. Lewis (1995). "Powerlessness, Health and Mortality: A Longitudinal Study of Older Men and Mature Women", *Soc Sci Med*, Vol. 41, pp. 517-25.

Seeman, T. (1996). "Self-Efficacy Beliefs and Change in Cognitive Performance: MacArthur Studies on Successful Aging", *Psychology & Aging*, Vol. 11, pp. 538-51.

Seeman, T. E. *et al.* (1987). "Social Network Ties and Mortality Among the Elderly in the Alameda County Study", *American Journal of Epidemiology*, Vol. 126, p. 714.

——— (1994). "Social Ties and Support and Neuroendocrine Function: The MacArthur Studies of Successful Aging". *Annals of Behavioral Medicine*, Vol. 16, pp. 95-106.

——— M. L. Bruce, e G. J. McAvay (1996). "Social Network Characteristics and Onset of ADL Disability: MacArthur Studies of Successful Aging", *Journals of Gerontology: Series B. Psychological Sciences & Social Sciences*, Vol. 51 B, pp. 5.191-5.200.

Segerstrom, S. C. *et al.* (1996). "Causal Attributions Predict Rate of Immune Decline in HIV-Seropositive Gay Men", *Health Psychology*, Vol. 15, pp. 485-93.

——— *et al.* (1998). "Optimism Is Associated with Mood, Coping, and Immune Change in Response to Stress", *Journal of Personality and Social Psychology*, Vol. 74, pp. 1.646-55.

Seligman, M. E. P. (1991). *Learned Optimism: How to Change Your Mind & Your Life*. Nova York: Pocket Books.

——— *et al.* (1988). "Explanatory Style Change During Cognitive Therapy for Unipolar Depression", *Journal of Abnormal Psychology*, Vol. 97, pp. 13-18.

——— *et al.* (1995). *The Optimistic Child*. Nova York: Houghton Mifflin.

Siegel, K. e E. W. Schrimshaw (2000). "Perceiving Benefits in Adversity: Stress-Related Growth in Women Living with HIV/AIDS", *Social Science and Medicine*, Vol. 51, pp. 1.543-54.

Silver, R. C. *et al.* (2002). "Nationwide Longitudinal Study of Psychological Responses to September 11", *JAMA*, Vol. 288, pp. 1.235-44.

Singer, B. e C. D. Ryff (1999). "Hierarchies of Life Histories and Associated Health Risks: Socioeconomic Status and Health in Industrial Nations". In N. Adler *et al.*, eds., *Social, Psychological and Biological Pathways*. Nova York: The Nova York Academy of Sciences.

Smarr, K. L. *et al.* (1997). "The Importance of Enhancing Self-Efficacy in Rheumatoid Arthritis", *American College of Rheumatology*, Vol. 10, pp. 18-26.

Smith, J. (1999). "Healthy Bodies and Thick Wallets: The Dual Relation Between Health and Socioeconomic Status", *Journal of Economic Perspectives*, Vol. X, pp. 145-66.

Smith, T. W. (1992). "Hostility and Health: Current Status of a Psychosomatic Hypothesis", *Health Psychology*, Vol. 11, pp. 139-50.
───── P. C. Kendall, e F. J. Keefe (2002). "Behavioral Medicine and Clinical *Health Psychology*: Introduction to the Special Issue, a View from the Decade of Behavior", *Journal of Consulting and Clinical Psychology*, Vol. 70, pp. 459-62.
Smyth, J., N. True e J. Souto (2001). "Effects of Writing About Traumatic Experiences: The Necessity for Narrative Structuring", *Journal of Social and Clinical Psychology*, Vol. 20, pp. 161-72.
Smyth, J. M. *et al.* (1999). "Effects of Writing About Stressful Experiences on Symptom Reduction in Patients with Asthma or Rheumatoid Arthritis: A Randomized Trial", *Journal of the American Medical Association*, Vol. 281, pp. 1304-9.
Snyder, C. R. e B. L. Dinoff (1999). "Coping: Where Have You Been?" In: C. R. Snyder, ed., *Coping: The Psychology of What Works*. Oxford: Oxford University Press, pp. 3-19.
Spera, S. P., E. D. Buhrfeind e J. W. Pennebaker (1994). "Expressive Writing and Coping with Job Loss", *Academy of Management Journal*, Vol. 37, pp. 722-33.
Spiegel, D., J. R. Bloom e I. Yalom (1981). "Group Support for Patients with Metastatic Cancer: A Randomized Prospective Outcome Study", *Archives of General Psychiatry*, Vol. 38, pp. 527-33.
Stairfield, E. (1982). "Child Health and Social Status", *Pediatrics*, Vol. 69, pp. 550-7.
Stanton, A. L. e P. R. Snider (1993). "Coping with Breast Cancer Diagnosis: A Prospective Study", *Health Psychology*, Vol. 12, pp. 16-23.
Steffen, P. R. *et al.* (2001). "Religious Coping, Ethnicity, and Ambulatory Blood Pressure", *Psychosomatic Medicine*, Vol. 63, pp. 523-30.
Sternberg, E. M. (2000). *The Balance Within: The Science Connecting Health and Emotions*. Nova York: W. H. Freeman and Company.
Story, M., D. Neumark e S. French (2002). "Individual and Environmental Influences on Adolescent Eating Behaviors", *Journal American Diet Asso*, Vol. 102, pp. S40-51.
Strawbridge, W. J. *et al.* (1997). "Frequent Attendance at Religious Services and Mortality over 28 Years", *American Journal of Public Health*, Vol. 87, p. 957.
Strogatz, D. S. *et al.* (1997). "Social Support, Stress, and Blood Pressure in Black Adults", *Epidemiology*, Vol. 8, pp. 482-87.
Strutton, D. e J. Lumpkin (1992). "Relationship Between Optimism and Coping Strategies in the Work Environment", *Psychology Reports*, Vol. 71, pp. 1179-186.

Sturwit, R. S. *et al.* (1984). "Behavioral Manipulation of the Diabetic Phenotype in OB/OB Mice", *Diabetes*, Vol. 33, pp. 616-18.

Swann, W. B., Jr. e S. J. Read (1981). "Acquiring Self-Knowledge: The Search for Feedback That Fits", *Journal of Personality and Social Psychology*, Vol. 41, pp. 1119-28.

Taylor, S. E. (1983). "Adjustment to Threatening Events: A Theory of Cognitive Adaption", *American Psychologist*, Vol. 38, pp. 1161-73.

——— (1989). *Positive Illusions: Creative Self-Deception and the Healthy Mind*. Nova York: Basic Books.

——— (1994). "Positive Illusions and Well-Being Revisited: Separating Fact from Fiction", *Psychological Bulletin*, Vol. 116, pp. 21-27.

——— e J. D. Brown (1988). "Illusion and Well-Being: A Social Psychological Perspective on Mental Health", *Psychological Bulletin*, Vol. 103, pp. 193-210.

——— *et al.* (1992) "Optimism, Coping, Psychological Distress, and High-Risk Sexual Behavior Among Men at Risk for Acquired immunodeficiency Syndrome (AIDS)", *Journal of Personality and Social Psychology*, Vol. 63, pp. 460-73.

——— *et al.* (2000). "Psychological Resources, Positive Illusions, and Health", *American Psychologist*, Vol. 55, pp. 99-109.

Tedeschi, R. G. *et al.* (1998). *Postraumatic Growth: Positive Changes in the Aftermath of Crisis*. Lawrence Erlbaum Associates, Inc.

Temoshok, L. (1987). "Personality, Coping Style, Emotion and Cancer: Towards an integrative Model", *Cancer Surveys*, Vol. 6, pp. 836-37.

Theorell, T. *et al.* (1995). "Social Support and the Development of Immune Function in Human immunodeficiency Virus Infection", *Psychosomatic Medicine*, Vol. 57, pp. 32-36.

Thompson, S. C. (1991). "The Search for Meaning Following a Stroke", *Basic and Applied Social Psychology*, Vol. 12, pp. 81-96.

Tix, A. P. e P. A. Frazier (1998). "The Use of Religious Coping During Stressful Life Events: Main Effects, Moderation, and Mediation", *Journal of Consulting and Clinical Psychology*, Vol. 66, pp. 411-22.

Uchino, B. N., J. T. Cacioppo e J. K. Kiecolt-Glaser (1996). "The Relationship Between Social Support and Physiological Processes: A Review with Emphasis on Underlying Mechanisms and Implications for Health", *Psychological Bulletin*, Vol. 119, pp. 488-531.

——— D. Uno e J. Holt-Lunstad (1999). "Social Support, Physiological Processes, and Health", *Psychological Science*, Vol. 8, pp. 145-48.

U.S. Department of Health and Human Services (1993). "Advance Report of Final Mortality Statistics", *Monthly Vital Statistics Report*, 42:5.

Vitaliano, P. P. *et al.* (1991). "Predictors of Burden in Spouse Caregivers of Individuals with Alzheimer's Disease", *Psychology and Aging*, Vol. 6, pp. 392-402.

Wadsworth, M. E. J. (1991). *The Imprint of Time: Childhood, History and Adult Life*. Oxford: Clarendon Press.

────── (1997). "Changing Social Factors and Their Long Term Implications for Health". In M. G. Marmot e M. E. J. Wadsworth, *Fetal and Early Childhood Environment: Long-term Health Implications*. Londres: Royal Society of Medicine Press Ltd.

Wagner, A. K. *et al.* (1995). "Advances in Methods for Assessing the Impact of Epilepsy and Antiepileptic Drug Therapy on Patients' Health-Related Quality of Life", *Quality of Life Research*, Vol. 4, p. 115.

Waite, L. J. e M. Gallagher (2001). *The Case for Marriage: Why Married People Are Happier, Healthier, e Better Off Financially*. Nova York: Broadway Books.

Waldron, I., M. E. Hughes e T. L. Brooks (1996). "Marriage Protection and Marriage Selection-Prospective Evidence for Reciprocal Effects of Marital Status and Health", *Soc. Sci. Med.*, Vol. 43, pp. 113-23.

Webster's New World Dictionary and Thesaurus (1998). Nova York: Simon & Schuster.

Wegner, D. M. (1997). "When the Antidote Is the Poison: Ironic Mental Control Processes", *Psychological Science*, Vol. 8, pp. 148-50.

────── e R. Erber (1992). "The Hyperaccessibility of Suppressed Thoughts", *Journal of Personality and Social Psychology*, Vol. 63, pp. 903-12.

────── e S. Zanakos (1993). "Ironic Processes in the Mental Control of Mood and Mood-Related Thought", *Journal of Personality and Social Psychology*, Vol. 65, pp. 1093-1104.

────── A. Broome e S. J. Blumberg (1997). "Ironic Effects of Trying to Relax Under Stress", *Behav. Res. Ther.*, Vol. 35, pp. 11-21.

────── e S. Zanakos (1994). "Chronic Thought Suppression", *Journal of Personality*, Vol. 62, p. 4.

Weinberger, D. A., G. E. Schwartz e R. J. Davidson (1979). "Low-Anxious, High-Anxious, and Repressive Coping Styles: Psychometric Patterns and Behavioral and Physiological Responses to Stress", *Journal of Abnormal Psychology*, Vol. 88, pp. 369-80.

Welch-McCaffrey, D. *et al.* (1989). "Surviving Adult Cancers. Part 2: Psychosocial Implications", *Annals of Internal Medicine*, Vol. 111, pp. 517-24.

Wiedenfeld, S. A. *et al.* (1990). "Impact of Perceived Self-Efficacy in Coping with Stressors on Components of the Immune System", *Journal of Personality and Social Psychology*, Vol. 59, pp. 1082-94.

Wilcox, G. B. (1991). "Cigarette Brand Advertising and Consumption in the United States: 1949-1985", *Journal of Advertising Research*, Vol. 31, pp. 61-67.
Wilkenson, R. G. (1992). "Income Distribution Transition and Life Expectancy", *BMJ*, Vol. 304, pp. 165-68.
——— (1996). *Unhealthy Societies: The Afflictions of Inequality*. Londres: Routledge.
Williams, D. (2001). "Racial Variations in Adult Health Status: Patterns, Paradoxes, and Prospects". In: N. Smelser, W. Wilson, e F. Mitchell, orgs., *America Becoming: Racial Trends and Their Consequences*. Washington, D.C.: National Academy Press.
Williams, R. B. *et al.* (1992). "Prognostic Importance of Social and Economic Resources Among Medically Treated Patients with Angiographically Documented Coronary Artery Disease", *JAMA*, Vol. 267, pp. 267-520, 520-24.
Wilson, T. W. *et al.* (1993). "The Association Between Plasma Fibrinogen Concentration and Five Socioeconomic Indices in the Kuopio Ischemic Heart Disease Risk Factor Study", *Am J Epidemiol*, Vol. 137, pp. 292-300.
Wilson, W. (1987). *The Truly Disadvantaged: The Inner City, the Underclass, and Public Policy*. Chicago: University of Chicago Press.
Wing, R. R. *et al.* (2001). "Behavioral Science Research in Diabetes: Lifestyle Changes Related to Obesity, Eating Behavior, and Physical Activity", *Diabetes Care*, Vol. 24, pp. 117-23.
Winkleby, M. A., S. P. Fortmann e D. G. Barrett (1990). "Social Class Disparities in Risk Factors for Disease: Eight-Year Prevalence Patterns by Level of Education", *Prev. Med.*, Vol. 19, pp. 1-12.
Woods, T. E. e D. B. Larson (1998). "Use of Hospital Services, Religious Attendance, and Religious Affiliation", *Southern Medical Journal*, Vol. 91, pp. 925-32.
——— *et al.* (1995). "Use of Acute Hospital Services and Mortality Among Religious and Non-Religious Copers with Medical Illness", *Journal of Religious Gerontology*, Vol. 9, pp. 1-22.
——— *et al.* (1999). "Religiosity Associated with Affective and Immune Status in Symptomatic HIV-Infected Gay Men", *Journal of Psychomatic Research*, Vol. 46, pp. 165-76.
Zullow, H. M. e M. E. P. Seligman (1990). "Pessimistic Rumination Predicts Defeat of Presidential Candidates, 1900 to 1984". *Psychological Inquiry*, Vol. 1, pp. 52-61.
——— *et al.* (1988). "Pessimistic Explanatory Style in the Historical Record: CAVing LBJ Presidential Candidates and East Versus West Berlin", *American Psycholog*, Vol. 43, pp. 673-82.

Outros títulos publicados pela Editora BestSeller:

O momento é este
Joel Osteen

Sete princípios que ajudam a adotar um estilo de vida positivo, a construir uma auto-imagem saudável e ir além das barreiras impostas pela mente. Joel Osteen afirma que toda vida encerra um propósito e um destino divinos — basta cada um descobrir quais são os seus.

Felicidade: a escolha é sua
Charles C. Manz

Técnicas de disciplina emocional que lhe permitirão analisar seu modo de encarar a vida e escolher padrões de comportamento mental mais saudáveis e positivos. Aprenda a fazer escolhas que poderão melhorar imensamente suas experiências profissionais e pessoais, evitando a sensação de esgotamento e exaustão que as situações desgastantes e os rompantes emocionais do dia-a-dia podem causar.

A fonte da juventude – volumes 1 e 2
Peter Kelder

Série inspirada nos segredos de longevidade dos lamas tibetanos. Baseado num ritual mágico praticado há milênios nos mosteiros do Tibete, o sistema consiste em um conjunto de exercícios físicos muito simples que, se praticados diariamente, produzem efeitos que garantem saúde e vitalidade.

Cure seu corpo
Louise L. Hay

Um dos mais vendidos e influentes livros de auto-ajuda da hitória, cujo objetivo é despertar em cada um a consciência de que tem poder sobre seu corpo e sua saúde, participando ativamente do processo de cura. O texto inclui explicações sobre as causas psicológicas de diversos males físicos e maneiras de eliminar padrões negativos de pensamento. Disponível em edição-presente, ilustrada e em cores, e em preto e branco.

Você pode curar sua vida
Louise L. Hay

A teoria revolucionária de Louise Hay tem base no princípio de que somos responsáveis por nossas experiências e que doenças do corpo têm origem em nossos padrões mentais. Assim, se nos livrarmos da culpa, dos ressentimentos, da autocrítica e dos rancores acumulados, podemos eliminar até mesmo as enfermidades mais graves. Uma obra simples e reveladora sobre a construção da auto-estima, o valor do perdão e a expansão da consciência. Disponível em edição-presente, ilustrada e em cores, e em preto e branco.

Quem ama não adoece — edição revista
Dr. Marco Aurélio Dias da Silva

Sério, rigoroso, acessível, este livro é resultado de anos de pesquisa. Defendendo uma nova postura em relação à vida, o texto mostra que as doenças da alma se refletem no corpo e que o amor pode de fato curar. Mais que uma obra de auto-ajuda, a obra é uma apaixonada defesa da generosidade, da tolerância, do amor e da saúde do corpo e da alma.

A arte da sabedoria
Baltazar Gracián

Escrito há trezentos anos por um dos maiores escritores espanhóis, este livro mescla a sabedoria espiritual com a arte de viver. Extremamente atual, faz com que você reflita sobre os acontecimentos do dia-a-dia e descubra as respostas para as sempre presentes indagações de sua consciência. Este é um guia para você consultar todos os dias, em todos os momentos de sua vida.

Ame-se e cure sua vida
Louise L. Hay

Abra caminho para superar seus problemas de saúde com exercícios terapêuticos de relaxamento e visualização que ajudarão você a eliminar suas crenças negativas. Este livro oferece um caminho de libertação, provando que nossa felicidade depende apenas de nós mesmos e que todos temos o poder de controlar nossos pensamentos e construir a vida que desejamos e merecemos viver, uma vida cheia de amor.

As sete leis espirituais do sucesso — edição revista
Deepak Chopra

Um guia para a realização dos seus sonhos. Deepak Chopra expõe as leis naturais que, de acordo com a milenar sabedoria indiana, regem as relações entre homem e natureza, terra e cosmo, e explica detalhadamente cada um dos princípios que levam à satisfação do espírito e ao sucesso material, mostrando também como aplicá-los no dia-a-dia para alcançar uma verdadeira revolução interna e a radical transformação de sua realidade exterior.

Consulte mais informações em nosso site:
www.editorabestseller.com.br

Você pode adquirir os títulos da Editora BestSeller
por Reembolso Postal e se cadastrar para
receber nossos informativos de lançamentos
e promoções. Entre em contato conosco:

mdireto@record.com.br

Tel.: (21) 2585-2002
Fax: (21) 2585-2085
*De segunda a sexta-feira,
das 8h30 às 18h.*

Caixa Postal 23.052
Rio de Janeiro, RJ
CEP 20922-970

Válido somente no Brasil.

Este livro foi composto na tipologia Meridien Roman,
em corpo 11/14, impresso em papel off-white 80g/m²,
no Sistema Cameron da Divisão Gráfica
da Distribuidora Record.